Scheier/Held · Was Marken erfolgreich macht

Für Kati, Inge und Betty,
ohne deren Liebe und Unterstützung
dieses Buch nie entstanden wäre.

Was Marken erfolgreich macht

Neuropsychologie in der Markenführung

Dr. Christian Scheier
Dirk Held

Haufe Mediengruppe
Freiburg · Berlin · München

Bibliografische Information der deutschen Bibliothek
Die Deutsche Bibliothek verzeichnet diese Publikation in der Deutschen Nationalbibliografie; detallierte bibliografische Daten sind im Internet über http://dnb.ddb.de abrufbar.

ISBN 978-3-448-08610-2 Best. Nr. 00097-0001

Postanschrift: Postfach, 82142 Planegg
Hausanschrift: Fraunhoferstraße 5, 82152 Planegg
Fon (089) 89517-0, Fax (089) 89517-250
E-Mail: online@haufe.de
Internet: www.haufe.de
Redaktion: Bettina Noé
Lektorat: Ulrike Wachter-Eberle

Umschlaggestaltung: Simone Kienle, Visuelle Kommunikation, 70178 Stuttgart
Satz + Layout: appel media, 85445 Oberding
Druck: Schätzl Druck, 86609 Donauwörth

Zur Herstellung der Bücher wird nur alterungsbeständiges Papier verwendet.

Inhalt

Mehr Licht!

Future Branding, Emotional Branding, Sensual Branding: Viel ist in den vergangenen Jahrzehnten über Marken und Kommunikation geforscht und geschrieben worden. Allein führende Online-Buchhändler zeigen über 600 Treffer zum Thema „Marke“. Trotz allem Erkenntnisgewinn, der zwischen den grundlegenden Arbeiten des Markenvisionärs Hans Domizlaff in der ersten Hälfte des 20. Jahrhunderts und der heutigen Praxis der Markenführung liegt, fällt die Bilanz nicht euphorisch aus. Zwar geht es immer noch um das Ziel der „*Sicherung der Monopolstellung der Marke in der Psyche der Verbraucher*“. Doch der konkrete Weg dorthin gleicht trotz aller Bemühungen nach wie vor oft einer Fahrt durch eine schwach beleuchtete Blackbox: Irgendwie liegt er im Halbdunkeln und lässt noch viele Fragen offen.

Kommunikation soll Marken effizient in den Herzen und Köpfen von Konsumenten verankern. Naheliegend ist die Frage, ob es gelungen ist, im Laufe der letzten Jahre eine nachhaltige Effizienzsteigerung zu bewirken. Wenn wir ehrlich sind, scheint eher das Gegenteil der Fall zu sein – die meisten Unternehmen brauchen immer mehr Mittel, um stabile Resultate zu erzielen. Und das, obwohl ein sich stetig erweiterndes und differenzierteres Spektrum an Marktforschung zur Verfügung steht, das ein immer besseres Verständnis des Zusammenspiels von Marke, Kommunikation und Konsument verspricht.

Woher rührt also dieses Effizienzproblem? Die explodierende Medienvielfalt ist sicher nicht der alleinige Grund. Zitiert wird auch oft der hybride Verbraucher, der „Lifestyle Juggling“ betreibt und nicht mehr so berechenbar zu sein scheint, wie er es früher einmal war. Dies beschreibt aber eher Symptome als Ursachen.

Ein Grund liegt sicherlich im grundlegenden Wandel, den Konsumenten im Umgang mit Marken und Kommunikation parallel zum kulturellen Wandel vollzogen haben. Sie gehen heute anders mit Marken und Kommunikation um: Sie haben „aufgerüstet“, sind wissender, selbstbewusster und autonomer geworden. So löst beispielsweise Werbung, die zu offensichtlich beeinflussen will, immer öfter nahezu reflexhaft Gegenwehr oder – schlimmer noch – Gleichgültigkeit aus.

Von zentraler Bedeutung ist darüber hinaus, dass oft noch das Menschenbild des *Homo oeconomicus,* des überwiegend rational handelnden Konsumenten, den Umgang mit Marken und Zielgruppen beherrscht: Ein Menschenbild, das ein weitgehend bewusstes Abwägen von Produkteigenschaften und Kommunikationsinhalten für eine Einstellungs- und Verhaltensänderung von Konsumenten unterstellt. Die daraus resultierenden Marktforschungsergebnisse sind verführerisch, weil sie einfach zu quantifizieren und darzustellen sind, aber die Praxis zeigt dann doch zu häufig ihre mangelnde Prognosequalität. Wie oft sitzen Kunden, Agenturen und Marktforscher gemeinsam in Meetings, um zu ergründen, warum sich der Erfolg im Markt von z.B. der gemessenen Kaufwahrscheinlichkeit unterscheidet? Und das, obwohl doch gesagt oder angekreuzt wurde, dass das Produkt „sehr sicher" oder zumindest „sicher" gekauft werden würde.

Seit Ernest Dichter wissen wir ja um die Kraft der Emotionalisierung von Marken und versuchen, Marken mit emotionalen Inhalten abseits von rationalen USPs (Unique Selling Proposition) aufzuladen. Doch greift eine Reduktion auf Kategorien wie „Ratio" und „Emotion" nicht zu kurz? Marken leisten viel mehr: Starke Marken versprechen ein Ausbalancieren von komplexen Motivsystemen. Solche Markenangebote können aber nicht rein explizit erfolgen, sondern bedürfen eines starken impliziten Unterbaus – quasi über ihre nonverbale Kommunikation.

So wie *„der Körper (...) der Übersetzer der Seele ins Sichtbare"* (Christian Morgenstern) ist, ist die Markenkommunikation der Schlüssel zur Psyche der Verbraucher. Dieses zu öffnende Schloss lässt sich nicht nur durch explizite Inhalte bewegen, viel wirkungsvoller sind häufig implizite Botschaften, die eine Marke aussendet. Gerade durch diese impliziten Bedeutungsinhalte überzeugen Marken, werden sie für Konsumenten relevant und begehrenswert und differenzieren sich von der grauen Masse.

Die Analyse dieses impliziten Unterbaus von Marken bildet für Markenartikler und Werbeagenturen die Möglichkeit, auf Basis interdisziplinärer Erkenntnisse und korrespondierender Verfahren, die impliziten Angebote von Marken zu verstehen und systematisch zu steuern.

Rolf Gilgen, Geschäftsführer Strategie, BBDO Düsseldorf GmbH

Einleitung

Warum dieses Buch geschrieben wurde

In diesem Buch geht es um das Geheimnis starker Marken. Dabei stellt sich sofort die Frage: Brauchen wir wirklich ein weiteres Buch zum Thema Marke, wo doch schon Hunderte von Büchern verfasst sind? Was wir sicher nicht brauchen, ist ein weiteres Buch, das uns den Mehrwert von Marken erklärt. Marken sind Milliarden wert, wie uns einschlägige Studien jedes Jahr bestätigen. Marken sind *das* Thema im modernen Marketing. Trotzdem zeigt sich im Marketing-Alltag: Das Hochhalten von Marken und ihrer Bedeutung ist nicht selten ein Lippenbekenntnis. Häufig geht die Marke im Alltag unter oder wird auf oberflächliche Dinge wie die Platzierung eines Markenlogos in einem Werbemittel reduziert. In unserer Arbeit mit Kunden und Agenturen erleben wir jeden Tag, wie schwer es fällt, „Marke“ zu fassen und zu managen. Jeder hat eine Meinung zu der Frage, was genau eine Marke ist. Aber es fehlen objektivierte und analytische Konzepte und Werkzeuge, die sowohl praxistauglich sind als auch dem Wesen von Marken gerecht werden, also nicht auf sinnleere Formeln zurückzugreifen.

Dieses Buch tritt an, genau diese Konzepte und Werkzeuge bereitzustellen. Unser Ziel ist es, das „Wie“ und das „Warum“ der Markenführung zu entschlüsseln. Warum also Marken ihre Wirkung entfalten und wie wir dieses Wissen im Alltag nutzen können, von der Positionierung, über das Management von Innovationen bis hin zur Frage, wie die Kultur unseres eigenen Unternehmens in die Markenführung hineinspielt. Unsere Erfahrung hat in den unterschiedlichsten Produktkategorien – von Autos bis Zahnbürsten – gezeigt, dass sich die Erkenntnisse der aktuellen Neuropsychologie hervorragend dafür eignen, das Phänomen Marke zu fassen und dem heutigen Stand der Markenführung das „Wie“ und „Warum“ zu addieren.

Marken wirken im Gehirn und sind etwas Psychologisches. Es ist deshalb geradezu naheliegend, auf das breite und differenzierte Wissen aus der Neuropsychologie zurückzugreifen und es für die konkrete Praxis aufzubereiten. Dabei verfolgen wir nur ein Ziel: die Praxis der Markenführung auf ein solides und nützliches Fundament zu stellen.

An wen sich dieses Buch richtet

Dieses Buch wendet sich zunächst an alle, die sich für das Thema Marke interessieren. Wer schon immer wissen wollte, was eigentlich die Anziehungskraft von Marken ausmacht, wie Marken im Gehirn wirken und warum wir für Marken gerne mehr Geld ausgeben, findet in diesem Buch Antworten. Aber auch Experten, die tagtäglich mit Markenführung beschäftigt sind, werden auf ihre Kosten kommen. Wir zeigen anhand vieler Beispiele, was Marken erfolgreich macht und wie man die Erkenntnisse der Neuropsychologie für seine eigene Marke nutzen kann. Und wir bringen Argumente für den Wert von Marken, die über die üblichen Metaphern weit hinausgehen.

Erste Gedanken dazu sind in unserem Buch „Wie Werbung wirkt“ skizziert. In diesem Buch gehen wir weit über das Thema Werbung hinaus. Die Überschneidungen mit „Wie Werbung wirkt“ sind minimal, so dass auch Leser des ersten Buches das vorliegende Buch mit Gewinn lesen werden. Dabei setzen wir keine Kenntnisse der Hirnforschung oder der Psychologie voraus. Interessierte Leser finden in speziellen Infoboxen detaillierte Informationen, aber diese Details sind nicht nötig, um dem Buch zu folgen. Konkrete Anregungen und Übungen sollen auch dieses Mal die Umsetzung der Erkenntnisse in die eigene Praxis erleichtern.

Wie dieses Buch aufgebaut ist

Das Buch lädt Sie zu einer faszinierenden Reise in das Geheimnis starker Marken und ihrer Wirkung auf und in uns ein. Dabei nutzen wir die neuesten Erkenntnissen der Neuropsychologie und zeigen ihre Anwendung in der Markenführung. Die Reise gliedert sich in vier Teile. Im ersten Teil beantworten wir die Frage, warum Marken im Alltag so häufig unter die Räder geraten und wie Marken wirklich auf und in uns wirken. Dazu schauen wir einem Nobelpreisträger über die Schulter und nutzen dessen Erkenntnisse, um ein neues Fundament für die Markenführung zu schaffen. Wir lernen dabei auch die neuronalen Grundlagen von Marken kennen und was im Kern den Erfolg von Marken ausmacht. Im zweiten und dritten Teil des Buches beschäftigten wir uns mit den Erfolgstreibern starker Marken: der Bedeutung und der Belohnung von Marken. Hier beantworten wir die Frage, „Warum“ Marken überhaupt wirken und zeigen konkret auf, was diese Erkenntnisse für die Positionierung von Marken, für Innovationen und für Kommunikationsstrategien bedeuten. Im vierten und letzten Teil des Buches geht es schließlich um das „Wie“ der Markenführung. Wir legen dar, wie man die Erkenntnisse aus den ersten drei Teilen des Buches für die eigene Marke und im konkreten Alltag umsetzen kann. Dabei geht es nicht zuletzt darum, den Blickwinkel zu erweitern und auf das eigene Unternehmen zu richten, denn Marken sind die Schnittstelle zwischen Unternehmen und Kunden.

TEIL I. Das Geheimnis starker Marken

1. Marken sind wertvoll – oder doch nicht?

Marken sind in aller Munde

Wie ist es zu erklären, dass Kunden fünf Tagen lang vor den Geschäften campieren, um ein iPhone von Apple zu ergattern? Wie kann die Werbekampagne von Dove den Marktanteil für eine hautstraffende Lotion um 77 Prozent steigern? Wie kommt es, dass Häagen-Dazs für eine Kugel Eis 2,10 Euro verlangen kann? Oder, dass wir bei Starbucks für einen Kaffee über 3 Euro zahlen? Mit Produktqualität sind diese Phänomene nicht zu erklären. Was diese Phänomene zeigen ist vielmehr die Wirkung erfolgreicher Marken.

Die Macht der Marke

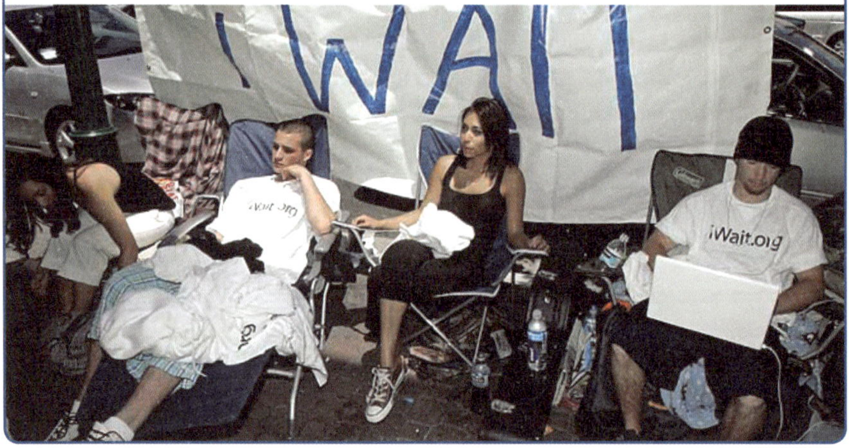

Abb. 1: Kunden warten in New York tagelang vor dem Apple-Store auf das neue iPhone (Foto: AP).

Es verwundert deshalb nicht, dass das Thema Marke in aller Munde ist. Der Bundesverband Deutscher Marktforscher etwa stellt seinen Jahreskongress 2007 unter das Motto „Starke Marken – nie werden sie so wertvoll sein wie morgen“. Marke und Markenführung sind schon lange wichtig, gewinnen aber durch verschiedene Entwicklungen eine noch höhere Priorität im Marketing. Die Qualität der Produkte ist bei allen Anbietern, die im Markt sind, hoch. Neu vorgestellte Innovationen werden fast immer binnen kürzester Zeit kopiert. Die Anforderungen der Kunden wachsen stetig.

Marken erzeugen Anziehungskraft

„Starke Marken wirken nicht durch ihre Bekanntheit, sondern durch ihre Fähigkeit, Menschen anzuziehen"

Klaus Dieter Koch

Widerstand zwecklos

Abb. 2: Es fällt schwer, der Anziehungskraft starker Marken zu widerstehen.

Starke Marken erzeugen eine intuitive Anziehungskraft, vergleichbar mit der folgenden Situation: Wir sitzen im Flugzeug, vor uns steht das Essen inklusive Dessert. Gehen wir einmal davon aus, es handelt sich um einen sehr leckeren Schokoladenkuchen, wie in der Abbildung gezeigt. Wir bleiben aber standhaft, denn wir sind auf Diät oder haben gerade ein fülliges Geschäftsessen hinter uns und eigentlich keinen Appetit. Das Dessert bleibt also unberührt stehen. Zunächst. Wir beginnen Zeitung zu lesen oder zu arbeiten. Da wir in der vordersten Reihe sitzen, bleibt das Dessert jedoch ziemlich lange stehen, denn die Stewardess bedient die anderen Gäste. Was passiert? Die ersten Minuten kontrollieren wir die Gedanken an den leckeren Kuchen ohne Mühe, wir können uns mit Lesen oder Arbeiten ablenken. Mit der Zeit wird das aber immer schwieriger. Und plötzlich greifen wir zu.

Vielleicht sagen wir uns noch etwas wie „... ist ja nur eine kleine Portion“ oder „...dafür lasse ich morgen das Frühstück aus“ – aber wir greifen zu. Die Anziehungskraft des Kuchens ist zu stark. Ganz ähnlich wirken starke Marken. Starke Marken müssen uns nicht argumentativ überzeugen oder überreden, sie müssen sich nicht in unsere Köpfe drängen – sie ziehen uns einfach an.

Marken sind wichtig und wertvoll

Starke Marken üben aber nicht nur eine starke Anziehung auf uns aus, sie bieten auch Differenzierung und Schutz vom Wettbewerb und erfreuen sich loyaler Kunden. Sie sind deshalb bares Geld wert. Der Zigarettenkonzern Philip Morris zahlte fast 13 Milliarden Dollar für Kraft Foods, davon alleine rund 11 Milliarden für die Marke Kraft. Bei Unternehmen wie Nike besteht der Unternehmenswert zu mehr als 90 Prozent aus Marke. Die zehn wertvollsten Marken der Welt sind nach Angaben der Unternehmensberatung Interbrand 390 Milliarden Dollar wert. Der Börsenwert von Nokia liegt mit 30 Milliarden Dollar über dem Wert seiner Fabriken. Das ist der Grund, warum der Wert der Marke nun auch bilanziert werden soll. Nur so ist eine faire Bewertung von Unternehmen möglich. Und das gilt nicht nur für hippe Produkte. Eine im „Harvard Business Manager“ veröffentlichte Studie, bei der über 40 Produktkategorien im Geschäftskundenmarkt (B-to-B) analysiert wurden, kommt zu dem Schluss: „Unternehmen, die B-to-B-Geschäft betreiben, verschenken Millionen- oder gar Milliardenbeträge an Börsenwert, weil sie keine strategische Markenpflege betreiben.“ (Gregory & Sexton, Mai 2007). Marken sind also nicht „nice to have“, sie sind „key to have“. Marken sind für den Unternehmenswert und eine erfolgreiche Produktstrategie also wichtig. Jeder Marketer unterschreibt deshalb ohne zu zögern die hohe Relevanz von Marken und der Führung von Marken.

Die Bedeutung der Marke ist ein Lippenbekenntnis

„Markenführung ist eines der heißesten Themen des Wirtschaftslebens. Aber auch eines, das sehr oft in seiner Bedeutung nicht wirklich erkannt wird“ schrieb das „Wall Street Journal“ kürzlich. Der letzte Satz irritiert, haben wir doch gerade gesehen, wie wertvoll Marken sind. Der bekannte Marketingprofessor Franz-Rudolf Esch sagte im Juni 2007 in einem Interview:

„In vielen Unternehmen spielen das Marketing und damit auch die Markenführung eine untergeordnete Rolle. Marketing im Sinne der marktorientierten Unternehmensführung wird zurzeit weniger gelebt denn je."

Auf den Einwand des Interviewers, Marken seien aber wichtig und der Wert von Marken werde doch hoch gehalten, antwortete Esch: „Das sind meist Lippenbekenntnisse". Bei aller Euphorie zum Thema Marke und Hunderten, ja Tausenden von Büchern, Konferenzen und Workshops zum Thema Marke: Wie ist das zu erklären?

Kunden bemerken die Wirkung von Marken nicht

Auch die Aussagen der Kunden über ihr Kaufverhalten zeichnen ein ernüchterndes Bild. Wir zahlen zwar lustvoll das Dreifache für eine Kugel Eis oder einen Kaffee, aber die Marke taucht bei Befragungen als Kaufgrund nur selten auf. Eine Studie der Gesellschaft für Konsumforschung (GfK) aus dem Jahr 2006 geht den Gründen für den Kauf von Uhren nach. Dabei werden verschiedene Typen von Uhrenkäufern identifiziert. Als wichtigsten Käufertyp macht die Studie die „Materialfixierten" aus. Sie werden so beschrieben:

„Beim Kauf einer Armband- oder Taschenuhr entscheiden sich die meisten Deutschen für ein bestimmtes Stück, weil ihnen das Material gefällt".

Deutsche kaufen Uhren also in erster Linie, weil ihnen das Material gefällt. Von Marke ist nicht die Rede. Aber ist dieses Ergebnis wirklich plausibel? Wie variantenreich kann das Material einer Uhr sein? Metall mit Leder- oder Plastikband. Nehmen wir beim Kauf einer 200-Euro-Uhr wirklich den Schliff des Metalls unter die Lupe? Können wir das überhaupt beurteilen und ist es wirklich kaufentscheidend? Spielt die Marke hier wirklich keine Rolle?

Man könnte es fast meinen, denn auch im Hochpreissegment taucht das Thema Marke nicht auf. Zitieren wir nochmals aus derselben Studie:

„Im Hochpreissegment, also bei Uhren über einem Kaufpreis von 350 Euro, machen die ‚Funktionsästhetiker'? den Löwenanteil aus: Gut 40 Prozent aller Uhren aus diesem Preissegment werden von diesem Kundentyp gekauft. Die Gruppe ist anspruchsvoll in Bezug auf das Design wie auch auf das Preis-Leistungs-Verhältnis und gibt dafür aber leicht überdurch-

schnittlich viel Geld aus. Besonders wichtig: Die Uhr muss Zusatzaufgaben erfüllen, also zum Beispiel zum Zeit stoppen geeignet sein und das Datum anzeigen."

Von Marke wiederum keine Spur. Bei einer Uhr im Hochpreissegment! Soll bei einem Produkt, in dem so viel Geschichte und kulturelle Bedeutung steckt, das wie ein Kleidungsstück für alle erkennbar ist und eine Aussage über uns macht, tatsächlich die Datumsanzeige oder eine Stoppuhr den Ausschlag für den Kauf geben?

Übung: *Überlegen Sie selbst für Ihren Alltag – bei welchen Produkten würden Sie sagen, dass die Marke den Ausschlag für den Kauf gegeben hat? Wie steht es bei Ihrer Uhr? Bei Ihren Küchengeräten? Bei Ihren Möbeln? Bei der Zahnpasta? Beim Kaffee?*

> *Der Wert starker Marken ist unumstritten, aber im Marketingalltag und aus Sicht der Kunden ist die Marke oft zweitrangig.*

Produkteigenschaften stehen im Vordergrund

Das Thema Marke spielt bei Investitionsgütern wie Kränen, Motoren oder Turbinen, unsichtbaren Produkten wie Energie, oder Produkten wie Schrauben oder Beton scheinbar erst recht keine Rolle bei der Kaufentscheidung. Nicht selten hört man Aussagen wie „Marke mag ja bei Lifestyle-Produkten wichtig sein, aber bei uns ist das ganz anders!" In einer Umfrage unter Geschäftsführern von Unternehmen, die technische Produkte und Software einkaufen, wurde folgende Frage gestellt: „Welches Kriterium war Ihnen bei der Wahl des Lieferanten/Anbieters am wichtigsten, welches am zweitwichtigsten, usw.?". Die Marke landete weit abgeschlagen auf dem letzten Platz. Auf den ersten Rängen waren, in dieser Reihenfolge, „Qualität der Produkte/Leistungen", „Preis/Konditionen", und „Service" platziert.

Glauben wir der Studie zu den Kaufgründen bei Uhren, scheint offensichtlich, was zur erfolgreichen Vermarktung einer Uhr nötig ist: Funktionalitäten und tolle Features bieten, Stoppuhren einbauen, vielleicht noch ein kleines Licht zum Lesen oder einen Internetzugang. Aber wie lange dauert es, bis der Wettbewerber in seine Uhr auch eine Stoppuhr integriert hat? Und was dann? Folgt darauf eine noch genauere Stoppuhr?

Fallbeispiel Stabilo Boss: 120 Stunden Cap-Off-Time

Der Hersteller des bekannten Textmarkers Stabilo Boss war vor einigen Jahren in genau so einen Strudel geraten. Als der neue Marketingverantwortliche Horst Brinkmann ins Unternehmen kam, waren die Ingenieure gerade dabei, einen Marker zu entwickeln, der 120 Stunden offen liegen kann („Cap-Off-Time"), ohne einzutrocknen. 120 Stunden – das sind fünf Tage! Aber wer braucht das? Wir konzentrieren uns nur zu gerne auf ganz konkrete Produktanforderungen der Kunden oder technisch mögliche Entwicklungen, weil hier scheinbar klar ist, was zu tun ist, statt uns mit etwas so Diffusem wie einer Marke auseinanderzusetzen. „Wir hatten verlernt, unsere Kunden zu verführen", beschreibt Brinkmann die damalige Erkenntnis. „Dabei sehnen die sich geradezu nach einer lustvollen Vereinfachung ihrer Kaufentscheidung."

> *Immer wieder drängen sich die Produkteigenschaften in den Mittelpunkt, da sie im Unterschied zur Marke direkt wahrnehmbar und greifbar sind.*

Das „Was" der Markenführung ist bekannt

Warum besteht eine so große Kluft zwischen dem so oft nachgewiesenen Wert einer starken Marke auf der einen Seite und den Aussagen der Kunden und dem Umgang mit Marken im Alltag vieler Unternehmen auf der anderen Seite? Warum übersehen wir in der Praxis so häufig die Bedeutung von Marken?

Am Wissen über das „Was" der Markenführung kann es erstmal nicht liegen. Hundertschaften von Marketingbüchern haben hinlänglich beschrieben, dass eine Marke nur dann erfolgreich sein kann, wenn sie einen

- attraktiven,
- relevanten
- nachhaltigen,
- differenzierenden, sowie
- funktionalen *und* emotionalen Mehrwert

bietet und die Markenführung konsistent und über alle Kontaktpunkte hinweg mit der Marke integriert ist. Es gibt kein Buch, in dem nicht betont wird, dass man die Zielgruppe verstehen und gezielt ansprechen muss, dass der Köder dem Fisch und nicht dem Angler schmecken muss. Und in jedem Buch steht geschrieben, dass es einer klaren Marken-Positionierung bedarf, Marken Orientierung geben müssen, und dass sie Sinn stiften sollen. An Ratschlägen und Anforderungen an die Markenführung mangelt es nicht. Das „Was“ wir erreichen müssen ist eindeutig und hinlänglich bekannt.

In den Zielen der Markenführung sind sich also alle einig. Und das zu Recht. All diese Anforderungen und Sichtweisen sind richtig. Diese Erkenntnis möchten wir vorweg nehmen, denn dieses Buch hat nicht den Anspruch, bereits Bekanntes zu wiederholen. Bei näherem Hinsehen ist es jedoch verwunderlich, dass Einigkeit bei den Zielen besteht und trotzdem so viel diskutiert wird. Dass so viel Unsicherheit besteht und bei der Umsetzung der Ziele so viele Chancen vergeben werden. Es gibt in Deutschland alleine über 100 gut etablierte Markenmodelle, aber das Geheimnis starker Marken scheint noch immer nicht gelüftet. Selbst die Verantwortlichen erfolgreicher Marken kommen bei der Frage nach dem Geheimnis ihres Erfolgs oftmals über Allgemeinplätze wie integrierte Kommunikation und Differenzierung oder allgemeine Metaphern wie „die Marke muss ein Leuchtturm sein und Orientierung geben“ nicht hinaus.

Das „Wie“ und „Warum“ der Markenführung fehlt

Das „Was“ ist nicht das Problem der Markenführung, sondern das „Wie“ und das „Warum“. Denn der Teufel steckt im Detail. Wie wirken Marken überhaupt? Was ist überhaupt eine Marke? Schauen wir uns die folgenden Anzeigen an. Was darin genau ist die Marke – über das Offensichtliche wie Produkt und Markenlogo hinaus? Was könnten wir verändern und was müsste gleich bleiben, damit das Wesentliche der Marke erhalten bleibt?

Was ist hier die Marke?

Abb. 3: Es ist schwer fassbar, was in diesen Anzeigen die Marke ist, was hier die Anziehungskraft auslöst. Das Markenlogo kann es nicht sein.

Wie entsteht die Anziehungskraft von Marken? Warum sind bestimmte Marken erfolgreicher als andere, obwohl die Produkte und Leistungsversprechen scheinbar so gleich sind? Was unterscheidet meine Marke wirklich vom Wettbewerb? Warum wechseln meine Kunden, obwohl der andere Anbieter objektiv nicht wirklich günstiger oder besser ist? Wie muss ich meine Positionierung umsetzen? Welche Markensignale darf ich ändern und welche nicht? Warum war dieser Spot erfolgreich und der andere nicht? Was ist der rote Faden für die Inszenierung der Marke in allen Kontaktpunkten? Das sind die Fragen, die uns in diesem Buch beschäftigen.

So klar und richtig die bekannten Ziele der Markenführung sind: Wenn es darum geht, „*Wie*“ diese Ziele zu erreichen sind und „*Warum*“ sie erreicht bzw. verfehlt wurden, dominieren häufig wilde Diskussionen und Unsicherheit. Das „Was“ der Markenführung ist bekannt. Das „Wie“ und „Warum“ ist der Fokus dieses Buches. Den Schlüssel dafür liefert die Neuropsychologie.

Die gängigen Markenmodelle erklären „Was“ die Markenführung erreichen muss, aber lassen das „Wie“ und „Warum“ offen.

Marken wirken indirekt

Warum tun wir uns so schwer mit der Führung von Marken? Die Antwort: Eine Marke ist etwas Psychologisches, etwas „Weiches", das sich nicht oder nur schwerlich in Formeln fassen lässt. In der von Kennzahlen und Controlling bestimmten Welt der Wirtschaft fällt uns deshalb der Umgang mit Marken nicht leicht. Eine Marke ist keine quantitative, sondern eine psychologische Größe. Marken wirken indirekt!

Übung: *Sehen Sie sich die folgenden drei Augenpaare an. Daneben stehen verschiedene Begriffe zur Auswahl. Versuchen Sie den Augenpaaren den richtigen Begriff zuzuordnen.*

Abb. 4: Wahrscheinlich haben Sie dem zweiten Augenpaar den Begriff „zuversichtlich" zugeordnet. Zumindest nehmen über 95 Prozent der Befragten diese Zuordnung vor. Wie kommt das? Warum ist das zweite Augenpaar „zuversichtlich" und nicht „scherzend" oder „beschämt"? Versuchen Sie einmal zu beschreiben, was es ist, das an den Augen diese Bedeutung ausmacht? Die Beschreibung der Wirkung fällt uns sehr schwer. Genauso ist es auch häufig bei Marken. Wir haben ein Gefühl dafür, aber die Analyse und damit das Management dieser indirekten Wirkung fallen uns schwer.

Wegen dieser indirekten Wirkung fallen Marken im Alltag gerne unter den Tisch. Deshalb berichten die Kunden, dass Marke eine untergeordnete Rolle spielt. Wer würde schon sagen oder glauben, dass er ein Putzmittel wegen dem netten Mann mit der Glatze kauft? Oder den Schokoriegel wegen der in der Werbung gezeigten drei Musketiere isst? Marken sind uns kräftige Aufpreise wert, obwohl wir ihre Wirkung auf und in uns nicht direkt wahrnehmen.

Dazu kommt: In unserem Kulturkreis und im Alltag von Unternehmen und ihren Prozessen ist weiterhin das Bild des reflektiert und bewusst entscheidenden Menschen vorherrschend. Wie ist dieses Menschenbild aber mit einem Phänomen wie Marke zu vereinbaren? Nur sehr schwer. So sehr wir auch sicher sind, dass es mehr gibt, als unser Verstand uns glauben machen will: Dieses Menschenbild holt uns im Alltag immer wieder ein und lässt uns zurückfallen auf konkrete, anfassbare und direkt steuerbare Aspekte wie Produktnutzen, Qualität oder Preis-Leistungs-Verhältnis. Also die so genannten „rationalen" Dinge wie die Materialbeschaffenheit einer Uhr, die Putzkraft eines Putzmittels oder der Geschmack eines Schokoriegels, die man auch in Kundenbefragungen immer wieder hört.

Warum Neuropsychologie in der Markenführung weiterhilft

Ohne die indirekte Wirkung von Marken zu verstehen, kann das Potenzial einer starken Marke nicht systematisch ausgeschöpft werden. Den Zugang zu diesen indirekten Wirkungsvorgängen gewährt uns die Neuropsychologie. Die Hirnforschung und die moderne Psychologie haben in den letzten Jahren enorme Fortschritte gemacht, das Verhalten von Menschen und ihre Entscheidungen besser zu verstehen. Aufgrund bahnbrechender Erkenntnisse darüber, wie Menschen wirklich entscheiden, wurde im Jahr 2002 erstmals ein Nobelpreis für Wirtschaftswissenschaften an einen Psychologen vergeben. Wie dieses faszinierende Wissen auf die Markenführung übertragen werden kann, zeigen wir in diesem Buch. Dabei helfen uns die Fortschritte in der neuropsychologischen Grundlagenforschung.

In den vergangenen zehn Jahren hat die Forschung mehr über das Gehirn und seine Funktionsweise gelernt als in den hundert Jahren davor. Von den letzten 15 Nobelpreisen in Medizin sind elf Neurowissenschaftlern zugesprochen worden. Alleine zwischen 1990 und 2000, der Dekade des Gehirns in den USA, wurde fast eine Milliarde US-Dollar in die Hirnforschung investiert. Mit dem so gewonnenen Wissen der Hirnforschung, der Psychologie und angrenzenden Gebieten wie der Neuroökonomie, ist es erstmals möglich, diese indirekte Wirkung von Marken zu fassen und auf ein objektiviertes, analytisches Fundament zu stellen.

Es geht dabei um weit mehr als die aktuell häufig diskutierten Emotionen und die Emotionalisierung von Marken. Denn dass Marken einen emotionalen Mehrwert bieten müssen, ist ja seit langem bekannt. Wir werden sehen, dass der Begriff der Emotion wenig hilfreich ist und durch andere, aus Sicht der Neuropsychologie relevantere Begriffe, ergänzt werden muss, wenn wir die Wirkung von Marken wirklich entschlüsseln und steuern wollen. Es geht auch nicht darum, Kunden in einen Hirnscanner zu legen, um das Geheimnis erfolgreicher Marken zu lüften. Unser Ziel ist vielmehr, das neue Wissen um die indirekten Vorgänge im Gehirn systematisch zu nutzen, in Form neuer Konzepte und Tools für die Markenführung. Der Fokus liegt dabei auf der konkreten Marketingpraxis, denn genau hier bereitet uns das Thema Marke ja Schwierigkeiten.

Die Neuropsychologie legt offen, wie das Gehirn funktioniert und wofür es eigentlich gemacht ist. Das Gehirn hat sich nicht verändert, seit es Marken gibt, und es nutzt keine extra entwickelten Mechanismen, um mit dem Phänomen Marke umzugehen. Es nutzt seine vorhandenen Strukturen und Funktionen. Das Wissen um diese Funktionsweise unseres Gehirns macht es möglich, das „Wie“ und „Warum“ der mächtigen Wirkung starker Marken zu entschlüsseln.

Die indirekte Wirkung von Marken wird durch die neuropsychologischen Erkenntnisse entschlüsselt. Diese Erkenntnisse sind der Schlüssel zum „Wie“ und „Warum“ erfolgreicher Markenführung.

2. Marke: die Macht im Hintergrund

Was Sie in diesem Kapitel erwartet: Über die Frage, wie Marken wirken, wurde schon viel geschrieben. Eine völlig neue Perspektive auf diese Frage ergibt sich dank neuer Erkenntnisse der Neuropsychologie, die wir in diesem Kapitel besprechen und für die Markenführung nutzbar machen.

Ökonomie und Psychologie wachsen zusammen

Entscheidend für das Verständnis und das Management der indirekten Wirkung und der Anziehungskraft von Marken sind die Erkenntnisse des Psychologen Daniel Kahneman, dem 2002 der Nobelpreis für Wirtschaftswissenschaften (!) zugesprochen wurde. Für sehr lange Zeit waren Ökonomie und Psychologie zwei völlig getrennte Welten. Die Ökonomen gingen vom rationalen Menschen aus, der Entscheidungen aufgrund von objektiven Kosten-Nutzen-Analysen fällt. Die Psychologen auf der anderen Seite betonten den emotionalen und irrationalen Charakter des Menschen. Das hat sich inzwischen dramatisch geändert, denn diese beiden Welten sind – unter anderem aufgrund Kahnemans Forschungen – inzwischen zusammengewachsen. Dank dieser neuen Erkenntnisse können wir die wenig hilfreiche und aus Sicht des Gehirns nicht relevante Kluft zwischen „Ratio" und „Emotion" hinter uns lassen. Damit eröffnet sich für das Marketing die große Chance, das „psychologische" Phänomen Marke und ihre indirekte Wirkung mit der „harten" Welt der Ökonomie und Kennzahlen zu vereinen und objektiv zu fassen.

Kahneman hat untersucht, wie scheinbar rationale Entscheidungen durch indirekte Prozesse beeinflusst werden. In seiner Nobelpreisrede stellt Kahneman zur Einleitung die folgende einfache Frage.

> *Ein Baseballschläger und ein Ball kosten zusammen 1,10 Euro. Der Schläger kostet 1 Euro mehr als der Ball. Wie viel kostet der Ball?*

Einfach, oder? Fast alle, denen wir diese Frage stellen, antworten sofort und intuitiv, dass der Ball 10 Cent kostet. Das gilt auch für den Großteil der Studenten an den Elite-Universitäten Princeton und Harvard. Fast alle geben diese Antwort. Die Antwort ist aber falsch. Tatsächlich kostet der Ball nur 5 Cent! Irgendetwas in unserem Gehirn hat dazu geführt, dass wir intuitiv eine falsche Antwort auf diese scheinbar so einfache Frage geben.

Tipp: *Wenn der Ball 10 Cent kosten würde, müsste der Schläger 1,10 Euro kosten, denn der Schläger kostet ja 1 Euro mehr als der Ball. Die Gesamtsumme wäre dann 1,20 Euro und nicht 1,10 Euro.*

Die Erkenntnisse von Kahneman, die Entschlüsselung der indirekten Wirkung, eröffnen eine völlig neue Sichtweise auf Marken, Menschen und deren (Kauf-)Entscheidungen. Kahneman zeigt einen universellen, mächtigen Schlüssel zu der Frage, wie Menschen in ökonomischen Situationen wirklich entscheiden. In diesem Buch nutzen wir diesen Schlüssel, um das Geheimnis starker Marken zu dekodieren, um offenzulegen, wie und warum Marken auf Menschen wirken und ihre Kaufentscheidungen beeinflussen. Vieles davon haben wir geahnt oder gespürt. Vieles kennen wir aus unserem Alltag. Aber nun liegen eine objektivierbare Grundlage und eine nachvollziehbare, analytische Systematik für das Markenmanagement vor, das dem Wesen von Marken gerecht wird und nicht auf sinnleere Formeln zurückgreift. Das Ziel dieses Buches ist es, diese faszinierende neue Welt zu erschließen.

Dank der neuen Erkenntnisse der Neuropsychologie ist der Widerspruch zwischen Emotion und Ratio, zwischen Ökonomie und Psychologie überwunden. Das Psychologische, was Marken ausmacht, kann erstmals auf eine objektive Grundlage gestellt werden.

Indirekte Vorgänge beeinflussen die Preiswahrnehmung

Betrachten wir zu Beginn an einem Beispiel, wie indirekte Einflüsse etwas scheinbar Objektives und Rationales beeinflussen. Wir haben mehreren Hundert Menschen ein und denselben Preis für ein Produkt vorgelegt und sie den Preis als teuer oder günstig einstufen lassen. Je nachdem, wie wir den Preis präsentierten, ergaben sich große Unterschiede.

Abb. 5: Der gleiche Preis wird als unterschiedlich teuer empfunden, je nachdem, wie der Preis gestaltet ist. Subtile Signale wie zum Beispiel ein Glanz auf der Zahl verändern das Preisempfinden.

Wie die Abbildung zeigt, wird der Preis mit einem glänzenden Stern als besonders teuer eingestuft; viel teurer, als wenn derselbe Preis nur „schwarz auf weiß" präsentiert wird. Schwarz auf weiß wiederum wird als teurer erlebt, als wenn sich neben dem Preis ein Rabattsymbol befindet, oder der „alte" Preis durchgestrichen gezeigt wird. Objektiv handelt es sich aber immer um denselben Preis. Der Preis ist der gleiche, aber er wirkt unterschiedlich.

Es scheint zwei Ebenen zu geben: den vermeintlich objektiven Preis und einen psychologischen Preis. Die indirekte Wirkung überstrahlt die „rationale" Beurteilung. Intuitiv erscheint der Preis anders, obwohl er objektiv identisch ist. Nur die subtilen, indirekten Informationen im Hintergrund – wie zum Beispiel der Glanz, die Farben, die Rabattsymbole – lassen die Preise unterschiedlich erscheinen. Solche subtilen, indirekten Informationen im Hintergrund lassen auch den Kaffee von Starbucks anders, wertvoller, erscheinen, so dass wir bereit sind, deutlich mehr Geld dafür auszugeben. Der VW Sharan ist objektiv identisch mit dem Ford Galaxy – beide werden in denselben Fabriken produziert – aber der Sharan wirkt wertvoller und diese Wirkung ist den Kunden einen Aufpreis von 2.000 Euro wert.

Selbst etwas scheinbar so Rationales wie der Preis wird durch indirekte Prozesse im Hintergrund stark beeinflusst.

Warum wir uns verlieben

Häufig wird die Kraft starker Marken mit dem Vorgang des Verliebens oder der Liebe bzw. Beziehung zu Menschen verglichen. Man spricht dann zum Beispiel von „Lovemarks", „Brand Relationships" oder „Markenpersönlichkeiten", mit denen Kunden in Beziehung treten. Denken wir nun für einen Moment über folgende Frage nach: Warum haben wir uns in unseren Partner verliebt? *Warum* gerade dieser Mensch? Auf den ersten Blick ist das eine einfache Frage. Aber nur auf den ersten Blick. Wenn wir Menschen bitten, die fünf wichtigsten Gründe dafür zu nennen, warum sie sich in ihren Partner verliebt haben, sind die Antworten nämlich erstaunlich austauschbar.

Unter den Top 3 der Antworten finden sich „Sympathie", „Humor" und „Attraktivität". Nach kurzem Hinterfragen fällt die Allgemeingültigkeit dieser Eigenschaften auf. Denn wenn wir alle die gleichen Gründe haben, warum verliebt sich dann jeder in so unterschiedliche Personen? Und natürlich verlieben wir uns nicht in Menschen, die unsympathisch, unattraktiv und humorlos sind. Aber es fällt uns schwer konkret zu sagen, was an unserem Partner speziell das Gefühl des Verliebtseins ausgelöst hat. Es passte eben, es war Intuition, Bauchgefühl, Magie, es hat direkt gefunkt, es war die gleiche Wellenlänge.

Übung: *Fragen Sie sich selbst, warum Sie sich in Ihren Partner verliebt haben. Warum genau in diesen Menschen? Fragen Sie auch Ihren Partner nach seinen Gründen. Erklären die genannten Gründe, warum Ihr Partner sich genau in Sie und nicht in jemanden anderen verliebt hat? Zeigen sie das Einzigartige an Ihnen und Ihrer Beziehung?*

Die wahren Gründe für diese Intuition bleiben meist im Hintergrund. Die Neuropsychologie hat die indirekten Vorgänge beim Verlieben jedoch weitgehend entschlüsselt. So kann man zum Beispiel feststellen, dass sich unsere Bewegungen beim Flirten anpassen und auch die Herzfrequenz im Gleichtakt zu schwingen beginnt. Begleitet wird dies von der Ausschüttung von Hormonen wie Dopamin und der Aktivierung bestimmter Hirnareale. Das einzige, was wir davon bewusst wahrnehmen, ist ein positives Bauchgefühl. Das „Wie" und „Warum" bleibt im Hintergrund.

Genauso verhält es sich bei Marken. „Sympathie" oder „Attraktivität" sind Eigenschaften, die auch gerne mit erfolgreichen Marken verbunden werden. Aber ebenfalls dort können sie nicht der wahre Grund sein. Sie beschreiben nur das Ergebnis, den Output, und nicht den dahinter liegenden Prozess. Und wenn wir nicht einmal bei der wahrscheinlich wichtigsten Entscheidung in unserem Leben, der Partnerwahl, sagen können, welches die wahren Gründe dafür waren, können wir dann wirklich erwarten, dass Kunden Auskunft über das „Warum" ihrer Markenwahl geben? Warum sie unsere Marke kaufen oder eben nicht kaufen? Nein. Auch die Gründe für die Markenwahl liegen im Hintergrund und werden nur als Allgemeinplätze wie „Sympathie" oder „Vertrauen" bewusst. Die wahren Gründe, warum wir Marken kaufen, wirken im Hintergrund.

Markeneigenschaften wie „Sympathie" oder „Attraktivität" sind nicht der wahre Grund für die Anziehungskraft. Sie können den Unterschied zwischen Marken nicht erklären.

Das grundlegendste Prinzip im Gehirn

Die folgende Abbildung zeigt eine entscheidende Grafik aus der Nobelpreisrede von Daniel Kahneman. Zunächst fragt man sich, warum er einen so alten Wahrnehmungstrick in der wohl wichtigsten Rede seiner Karriere als Wissenschaftler nutzt. Es geht hier aber nicht um die Wahrnehmungsillusion selbst, sondern um das vielleicht grundlegendste Prinzip in unserem Gehirn. Die Abbildung stellt das so genannte *Figur-Grund-Prinzip* dar. Das Verständnis dieses Prinzips bringt uns auf die Spur dessen, wie Marken wirklich wirken.

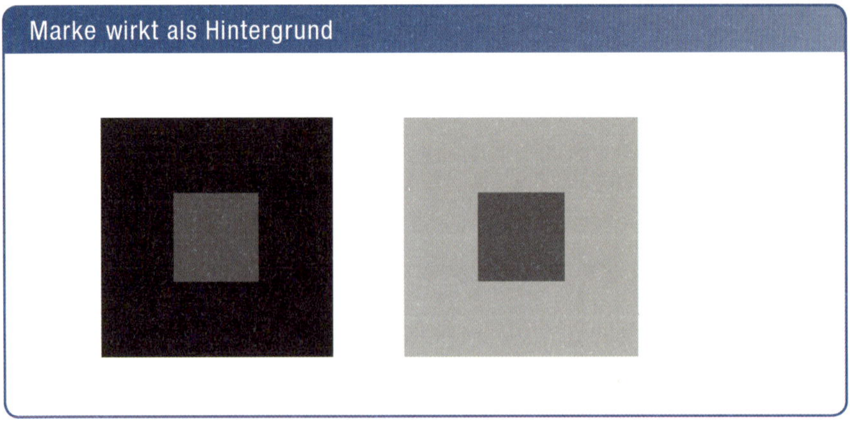

Abb. 6: Eine entscheidende Grafik aus der Nobelpreisrede von Daniel Kahneman. Sie zeigt eines der grundlegendsten Prinzipien im Gehirn und der Wirkung von Marken: das Figur-Grund-Prinzip.

Wenn wir die beiden Quadrate in der Mitte betrachten, scheint es, als würden die kleinen Quadrate vor den großen liegen. Die kleinen Quadrate sind im Vordergrund, sie sind die Figur. Die großen Quadrate bilden den Hintergrund. Die beiden grauen Quadrate in der Mitte wirken zudem unterschiedlich hell. Sind sie aber nicht. Objektiv sind die beiden grauen Quadrate identisch, subjektiv unterscheiden sie sich aber deutlich. Die unterschiedlich erlebten Helligkeiten der beiden Quadrate in der Mitte (der Figur) kommen alleine durch die unterschiedliche Helligkeit der großen Quadrate im Hintergrund zustande. Der Hintergrund verändert die subjektive Wahrnehmung, also die Wirkung!

Der Hintergrund strahlt also auf die Figur ab und verändert ihre Wirkung. Wir kennen das von uns selbst: Wenn wir gut gelaunt sind, sehen wir über Fehler unserer Mitarbeiter locker hinweg, die gute Laune färbt unsere Erlebnisse indirekt ein, sie strahlt ab.

Wie Stimmungen sich indirekt auf unsere Urteile auswirken

Die Hintergrundwirkung von Stimmungen funktioniert sogar, wenn diese nur subtil ausgelöst werden. Und das ist bei den meisten Marken ja der Fall. Bittet man Menschen, während sie ein Produkt beurteilen, einen Kugelschreiber zwischen den Vorderzähnen zu halten, bewerten sie Produkte positiver als Menschen, die den Kugelschreiber nur zwischen den Lippen halten. Warum? Den Kugelschreiber zwischen den Vorderzähnen zu halten, löst ein Lächeln aus, was unser Gehirn registriert und als positive Stimmung „interpretiert".

Embadied Emotion

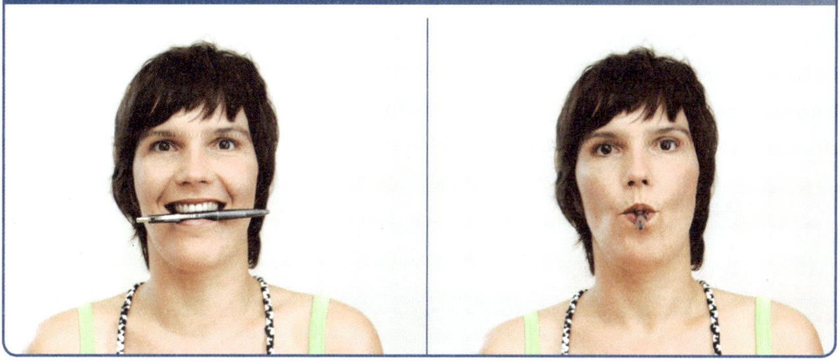

Abb. 7: Die durch die unterschiedlichen Mundstellungen aktivierten Muster im Gehirn werden aufgrund der Erfahrung mit Stimmungen assoziiert und aktivieren dadurch diese Stimmungen.

Das funktioniert gleichfalls, wenn man Menschen dazu bringt, mit ihrem Kopf eine Vorwärts-Rückwärts-Bewegung zu machen – also implizit Ja zu sagen – während sie ein Produkt beurteilen. Obwohl dies sicherlich nicht als Ziel hinter dem neuen TV-Spot für den Sony Flachbildschirm-Fernseher stand, bewirken die über Sekunden auf und ab springenden Bälle trotzdem denselben Effekt: Wenn wir den Spot betrachten, bewegt sich unser Kopf, wenn auch subtil, nach oben und nach unten, im Gleichklang mit den farbigen Bällen. Wir sagen also unentwegt Ja, während wir den Spot betrachten.

In einem typischen Arbeitsraum kommen wir auf andere Ideen als auf einer Terrasse mit Blick auf das Meer. Die räumlichen Gegebenheiten wirken ebenfalls im Hintergrund. Bei Workshops hilft es manchmal schon, die Plätze zu tauschen, um auf neue Ideen zu kommen.

Der Hintergrund wirkt indirekt auf alles was wir tun, ohne dass wir es merken.

Der Framing-Effekt: Marken wirken als Hintergrund für Produkte

Warum ist all das so entscheidend für die Entschlüsselung von Marken? Die Antwort lautet: Marken wirken als Hintergrund, Produkte als Figur. Starke Marken lassen ein Produkt subjektiv „heller" erscheinen, statten es mit einer Anziehungskraft aus. Man spricht hier auch vom so genannten „Framing-Effekt" – Marken wirken wie ein Rahmen (Frame) für das Produkt. Wir werden noch sehen, dass das eine sehr weitereichende Erkenntnis ist, die wir für das Management von Marken nutzen können. Es ist also nicht das Eis selbst, das Häagen-Dazs den Aufpreis ermöglicht, sondern der Hintergrund – die Marke.

Der Framing-Effekt von Marken wurde inzwischen auch auf der hirnphysiologischen Ebene nachgewiesen. Eine im Fachjournal „Brain Research Bulletin" veröffentlichte Studie der Universität Münster zeigt, wie Medien-Marken die Glaubwürdigkeit einer Nachricht indirekt – durch einen Framing-Effekt – beeinflussen. Die Forscher der Universität Münster haben dabei Nachrichten auf ihre Glaubwürdigkeit hin einschätzen lassen, zum Beispiel die Aussage „Kurzstrecken-Fahrpreise der Deutschen Bahn werden im Herbst deutlich sinken". Dabei haben sie die Nachrichten entweder mit einem Marken-Hintergrund präsentiert (Markenlogos und Schrifttypen von „Focus", „Spiegel", „Bild" usw.) oder ohne die Medien-Marke (also als isolierte „Figur").

Abb. 8: Die Marke wirkt indirekt im Hintergrund und verändert in diesem Beispiel die Glaubwürdigkeit von Nachrichten, ohne dass wir uns darüber bewusst werden.

Das Ergebnis zeigt deutlich, dass die Glaubwürdigkeit ein und derselben Nachricht maßgeblich vom Referenzrahmen im Hintergrund – dem Frame – abhängt, in dem die Nachricht präsentiert wird. Je nach dem, in welchen Hintergrund die Aussagen eingebettet waren, also je nach Medien-Marke, veränderte sich die subjektive Glaubwürdigkeit massiv – ohne dass den Probanden der Grund dafür bewusst wurde. Die Studie zeigt, dass der Framing-Effekt in Hirnarealen wirkt, deren Arbeit wir nicht bewusst erleben. Zudem wirkt der Effekt sehr schnell – das Gehirn der Probanden hatte sein Urteil über die Glaubwürdigkeit einer Nachricht gefällt, lange bevor diese überhaupt zu Ende gelesen wurde und ein reflektiertes Urteil gefällt werden konnte. Ausgelöst wurde all dies durch die Markensignale im Hintergrund. Das explizite Urteil über die Glaubwürdigkeit einer Nachricht wird also durch den indirekten Abstrahleffekt der Marke massiv beeinflusst und eingefärbt – ohne dass dieser Effekt bemerkt wird. Marken bilden demnach auch einen Referenzrahmen für die Beurteilung von Aussagen zu Produkten.

Der Framing-Effekt erklärt die indirekte Wirkung von Marken!

Warum die Wirkung von Marken unterschätzt wird

Der Framing-Effekt erklärt, warum Marken bei Befragungen so oft unterschätzt werden, denn dieser Effekt wirkt indirekt, wir nehmen seine Wirkung nicht wahr. Wenn wir also nach unseren Kaufgründen für eine Uhr gefragt werden, fallen uns Produkteigenschaften (die Figur) und nicht die Marke (der Hintergrund) ein. Das liegt daran, dass die Wirkung des Hintergrunds nicht wahrnehmbar ist. Wir bemerken die subtile aber massive Abstrahlwirkung des Hintergrunds schlichtweg nicht. Er wirkt in Hirnarealen, von deren Arbeit wir wenig bis gar nichts mitkriegen. Das erklärt auch, warum die Wirkung von Marken in der Praxis von Unternehmen und beim Kunden so unterschätzt wird. Die Anziehungskraft der Marke entsteht aber genau durch diesen Hintergrund. Um die Wirkung von Marken zu verstehen und zu steuern, müssen wir also diese indirekte Wirkung im Hintergrund entschlüsseln.

Marke ist Hintergrund, wirkt indirekt, und wird deshalb unterschätzt!

Der Hintergrund macht das Produkt wertvoller

Aber müssen wir uns mit dem Hintergrund wirklich beschäftigen? Wie wichtig ist er? Die Antwort ist ganz einfach. Bei Häagen-Dazs bringt der Hintergrund ein Preis-Premium von 1,50 Euro pro Kugel Eis. Beim VW Sharan ist die indirekte Wirkung der Marke 2.000 Euro wert. So gesehen können wir sehr einfach den Wert der Hintergrundwirkung und damit der Marke bestimmen: das Preis-Premium zum Durchschnittspreis bzw. zum Preis des direkten Konkurrenten. Mit anderen Worten: Wie viel mehr Geld sind Kunden bereit für mein Produkt zu bezahlen, im Vergleich zum Marktdurchschnitt bzw. zu meinen direkten Wettbewerbern?

Abb. 9: Produkte ohne Hintergrund, also ohne Marke, sind wenig differenzierend. Zudem bietet die Marke Schutz, indem sie das Produkt von den anderen abgrenzt.

Die Grafik zeigt auf, dass die Marke als Hintergrund die Produkte voneinander abgrenzt und schützt. Die Marke wirkt im Gehirn im wahrsten Sinne des Wortes als Schutzmauer für das Produkt. Weiter führt sie über einen für das Produkt einzigartigen Hintergrund zur Differenzierung der Produkte und verändert zudem deren Wirkung und subjektive Wahrnehmung. Ohne Hintergrund, d.h. ohne die Wirkung der Marke, erscheinen die Produkte gleich. Es zählt dann nur der Preis. Denn Menschen müssen immer vergleichen. Unser Gehirn fällt keine absoluten Urteile über Produkte, sondern braucht immer einen Referenzrahmen. Fehlt die Marke als Rahmen, bleibt als Lösung nur, einen Preisvergleich zu erstellen.

Die gängigen Markenmodelle messen den Output

Wir haben am Beispiel des Verliebens gesehen, dass wir das Ergebnis der indirekten Prozesse, ihren Output, wahrnehmen, aber das „Wie" und das „Warum" bleiben uns verborgen. So ist es auch bei den gängigen Markenmodellen, die den Output von indirekten Vorgängen erheben: Sie fokussieren auf die Figur, das Explizite, und beachten den Hintergrund nicht. Da hilft es wenig, als Zugeständnis die Emotion in die Markenmodelle mit aufzunehmen, denn auch die dort verwendeten emotionalen Faktoren wie Sympathie sind Output. „Sympathie" und „Attraktivität" sind wie im Beispiel des Verliebens das Endergebnis, das uns bewusst wird. Sie sagen aber nichts über das „Wie" und das „Warum" aus. Es geht bei den gängigen Modellen darum, was mit der Markenführung erreicht werden soll. Vertrauen, Sympathie oder die Bekanntheit einer Marke sind das Ergebnis eines komplexen Markenführungsprozesses. Sie sind der Output und zur Steuerung von Marken (das „Wie") und zum Lernen über die Erfolgstreiber der Markenführung (das „Warum") weniger geeignet. Erst wenn diese beiden Aspekte entschlüsselt sind, und das möglichst prozessbegleitend, können wir nachhaltig lernen und unsere Markenführung optimieren.

3. Das Geheimnis starker Marken liegt im impliziten System

Denken ist die schwerste Arbeit, die es gibt. Das ist wahrscheinlich auch der Grund, dass sich so wenige Leute damit beschäftigen.

Henry Ford

Was Sie in diesem Kapitel erwartet: Marken wirken indirekt. Wie entsteht nun aber diese indirekte Wirkung von Marken? Was steckt dahinter? Wie können wir die implizite Wirkung starker Marken besser fassen? Antworten auf diese Fragen gibt dieses Kapitel.

In unserem Gehirn gibt es zwei Systeme

Aufgrund vieler Experimente und Erkenntnisse zieht Kahneman in seiner Nobelpreisrede die Schlussfolgerung, dass es in unserem Gehirn zwei Systeme gibt. Er nennt diese beiden Systeme „System 1" und „System 2". System 1 arbeitet wie eine Art Autopilot, es wirkt indirekt im Hintergrund, ohne dass wir es bemerken. Dieses System ist für die intuitive Antwort „10 Cent" verantwortlich, und lässt objektiv gleiche Preise unterschiedlich erscheinen.

Anders formuliert: System 1, der Autopilot, wirkt implizit. Was ist damit gemeint? Mit „implizit" sind die indirekten Wirkungen im Hintergrund gemeint, die wir im letzten Kapitel kennengelernt haben. Diese impliziten Vorgänge sind uns nicht bewusst. Die Forscher nutzen heute anstelle des meist negativ besetzten Begriffs „Unbewusst" lieber den neutraleren Begriff des Impliziten. Nicht zuletzt, weil das Implizite nicht nur emotional ist, nicht nur aus verdrängten Trieben besteht, sondern auch hoch rationale Vorgänge beinhaltet. Wenn wir also im Folgenden von impliziten Vorgängen reden, sind die indirekten, subtilen, unterbewusst wirkenden Prozesse gemeint. Diese wirken wie ein Autopilot, der seine Arbeit im Verborgenen verrichtet, ohne dass wir viel davon mitkriegen.

Was tut das andere System, das System 2? Seine Funktion gleicht der eines Piloten. Es greift ein, wenn es Störungen gibt, wenn es ernst wird und wenn wir die Ergebnisse des Autopiloten hinterfragen wollen. Es ist dazu da, die impliziten Vorgänge zu prüfen, ein Problem systematisch und analytisch anzugehen und langfristige Pläne zu schmieden.

Die Rehabilitierung des Impliziten in der Psychologie

Von Dr. Martin Scarabis, Universität Münster

In der Wahrnehmung der Öffentlichkeit hat Psychologie vor allem etwas mit Sigmund Freud und seiner Psychoanalyse zu tun. Fast jeder hat eine ungefähre Vorstellung davon, was Freud über uns Menschen herausgefunden hat: Unsere Vernunft ist im Wesentlichen damit beschäftigt, schädliche unbewussten Impulse zu unterdrücken und im Zaum zu halten. Da mag es einige erstaunen, dass die psychoanalytische Theorie über viele Jahrzehnte in der wissenschaftlichen Diskussion kaum eine Rolle gespielt hat. Das lag vor allem daran, dass Freud seine Thesen mit Hilfe von Methoden untermauerte, die wissenschaftlichen Ansprüchen nicht genügen. Damit ging einher, dass unbewusste, implizite und automatische Prozesse eine ganze Zeit lang kaum zur Erklärung von komplexerem menschlichem Verhalten akzeptiert wurden.

Das hat sich allerdings mittlerweile grundlegend geändert. In sehr vielen Forschungsgebieten der Psychologie haben sich so genannte Zwei-Prozess-Modelle etabliert. Diese Erklärungsansätze teilen die gemeinsame Annahme, dass menschliches Erleben und Verhalten von zwei Systemen beeinflusst wird: einem bewussten und expliziten System und einem impliziten, automatischen und weitgehend unbewussten System. Die Rehabilitierung des Impliziten ist vor allem darauf zurückzuführen, dass außerhalb der psychoanalytischen Tradition inzwischen verlässliche Messverfahren entwickelt wurden, die in der Lage sind, mit hinreichender Objektivität und Genauigkeit implizite Prozesse zu messen, z.B. Reaktionszeitanalysen aus der Psychologie oder bildgebende Verfahren wie fMRT (funktionelle Magnetresonanztomographie) aus der Hirnforschung.

Durch das Aufkommen solcher Messverfahren wurde das „Unbewusste" in der Psychologie wieder salonfähig. In den vergangenen 20 Jahren hat die Wissenschaft extrem viel über die Architektur und Funktionsweise des impliziten Systems gelernt. Anders als bei Freud gelten implizit-unbewusste Prozesse nun aber nicht mehr als „Störfeuer von unmoralischen Impulsen", sondern als überlebensnotwendige Werkzeuge, die unser Gehirn für uns bereithält.

Es gibt zwei Systeme im Gehirn: einen Autopiloten, der implizit im Hintergrund wirkt und einen Piloten, der reflektiert.

Marken wirken im Autopiloten

Das Geheimnis der indirekten Wirkung und der Anziehungskraft von Marken liegt im impliziten System, dem Autopiloten in unserem Kopf, begründet. Marken entfalten ihre Wirkung implizit im Autopiloten. Dort verändern sie die Wirkung von Produkten und vom Preis, den Kunden zu zahlen bereit sind. Diese indirekte, implizite Wirkung zu entschlüsseln und für die Markenführung nutzbar zu machen, ist das Ziel dieses Buches. Mit dem Piloten sind wir sehr vertraut. Er entspricht unserem Bild vom reflektiert und bewusst entscheidenden Menschen. Der Autopilot aber, das implizite System, wurde lange Zeit bezweifelt und höchstens als unwichtig abgetan. Was steckt hinter diesem impliziten System? Ein besonders wichtiges Beispiel für die Arbeit des Autopiloten haben wir schon gesehen: das Verlieben. Der Pilot kann nur feststellen, dass wir jemanden mögen oder uns verliebt haben; die Gründe dafür, das „Wie“ und das „Warum“, liegen jedoch im Autopiloten.

Der Autopilot bewertet Markenkontaktpunkte

Dass implizite Vorgänge nicht nur beim Verlieben, sondern auch bei Markenkontaktpunkten entscheidend sind, belegt eine Studie der Carleton Universität in Kanada. Die Forscher wollten wissen, wie attraktiv ausgewählte Webseiten empfunden werden. Einer Probanden-Gruppe wurden die Webseiten weniger als eine halbe Sekunde lang gezeigt, etwa so lange wie ein Augenschlag dauert. Anschließend sollten sie die Attraktivität der Webseiten einstufen. Eine zweite Gruppe konnte die Webseiten so lange testen und betrachten, wie sie mochte. Das erstaunliche Ergebnis: Die Übereinstimmung der Attraktivitätsurteile beider Gruppen war extrem hoch. Es machte also keinen Unterschied, wie lange sich die Probanden mit einer Webseite beschäftigt hatten! Das Urteil war das gleiche.

Was ist hier passiert? Der Autopilot hat die Informationen sofort dekodiert, analysiert, bewertet und hat eine Entscheidung getroffen. In einem Zeitraum von einem Lidschlag! Und diese erste Einschätzung überstrahlte in der Folge alles Weitere. In der Zeit eines Lidschlags hat das implizite System einen

Hintergrund geschaffen, der alle weitere Erfahrungen mit der Webseite einfärbt und damit ihre Wirkung bestimmt. Diese erste Einschätzung wirkt also wie ein Frame, ein Referenzrahmen, für alle weiteren Verarbeitungsschritte.

Deshalb veränderten sich auch bei längerem Betrachten die Urteile über die Webseiten nicht mehr. Das zeigt: Wenn wir den Autopilot entschlüsseln und unsere Marken so positionieren und umsetzen, dass wir mit dem Autopiloten kommunizieren, sind wir im Ergebnis extrem effizient. Denn dem Autopilot reichen wenige Sekunden zur Entschlüsselung von Botschaften und deren Bewertung. Und dieser erste Eindruck bestimmt die folgenden Erfahrungen. Die Volksweisheit „Man kann einen ersten Eindruck nicht ein zweites Mal machen" ist also richtig. Diese Chance gilt es konsequent zu nutzen.

Die impliziten Vorgänge im Autopiloten laufen extrem schnell ab, sie bleiben im Hintergrund, aber bestimmen hauptsächlich die Wirkung von Marken.

Wie Autopilot und Pilot zusammenarbeiten

Schauen wir uns die Aufgabenteilung der beiden Systeme an einem Beispiel an. Die folgende Abbildung zeigt zwei Tische.

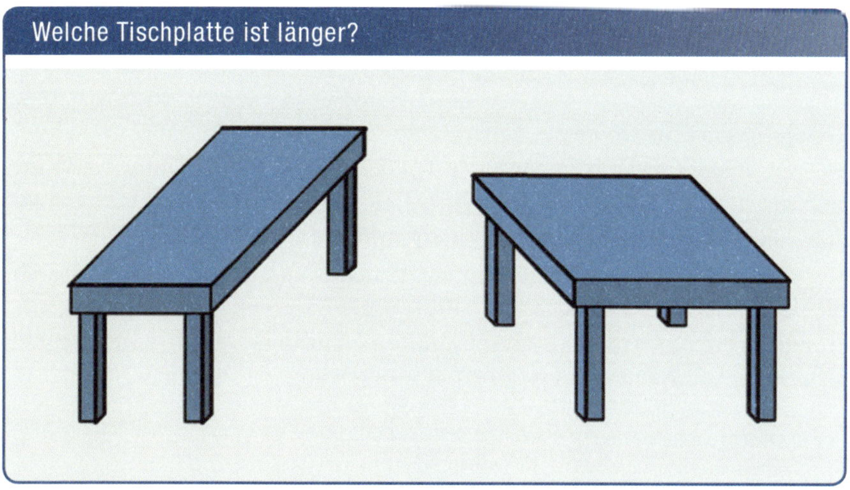

Abb. 10: Die beiden Tischplatten sind gleich groß. Um das zu erkennen, müssen wir die eine Tischplatte abzeichnen und die Zeichnung auf die andere Tischplatte legen.

Wir sehen unmittelbar zwei unterschiedlich große Tische. Das erscheint so klar und offensichtlich, dass wir gar keine andere Möglichkeit sehen. Zumindest sagt uns das unser Autopilot. Tatsächlich sind aber beide Tischplatten genau gleich groß! Um unsere durch den Autopiloten in Windeseile ausgelöste, intuitive Wahrnehmung kritisch zu prüfen, müssen wir System 2, den Piloten, bemühen und analytisch vorgehen. Das ist die Stärke des Piloten – die Intuition des Autopiloten zu hinterfragen und wo nötig zu revidieren. Eine Möglichkeit besteht darin, ein Blatt Papier zu nehmen, über den Tisch auf der linken Seite zu legen, die Tischplatte mit einem Stift nachzuzeichnen, und dann das Papier nach rechts zu kippen, um die Zeichnung über die Tischplatte des rechten Tisches zu legen.

Den Autopiloten zu hinterfragen fällt schwer

Sofort wird klar, dass der Autopilot in unserem Kopf einen Unterschied sieht, obwohl objektiv keiner da ist. Genauso wirken Marken – sie lassen ein Produkt irgendwie anders, wertvoller, anziehender erscheinen als ein anderes Produkt, auch wenn beide Produkte wie im Beispiel des VW Sharan und des Ford Galaxy objektiv identisch sind. Das Beispiel zeigt auch, dass es mühsam ist, den Piloten einzuschalten. Der Pilot kann Vorgaben des Autopiloten korrigieren, aber das fällt schwer: Wir müssen nachdenken, wie wir das überprüfen können, müssen Papier und Stift holen, die Tischkanten sorgfältig nachzeichnen und vieles mehr. Das kostet Energie. Diese Energie wenden wir nur auf, wenn es wirklich wichtig für uns ist. Und selbst jetzt, wo wir wissen, dass beide Platten gleich groß sind, scheint der Unterschied subjektiv immer noch zu bestehen.

Dieses Nachrechnen, dieses Korrigieren des Autopiloten, fällt uns schwer, es ist mühsam und wir fallen leicht wieder zurück auf die intuitive Wahrnehmung. Wie beim Beispiel mit dem Ball, der vermeintlich zehn Cent kostet – der Weg zur richtigen Lösung ist aufwändig und immer wieder fallen wir auf die Intuition des Autopiloten zurück. Das erinnert sehr an die Anziehungskraft des Kuchens: Der Pilot sagt, dass wir auf Diät sind, und trotzdem bekommen wir den Autopiloten nicht in den Griff. Und in einem schwachen Moment greifen wir dann einfach zu.

Der Autopilot steuert das Verhalten im Alltag

Bevor wir uns mit den wissenschaftlichen Fakten zu Pilot und Autopilot näher beschäftigen, und die Konsequenzen für die Markenführung aufzeigen, wollen wir anhand einiger Beispiel aus dem Alltag deutlich machen, wo wir überall den Autopiloten und seine implizite Wirkung antreffen. Denn der Autopilot ist nichts Abstraktes oder nur wissenschaftlich Beschreibbares, sondern eine Realität im täglichen Leben. Das haben wir am Beispiel des Verliebens schon gesehen. Dieses Beispiel zeigt außerdem, dass der Autopilot auch für angenehme und wichtige Dinge in unserem Leben zuständig ist.

Stellen wir uns nun eine typische Abteilungsküche in einem Unternehmen vor. Neben der Kaffeemaschine steht eine Dose, um Geld für den Kaffee zu sammeln. In diese Dose soll jeder etwas Geld hineinwerfen, wenn er Kaffee trinkt. Und wie das so ist: Es funktioniert nicht. Es ist immer zu wenig Geld in der Dose. Nun haben Forscher folgendes getan: Sie haben das Bild eines Augenpaares auf den Kühlschrank direkt neben der Kaffeemaschine aufgeklebt. Sonst nichts.

Implizite Signale verändern Verhalten

Abb. 11: Die Augen am Kühlschrank aktivieren implizit soziale Normen und Werte im Gehirn und führen so zu einem sozialeren Verhalten: der Kaffee wird bezahlt.

Der Effekt war überwältigend. Fast jeder zahlte ein und die Kasse stimmte. Obwohl nur die wenigsten berichteten, das Augenpaar überhaupt wahrgenommen zu haben. Die Schlussfolgerung der Forscher: Ohne dass die Mitarbeiter es bemerkten, wurden durch das Augenpaar die moralischen Werte im Autopiloten aktiviert und das führte zu der Verhaltensänderung. Das ist eine der wichtigsten und spannendsten Eigenschaften des Autopiloten: Er steuert unser Verhalten. Dafür ist er da.

Übung: *Um nachzuvollziehen, wie uns subtile Vorgänge im Autopiloten beeinflussen, hier eine einfache Aufgabe. Beantworten Sie bitte zügig die folgenden Fragen:*

- *Welche Farbe hat ein Arztkittel?*
- *Welche Farbe hat Schnee?*
- *Welche Farbe hat ein Eisbär?*
- *Was trinkt eine Kuh?*

Die meisten Menschen antworten auf die letzte Frage spontan: „Milch!". Natürlich wissen wir, dass die Kuh keine Milch trinkt, sondern Wasser. Aber die Antwort „Milch" war schon gebahnt und im Autopiloten vor-aktiviert. Die Antworten auf die Fragen haben das Konzept ‚Weiß' gebahnt. Und von Weiß ist es ein kürzerer Weg zu Milch als zu Wasser. Die Forscher sprechen hier auch vom so genannten „Priming-Effekt".

Nehmen wir das Autofahren als weiteres Beispiel für das Wirken des Autopiloten im Alltag. Die erste Fahrstunde war furchtbar: Schilder, deren Bedeutung man nicht kannte, die Koordination der Füße, die Schaltung, die Hupe der anderen und vieles mehr. Heute kommen wir nach einer längeren Autofahrt am Zielort an und fragen uns, wie wir überhaupt dahin gekommen sind – die ganze Fahrt über waren wir in Gedanken schon im Urlaub oder bei der nächsten Präsentation. Wir haben telefoniert, Radio gehört und die Kinder auf dem Rücksitz bei Laune gehalten. Alles kein Problem. Wir sind im wahrsten Sinne des Wortes „auf Autopilot" gefahren. Das zeigt auch eines der wichtigsten Prinzipien des Autopiloten: Er entlastet den Piloten in uns und übernimmt im Verborgenen Aufgaben, damit unser Pilot sich um andere Dinge kümmern kann.

Übung: *Versuchen Sie jemandem über das Telefon oder eine schriftliche Anweisung, also ohne Gesten, genau und explizit zu erklären, wie man einen Schuh zubindet. Was tut die linke Hand wann genau, was die rechte Hand? Wie ist die genaue Abfolge?*

Angenommen, wir gehen mit Freunden etwas essen. Wir bestellen das Essen und wenden uns dem Gespräch zu. Plötzlich kommt der Kellner und ruft „Schwein!". Anstatt verärgert aufzustehen, ruft einer unserer Freunde „Das bin ich!". Ohne nachzudenken, können wir die Aussage des Kellners einordnen und angemessen reagieren – dank dem Autopiloten, der im Hintergrund die ganze Situation im Restaurant mit den kulturell gelernten Regeln und Normen verarbeitet und uns frei macht für das Gespräch mit den Freunden. So müssen wir also nicht lange nachdenken, wie das „Schwein" gemeint ist, sondern können spontan und angemessen reagieren.

Viele kennen auch das Phänomen, dass uns oft eine Telefonnummer oder ein PIN-Code erst einfällt, wenn wir die Zahlen eintippen – auch hier ist der Autopilot am Werk. Wir erinnern die Zahlen zwar nicht explizit im Piloten, aber implizit im Autopiloten schon, sobald wir die Nummern eintippen.

Handlungen zu automatisieren und Routine zu entwickeln – so beim Autofahren oder im Restaurant – ist eine der Kernaufgaben des Autopiloten. Wir versuchen, so viel wie möglich zu automatisieren, denn das macht uns effizient und entlastet den Piloten in unserem Kopf – so können wir über die nächste Reise nachdenken und müssen uns nicht um Details wie beispielsweise die Gangschaltung kümmern. Das Gehirn geht also ähnlich vor wie Unternehmen: Um effizient zu sein, werden Prozesse und Vorgänge automatisiert, in Routinen und Abläufen organisiert, so dass wir uns um andere Dinge wie z.B. die Unternehmensstrategie kümmern können. „Die Zivilisation macht Fortschritte, indem die Zahl wichtiger Operationen, die wir ausüben können ohne an sie zu denken, steigt." sagt der Mathematiker und Philosoph Alfred North Whitehead. Dasselbe gilt für das Gehirn.

Der Autopilot ist keine Theorie, sondern ist allgegenwärtig in unserem Alltag.

Der Autopilot regiert beim Konsum

Der Autopilot spielt im Alltag eine wichtige Rolle. Doch nun kommt die entscheidende Frage: Ist das Implizite, der Autopilot, *wirklich* entscheidend für Kaufverhalten? Denn letztlich wollen wir ja das (Kauf-)Verhalten von Kunden verstehen und auf unsere Produkte und Marken lenken. Es ist ja schön und gut, kann man einwenden, wenn das Implizite beim Verlieben oder beim Autofahren wichtig ist – aber wie steht es mit dem Kaufverhalten?

Die Bedeutung des impliziten Systems – des unbewussten Autopiloten im Kopf – wurde lange unterschätzt und als Schwäche angesehen. Heute jedoch ist klar: Dieses System ist entscheidend für Verhalten und seine Bedeutung für das Marketing ist enorm. Die Forschung zeigt, dass das implizite System im Kopf die Führung übernimmt, wenn Menschen

a) *unter Zeitdruck stehen.* Zeitdruck gehört zu unserem modernen Leben dazu. Selten haben wir ausreichend Zeit, unser Leben ist immer hektischer geworden in den letzten Jahren und die Zeit, die wir haben, möchten wir nicht mit Konsumentscheidungen verplempern, sieht man von einem ausgiebigen Shopping-Tag einmal ab. Die meisten Konsumentscheidungen fallen unter Zeitdruck.

b) *mit Informationen überlastet sind* (Overload, Komplexität). Bei über 500.000 registrierten und über 50.000 beworbenen Marken in Deutschland, über 10.000 Produkten im typischen Supermarkt und über 3.000 Werbebotschaften täglich ist die Komplexität sehr groß.

c) *wenig interessiert sind* (Low Involvement). Low Involvement ist die Regel, wenn Menschen Werbung betrachten. Die durchschnittliche Kontaktdauer etwa mit einer Werbeanzeige beträgt 1,7 Sekunden. Aber auch bei sehr vielen Konsumentscheidungen denken wir nicht nach, weil wir sonst tagelang im Supermarkt stehen würden. Im Durchschnitt braucht der Kunde 2,3 Sekunden am Verkaufsregal, um über Wohl oder Wehe einer Produktverpackung zu befinden.

d) *unsicher hinsichtlich einer Entscheidung sind.* Zum Beispiel weil die Produktqualität sehr ähnlich ist – die Stiftung Warentest bewertet inzwischen über 80 Prozent der Produkte mit dem Testsiegel „gut" (also gleichwertig).

> *Der Autopilot ist bei Konsum entscheidend, sei es, weil wir nicht genügend Zeit zum ausgiebigen Nachdenken haben, die Auswahl zu groß ist, wir wenig Interesse haben oder weil wir nicht erkennen können, welches Produkt jetzt das bessere ist.*

Lange dachte man, dass implizite Vorgänge nur bei Schokoriegeln oder Shampoos bedeutsam sind, wenn wir also wenig Geld investieren. Weit gefehlt: Gerade bei komplexen Kaufentscheidungen könnten wir ohne den Autopiloten nicht zum Ziel kommen.

Der Autopilot steuert uns in den typischen Konsumanlässen, bei der Markenwahl und bei vielen Kaufentscheidungen. Der renommierte Harvard-Professor Gerald Zaltman schätzt, dass 95 Prozent unserer Kaufentscheidungen vom Autopiloten getroffen werden.

Warum wir die AGB unserer Lebensversicherung nicht lesen

Wie sieht es nun aber aus, wenn wir hoch interessiert sind (High Involvement)? Spielt hier der Autopilot auch eine Rolle? Wir müssen an dieser Stelle zwei Dinge unterscheiden, die gerne durcheinander geworfen werden. Es geht bei der Motivation (Involvement) nicht darum, ob das Produkt wichtig ist, sondern ob wir motiviert sind, über die Kaufentscheidung bewusst und reflektiert nachzudenken. Das sind wir bei den wenigsten Produkten. Und bei denjenigen Produkten, bei denen die Motivation hoch ist, ist meist auch die Komplexität hoch.

Lesen wir die AGB einer Lebensversicherung? Bei über 90 Prozent der von uns befragten Menschen ist das nicht der Fall. Obwohl die Motivation hier offensichtlich hoch ist. Oder nehmen wir einen Hauskauf als Beispiel. Hier würden wir doch sicher erstmal viel nachdenken, bevor wir uns entscheiden, und uns nicht auf ein magisches Gefühl der Anziehung oder eine Intuition verlassen? Beim Kauf eines Hauses geht es um viel Geld und man würde vermuten, dass hier entsprechend aufwändige Kosten-Nutzen-Analysen angebracht sind. Das Problem dabei: Die Komplexität ist gewaltig, die Anzahl an Faktoren schier unendlich. Sei es die Anbindung an öffentliche Verkehrsmittel, die Qualität der Lage, die Entwicklung des Ortes, das Baujahr des Hauses, die Bausubstanz, die Größe des Gartens, die Anzahl der Zimmer, natürlich der Preis, der Wiederverkaufswert und vieles mehr. Das eine Haus ist größer, dafür ist es teuer. Das andere Haus hat einen schönen Garten, steht aber in der Nähe einer befahrenen Straße. Ein weiteres Haus liegt schön ruhig, ist aber etwas klein und durch seine Stadtrandlage schlecht angebunden.

Wie also soll man sich zwischen mehreren Optionen entscheiden? Die Komplexität ist so groß, dass sie von unserem Piloten alleine nicht bewältigt werden kann. In der Psychologie gibt es eine Regel für die Anzahl an Informationen, die wir gleichzeitig reflektiert (im Piloten) verarbeiten, also gleichzeitig im Arbeitsgedächtnis halten können: die 4+/-1-Regel. Wir können also maximal fünf Informationen, in diesem Fall Fakten über das Haus, gleichzeitig verarbeiten (lange dachte man, es seien bis zu sieben Informationen, aber die Grenze liegt neueren Forschungen zufolge bei 4+/-1). Kommt die sechste dazu, müssen wir eine Informationen dafür aufgeben.

Der Pilot eignet sich, und das mag überraschen, nur für die einfachen Entscheidungen, bei denen wir zudem gewillt sind und die Gelegenheit zum Nachdenken haben. Der Hirnforscher Manfred Spitzer sagt dazu:

> „*Das bewusste Nachdenken eignet sich besonders dann, wenn ein Problem einfach ist*“.

Auch und gerade bei komplexen Entscheidungen, bei denen wir sehr motiviert sind nachzudenken, müssen wir also auf den Autopiloten zurückgreifen.

Der Pilot ist natürlich auch wichtig

Auch wenn 95 Prozent des Verhaltens implizit gesteuert wird, ist das bewusst-reflektierte Nachdenken mit Hilfe des Piloten im Kopf wichtig. Wie bei dem Beispiel mit den Tischen, hilft uns dieses System, Fehlurteile und erste Eindrücke zu überdenken. Es wird aktuell gerne darüber diskutiert, dass der Mensch keinen freien Willen hat. Die Realität ist: Wir haben einen freien Willen, nämlich den Piloten, aber die Kapazität dieses Systems ist äußerst beschränkt, viel beschränkter als lange gedacht. Dank dem Piloten können wir uns dafür entscheiden, unser erstes Urteil über einen Menschen oder ein Produkt nochmals zu überdenken. Wie die meisten aber aus ihrem Alltag wissen, passiert dies vergleichsweise selten.

Die Erkenntnis, dass der Autopilot meist wichtiger ist, gerade bei Konsum, mag zunächst irritierend wirken – das aber nur, wenn wir an das Bild des bewusst-reflektierenden Menschen (Homo oeconomicus) glauben und daran, dass Entscheidungen nur gut sein können, wenn wir vorab explizit und bewusst darüber nachgedacht haben. Geben wir dieses Bild auf, zeigt sich: Es ist sogar sehr wichtig und entlastend, den Autopiloten zu haben. Er führt uns durch den Alltag und oft – gerade bei Konsum – zu guten Entscheidungen. Für Marken und die Markenführung spielt der Autopilot eine herausragende Rolle.

Dank des Piloten können wir anders handeln, als es uns der Autopilot vorgibt. Aber nur, wenn wir wollen und die Situation es zulässt.

4. Wie Marken im Autopiloten ihre Wirkung entfalten

Was Sie in diesem Kapitel erwartet: Marken wirken im impliziten System, sie entfalten ihre Wirkung im Autopiloten. In diesem Kapitel schauen wir uns an, wie der Autopilot funktioniert. Welche Schritte ablaufen, welche neuronalen Grundlagen der Autopiloten hat und welche Aspekte das Implizite in sich vereint. Dieses Wissen bildet das Fundament für die Markenführung aus Sicht der Neuropsychologie.

Die wesentlichen Schritte im Autopiloten

Die wesentlichen Schritte, die der Autopiloten durchführt, um zu einer Entscheidung zu kommen, sind in der Grafik schematisch dargestellt. Sie sind die Basis für die implizite Markenführung und werden uns deshalb im Verlauf des Buches noch ausführlich beschäftigen.

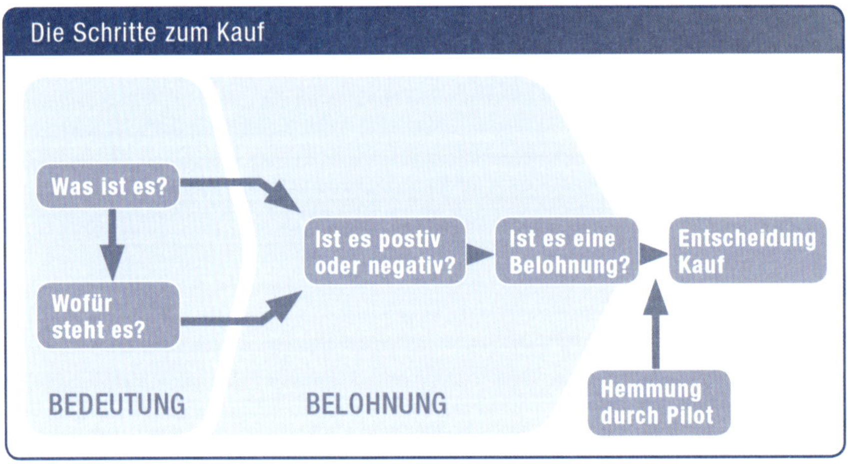

Abb. 12: Kaufverhalten entsteht, wenn die Bedeutung der Marke, also wofür sie steht, erkannt wird und diese Bedeutung als positiv belohnend bewertet wird.

Die Grafik liefert die Übersicht über das „Wie“ und „Warum“ starker Marken und dient uns als Leitfaden für die nächsten Teile des Buches. An dieser Stelle wollen wir zunächst ein Gefühl für die Mechanik im Autopiloten kriegen. Was ist das Wesentliche daran?

Der Autopilot fällt seine Entscheidung im Kern aufgrund von zwei zentralen, fundamental wichtigen Verarbeitungsschritten:

- Dekodierung der *Bedeutung* von Signalen und
- Zuweisung der *Belohnung*, die in den Signalen bzw. ihrer Bedeutung steckt

Nur wenn beides vorhanden ist, legt der Autopilot den Schalter auf „Haben wollen" bzw. „Kaufen" um. Im Zentrum der impliziten Wirkung starker Marken stehen also zwei Aspekte: die Dekodierung der Bedeutung („Was bedeutet die Marke?") und die Evaluation des Belohnungswertes („Welche Belohnung bietet die Marke mir an?"). Beide Schritte laufen in Windeseile, oft in weniger als einer Sekunde und überwiegend implizit ab. Sie stehen im Zentrum dessen, was das Geheimnis von starken Marken ausmacht.

Genau diese impliziten Schritte führen auch zur Liebe auf den ersten Blick. Man dekodiert das Gesamtmuster in Bruchteilen einer Sekunde, versteht die Bedeutung (Wofür steht dieser Blick, diese Handbewegung, dieses Lächeln?) und etwas in uns signalisiert eine Belohnung und wir fühlen uns angezogen (Die/Den will ich haben). Alle diese Vorgänge laufen implizit im Autopiloten ab. Bewusst erleben wir aber nur das positive Gefühl, das wir etwa mit „gleiche Wellenlänge" oder „Sympathie" beschreiben.

Die Doppelgänger-Illusion – kein Erkennen ohne Bewerten

Die beiden Vorgänge des Erkennens der Bedeutung und des emotionalen Bewertens laufen bei uns allen problemlos ab. Wir bemerken nicht, dass diese beiden Schritte in unseren Köpfen ununterbrochen und völlig automatisiert ablaufen. Allerdings gibt es Menschen, bei denen das nicht der Fall ist. Zum Beispiel bei Menschen, die am so genannten Capgras-Syndrom bzw. der Doppelgänger-Illusion leiden. Diese Menschen erkennen zwar ihre Schwester, denn die visuellen Areale und das Gesichter-Areal in ihrem Gehirn funktionieren völlig normal. Aber die Verbindung zu den Bewertungszentren ist gekappt. Das „Kabel", das die visuellen Zentren mit den Bewertungszentren verbindet, ist durch einen Unfall zerschnitten.

Was passiert? Diese Patienten dekodieren zwar die Bedeutung „Das ist meine Schwester“, aber die Bewertungszentren bleiben stumm. Daraus entsteht der Widerspruch „Diese Frau sieht zwar aus wie meine Schwester, fühlt sich aber nicht so an wie meine Schwester.“ Die einzige Interpretation, die bleibt, ist: Es muss sich um eine Doppelgängerin handeln! Wenn jemand so aussieht wie meine Schwester, sich aber nicht so anfühlt, kann es nur eine Doppelgängerin sein! Am Beispiel der Doppelgänger-Illusion sehen wir, dass im Gehirn die Dekodierung der Bedeutung („Das ist meine Schwester“) und die emotionale Bewertung („Sie fühlt sich auch an wie meine Schwester“) getrennt ablaufen. Nur wenn beides zusammenpasst, können wir normal handeln.

Das implizite System bestimmt unser Verhalten durch das Zusammenspiel von Bedeutung und Belohnung.

Die neuronalen Spieler im Autopiloten

Wir haben nun die grundlegende Mechanik im Autopiloten kennengelernt. Jedem der Schritte liegen dabei eigene neuronale Netzwerke zugrunde. Diese neuronale Kartierung des Autopiloten wollen wir uns nun zum Schluss dieses Kapitels etwas genauer anschauen – dabei lernen wir viel darüber, wie der Autopilot tickt, und wie wir dieses Wissen in der Markenführung nutzen können. Die aktuellen Erkenntnisse der Hirnforschung haben die Theorie von Kahneman, dass es in unserem Kopf zwei Systeme gibt, bestätigt. Auch hier hat man die beiden Systeme – das explizite (Pilot) und das implizite System (Autopilot) – entdeckt.

Die folgende Abbildung entstammt einem wissenschaftlichen Überblicksartikel aus dem Jahr 2007, der im renommierten Fachjournal „Annual Review of Psychology“ veröffentlicht wurde. Der Neurowissenschaftler Matthew Lieberman zeigt darin die neuronalen Grundlagen des Piloten und des Autopiloten.

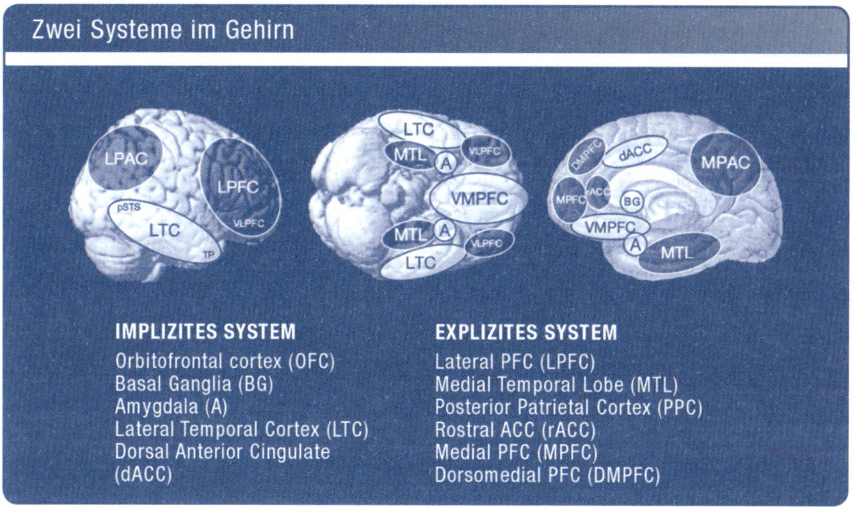

Abb. 13: Die moderne Hirnforschung hat entschlüsselt, welche Funktionsbereiche im Gehirn die impliziten bzw. die expliziten Prozesse steuern. Die meisten Hirnregionen, die dem expliziten System (Pilot) zugrunde liegen, regulieren unser Arbeitsgedächtnis, mit dem wir über Dinge nachdenken.

Wie der Autopilot Bedeutung dekodiert

Der erste Hebel für eine erfolgreiche Markenführung liegt in der Bedeutung der Marke, für was sie also steht. Zum Beispiel steht Beck's für Entdeckung und Abenteuer und Kitkat für „Pause machen". Wie entsteht diese implizite Bedeutung von Marken? Für diese Aufgabe sind zwei Hirnregionen zentral: die Basalganglien und der laterale Temporalkortex.

Basalganglien (BG) – die Mustererkenner
Die Basalganglien sind für die Erkennung von Mustern zentral. Sie sind die Muster-Experten und geben unter anderem die Antwort auf die Frage: *Was ist es?*

Was ist mit „Muster" gemeint? Schauen wir uns ein Beispiel an.

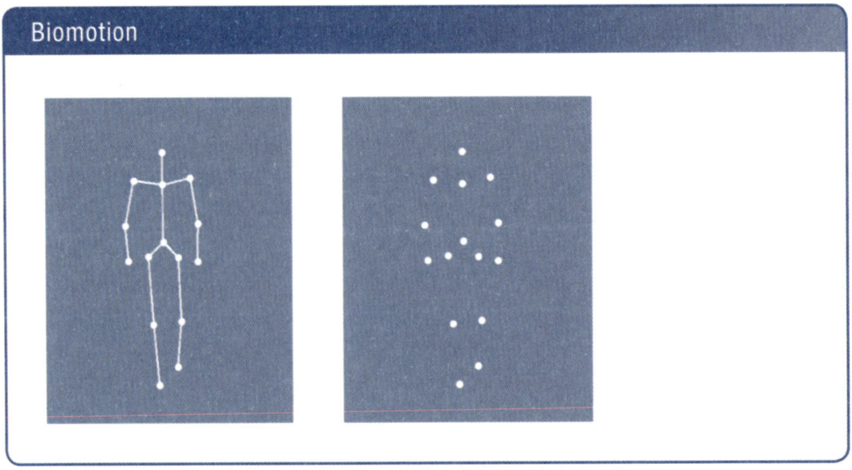

Abb. 14: Wir sind in der Lage sofort aus wenigen Punkten die Silhouette eines Menschen zu erkennen. Das Punktemuster steht für die Bedeutung „Mensch".

Das gezeigte Bild entsteht, wenn man fluoreszierende Tischtennisbälle an die Gelenke von Menschen klebt und das Licht ausschaltet. Auch bei absoluter Notbeleuchtung haben wir keine Mühe zu erkennen, welches Muster eine Frau zeigt und welches einen Mann (versuchen Sie es selbst: www.decode-online.de/markenbuch/biomotion). Wir sind sogar in der Lage, aus einer Menge dieser Bewegungen unseren eigenen Partner zu identifizieren – einzig anhand des Bewegungsmusters! Was genau daran typisch für den Partner ist, bleibt aber im Verborgenen, bleibt implizit.

Die Basalganglien sind auch eine wichtige Grundlage unserer Intuition. Im Kern ist unsere Intuition, unser Bauchgefühl, nichts anderes als das (implizite) Erkennen von Mustern. Experten etwa sind letztlich Muster-Experten, sie zeichnen sich dadurch aus, dass sie besonders viele Muster kennen bzw. erkennen, und daher schnell und intuitiv die Bedeutung von Mustern dekodieren können. Das gilt für Konsumenten (als Konsumexperten) genauso wie für Ärzte oder Schachexperten, die bis zu 10 000 Muster (Konfigurationen) speichern.

Lateraler Temporalkortex (LTC) – der Kulturspeicher

Wir wissen nun aber noch nicht, wofür die Marke steht. Das ist die Aufgabe des lateralen Temporalkortex (LTC). Er verarbeitet die Bedeutung (engl. Meaning) von Sinneseindrücken. Diese Hirnregion fragt: „Was bedeutet es?", „Wofür steht es?", „Wofür kann ich es nutzen?"

Der LTC weist der Farbe Blau in einer Anzeige je nach Kontext die Bedeutung „Sachlichkeit“ oder „Sehnsucht“ zu. Oder der Farbe Magenta die Marke Telekom. Diese Zuordnung erfolgt implizit, wir müssen nicht erst nachdenken, die Farbe entfaltet ihre Bedeutung unmittelbar. Signale sind also mehr als Reize, sie beinhalten einen viel größeren Bedeutungsraum, als uns bewusst ist. Ein Großteil dieser Bedeutungen wird schon sehr früh gelernt und angelegt – schon ab dem zarten Alter von neun Monaten beginnt das Gehirn, die Bedeutung von Dingen zu lernen und zu speichern.

Aktuell wird gerne geschrieben und behauptet, dass einzig die Emotionen unser Verhalten bestimmen und Marken mit Emotionen aufgeladen werden müssen. Affen haben aber auch Emotionen. Die Emotionszentren des Primaten im limbischen System sind denjenigen des Menschen sogar in hohem Maße ähnlich. Der entscheidende Unterschied ist: Affen reagieren direkt auf Reize, Menschen interpretieren die Reize zuerst, weisen ihnen erst eine Bedeutung zu. Ein und dasselbe Bild oder Produkt kann den einen deshalb kalt lassen und den anderen in höchste Gefühlswallungen versetzen. Das ist auch der Grund, warum beim menschlichen Gehirn deutlich mehr Nervenfasern „Top down“ verlaufen, also von den höheren Hirnarealen zu den sensorischen Arealen, als umgekehrt („Bottom up“). Nur der Mensch ist deshalb in der Lage, Signalen eine flexible Bedeutung zuzuweisen. Nur der Mensch kann in einer Uhr ein Statussymbol sehen, kann also mehr darin sehen als ein Zeitmessgerät, oder intuitiv verstehen, dass ein kühles Blau etwas mit Leistung, ein warmes Blau etwas mit Fürsorge und Pflege zu tun hat.

dorsale anteriore Cingulum (dACC) – der Innovationskiller
Das dorsale anteriore Cingulum (dACC) überprüft unter anderem die Übereinstimmung von Mustern zum bisher Gelernten und zu den Erwartungen. Das dorsale anteriore Cingulum schlägt bei Konflikten Alarm, wenn wir also mit unseren gelernten Routinen, mit dem Autopiloten, nicht mehr weiterkommen („conflict monitoring“).
Die zentrale Frage dieser Hirnregion lautet: „Passt das zu den gewohnten Mustern?“ Diese Hirnstruktur gibt uns das Gefühl, dass etwas irgendwie nicht stimmt und gibt bei Turbulenzen Alarm, so dass sich der Pilot – das Nachdenken – zuschaltet. Störungen dieser Art aktivieren in der Regel eine kritische Verfassung, ein Störgefühl. In der Praxis erleben wir diese Hirnfunktion als Kreativitätskiller und Bewahrer.

Ein Werbekonzept, das von allen gemocht wird, weicht nicht genügend vom gewohnten Muster ab und aktiviert deshalb das dACC nicht. Jede Abweichung vom Status quo, jede wahrnehmbare Veränderung der Markenpositionierung und des Markenauftritts aktiviert aber diese kritische Hirnstruktur. Deshalb laufen Kunden Sturm, wenn das Gesicht auf der Kinderschokolade-Packung ausgetauscht wird oder die „FAZ" eine kleine rote Fläche auf ihrer Titelseite einführt. Bei Innovationen, neuen Konzepten und Veränderung der Marke ist dieser Effekt bei der Interpretation von Marktforschungsergebnissen zu berücksichtigen. Denn selbst wenn das Neue stört – eben weil es neu ist – kann es trotzdem erfolgreich sein. Ohne Störung entsteht keine nachhaltige Veränderung im Autopiloten!

Kleine Änderung – große Wirkung

Abb. 15: Schon bei kleinen Veränderungen schlägt der dACC Alarm und führt zu einem Störgefühl.

Die bislang beschriebene Dekodierungsleistung in den Basalganglien und im LTC ist völlig emotionslos. Sie ist ein rein kognitiver Vorgang und ein sehr wichtiger Teil dessen, was starke Marken ausmacht.

> *Die implizite Bedeutung entsteht durch die Fragen „Was ist es?" und „Wofür steht es?".*

Wie der Autopilot die Belohnung erkennt

Der Autopilot hat nun entschlüsselt, was die Marke ist und wofür sie steht. Der Zwischenschritt der Dekodierung der Bedeutung ist die Voraussetzung für emotionale Reaktionen bzw. die Bewertung im Sinne der Belohnung.

Amygdala (A) – die Bewertungszentrale

Emotionen sind wichtig, aber nur ein Teil des impliziten Systems. Die fundamentalste emotionale Bewertung ist die Frage, ob ein Signal für uns Gefahr bedeutet. Dafür zuständig ist die Amygdala, ein sehr altes Emotionszentrum im limbischen System. Sehen wir etwa im Wald eine schlangenartige Form, springen wir sofort einen Schritt zurück, weil die Amygdala Alarm schlägt. Erst danach erkennen wir, dass es sich nur um eine Blindschleiche gehandelt hat. Die zentrale Frage der Amygdala ist: „Sind das Signal und seine Bedeutung positiv oder negativ?"

Diese Hirnregion verändert auch direkt die Wahrnehmung von Signalen und färbt unsere Wahrnehmung je nach Motivlage und Stimmung anders ein. Das ist im Kern, was der Volksmund beispielsweise mit der „rosaroten Brille" meint. Emotionen und Wahrnehmungen beeinflussen sich gegenseitig.

Orbitofrontaler (OFK) und ventromedialer Kortex (VMPC) – das Stirnhirn entscheidet

Das Stirnhirn ist beim Menschen besonders ausgeprägt. Keine andere Hirnregion unterscheidet uns so deutlich vom Affen. Einer der zentralsten Bereiche im Stirnhirn ist der orbitofrontale Kortex (OFK), der direkt hinter den Augen sitzt. Er ist Teil eines ausgeklügelten Belohnungssystems in unserem Gehirn. Der OFK stellt sich die Frage: „Ist diese Marke eine Belohnung für mich? Sind das Markenmuster und seine Bedeutung belohnend?"

Wenn die Antwort Ja lautet, dann erst entsteht Verhalten. Hier wird auch der Belohnungswert mit anderen Aspekten verrechnet, also zum Beispiel, ob ich mir das Menü leisten kann, was andere von mir denken, wenn ich mir das kaufe und vieles mehr. Es wird folglich nicht nur die Marke selbst bewertet, sondern auch ihre „Passung" mit der Situation und dem persönlichen Selbstkonzept. Selbst wenn uns der Apple Computer sehr gefällt und seine implizite Bedeutung eine Belohnung für uns wäre, kann es trotzdem sein, dass diese Marke nicht zu uns passt. Diese Prozesse laufen aber keineswegs explizit, d.h. bewusst und reflektiert ab, sondern implizit im Bruchteil einer Sekunde.

Die implizite Belohnung entsteht durch die Fragen „Ist es positiv oder negativ?" und „Ist es eine Belohnung für mich?". Ohne Belohnung kein (Kauf-)Verhalten.

Anziehungskraft entsteht durch Belohnung

Der OFK ist also Teil des impliziten Belohnungssystems im Gehirn. Dieser Bereich leuchtet zum Beispiel beim Betrachten der Lieblingsmarke, beim Anblick von Fotos der eigenen Kinder oder wenn uns ein schöner Mensch direkt in die Augen schaut auf. Wenn wir also eine Belohnung empfinden. Markeninszenierung, die für den Betrachter eine wie auch immer geartete Belohnung bedeutet, aktiviert diese Hirnregion. Das Ergebnis ist eine massive Anziehungskraft. Die Anziehungskraft starker Marken liegt also im OFK und den dort gespeicherten Belohnungswerten begründet. Würde man Apple-Fans im Hirnscanner Bilder des neuen iPhone zeigen, wäre der OFK maximal aktiviert.

Wofür war der OFK gemacht, bevor es Marken gab? Für den sozialen Austausch. Fällt diese Hirnregion etwa durch einen Unfall oder eine Krankheit aus, können sich die Betroffenen nicht mehr sozial angepasst verhalten, ihre Persönlichkeit verändert sich dramatisch.

Was starke Marken ausmacht

Abb. 16: Die Anziehungskraft von Marken entsteht durch das Zusammenspiel von Bedeutung und Belohnung.

Die Anziehungskraft starker Marken entsteht durch implizite Prozesse, die der Marke Bedeutung und Belohnung zuweisen.

Welche Kräfte im Impliziten wirken

Wir haben jetzt die neurologische Grundlage des Autopiloten kennengelernt. Die Reduzierung unserer Kunden auf neuronale Strukturen greift aber natürlich zu kurz, wenn wir die implizite Wirkung starker Marken verstehen und nutzen wollen. Neben der Neurologie gibt es noch zwei weitere Ebenen im Autopiloten, die eine wichtige Rolle spielen: die Kultur, in der wir leben und die uns prägt, sowie unsere Persönlichkeit.

Wir müssen also drei Ebenen des Impliziten unterscheiden:

- Neurologie – die neurologische Ebene
- Kultur – die kulturelle Ebene
- Individuum – die individuelle Ebene

Um die Macht von Marken und ihre Wirkung im Hintergrund wirklich zu verstehen, gilt es alle drei Ebenen zu berücksichtigen. Wir werden im weiteren Verlauf des Buches sehen, dass das nicht unnötige Komplexität bedeutet, sondern für die Praxis sehr hilfreich ist.

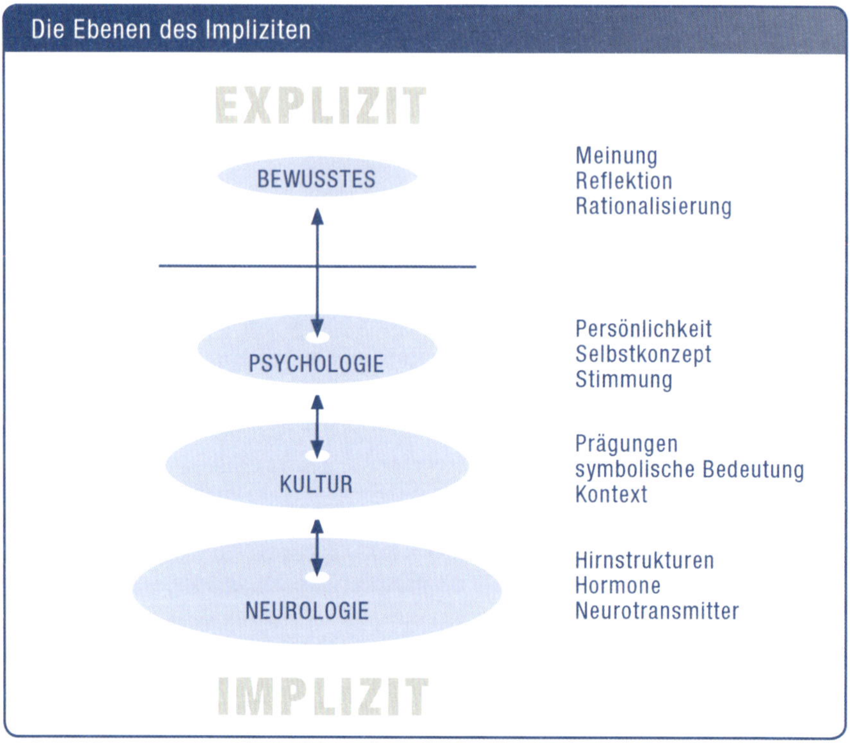

Abb. 17: Das implizite System wird von drei Ebenen bestimmt: der Neurologie, der Kultur und der Psychologie. Marken müssen diese drei Ebenen berücksichtigen, um erfolgreich zu sein.

Die Ebene der Neurologie haben wir uns bereits angeschaut. Was steckt nun in der Ebene der Kultur?

Implizite Normen, Werte und Bedeutungen: die Ebene der Kultur

Wir sehen uns zwar als Individuen, aber unsere Gehirne sind vor allem dafür gemacht, gemeinsam die Herausforderungen in einer Gruppe zu meistern. Die Fokussierung des Marketings auf das Individuum ist eine der großen Fesseln bei der Entdeckung der wahren Kraft von Marken. Nicht umsonst sind bei starken Marken diejenigen Bereiche im Gehirn aktiv, die sonst das soziale Zusammenleben steuern. Die Entwicklung unseres Gehirns ist angetrieben von unserer Fähigkeit zum sozialen Austausch. Speziell dafür ist das menschliche Gehirn gemacht.

Die Ebene der Kultur beinhaltet die Art, wie wir Kinder erziehen, frühe Prägungen (Imprints), Stereotypen, Vorurteile, Skripts (wie „man" sich z.B. im Restaurant verhält), unser Menschenbild sowie die Werte und Normen, die unser Zusammenleben implizit bestimmen. Diese Werte und Normen können durch öffentliche Diskussionen nur schwer oder sehr langsam verändert werden. Die Kultur und vor allem die frühen Lernerfahrungen in einer Kultur wirken in uns wie ein alter Stadtkern, tief im Innern der Stadt. Der Stadtkern bestimmt, wie sich die Stadt entwickelt hat. Er zeigt, „Warum" die Stadt sich so entwickelt hat, warum sie ihre charakteristische Form hat. Der Stadtkern wirkt implizit immer mit.

Neurologie und Kultur beeinflussen sich gegenseitig

Heute wissen wir, dass die Neurologie nicht nur die Leitplanken für die Kultur vorgibt, sondern umgekehrt die Kultur auch direkt auf das Gehirn einwirkt und unsere Gene verändert (Stichwort Epigenetik). Was bedeutet das? Während wir als Neugeborene vielleicht noch 98 Prozent der Gene mit den Affen teilen, bewirkt der Einfluss der Kultur sowie unser Lebensstil, dass sich unsere Gene und damit unser Gehirn immer weiter verändern und wir deshalb so weit weg vom Affen sind.

Die Kultur als Hintergrund wird erst seit kurzem auch in der modernen Hirnforschung unter dem Begriff „Cultural Neuroscience" untersucht. Dabei werden erstaunliche Dinge deutlich.

Blickaufzeichnungen haben gezeigt, dass Menschen im westlichen Teil der Erde ihren Fokus auf den Vordergrund bzw. die Figur (z.B. ein Auto) legen, wenn sie ein Bild betrachten. Im asiatischen Raum dagegen schauen die Menschen nicht auf den Vordergrund, sondern beachten mehr den Hintergrund.

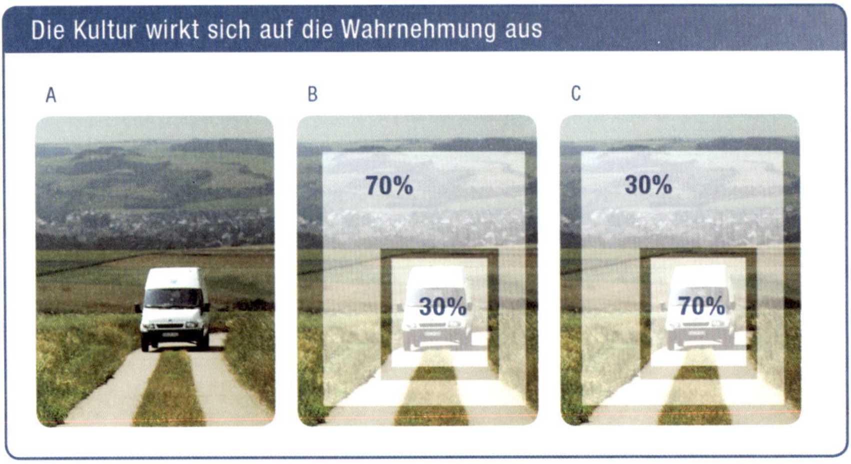

Abb. 18: Die Kultur verändert die Art und Weise, wie wir unsere Umwelt wahrnehmen. So betrachten Asiaten (Bild B) den Hintergrund wesentlich stärker als Amerikaner (Bild C).

Das zeigt sich auch in den Hirnaktivierungen: Hirnareale, welche Objekte verarbeiten, werden eher bei Amerikanern als bei Asiaten aktiviert, wenn sie dasselbe Bild betrachten. Amerikaner erkennen zudem eine Veränderung in einem Bild vor allem dann, wenn sie in einem Objekt (der Figur) stattfindet, sich zum Beispiel eine Vase in ein Glas verändert. Asiaten dagegen erkennen eine Veränderung vor allem, wenn sie im Hintergrund stattfindet, also sich beispielsweise die Tapete in einem Raum verändert. Das hat auch Konsequenzen für den sozialen Austausch: Fragt man Amerikaner nach einer Diskussion, wie hoch ihr Redeanteil war, überschätzen sie diesen, wogegen Japaner ihn unterschätzen. Auch die Bedeutung des Individuums wird also geringer, wenn man mehr den Hintergrund sieht.

In einem kürzlich im Fachjournal „Trends in Cognitive Science“ veröffentlichten Überblicksartikel kommen die Psychologen Richard Nisbett und Takahiko Masuda zu dem Schluss: „Wahrnehmung kann nicht mehr länger als universell betrachtet werden“. Dass basale Wahrnehmungsprinzipien wie Figur/Grund oder das Erkennen von Veränderungen in Bildern durch die Kultur beeinflusst werden, ist eine erstaunliche und neue Erkenntnis. Bislang dachte man, dass wir auf dieser grundlegenden Ebene alle gleich funktionieren. Aber weit gefehlt.

Die Kultur beeinflusst also sogar die grundlegendsten Prozesse in unserem Gehirn. Um unsere Marken wirklich erfolgreich zu machen, müssen wir folglich den Einfluss der Kultur verstehen.

Die Ebene des Individuums

Die dritte Ebene ist die des Individuums. Hier spielen die persönlichen Erfahrungen, die Persönlichkeit, die Stimmungen, die Faustregeln, die persönlichen Motive und das Selbstbild eine große Rolle – gerade für die Markenwahl. Viele Typologien sind hier angesiedelt. Aber die Persönlichkeit von Menschen schwebt nicht im luftleeren Raum, sondern ist eingebettet in die Kultur und die Neurologie.

Die bewusst-reflektierbare Ebene ist die explizite Ebene des Individuums mit seinen Meinungen, dem abrufbaren faktischen Wissen und dem erlebbaren Verhalten. Diese Ebene wird bereits von den eingesetzten Markenmodellen gut abgedeckt. Die anderen, impliziten Ebenen, aber werden nur unzureichend in die Markenführung einbezogen. Sie sind deshalb der Fokus für den Rest dieses Buches.

Erfolgreiche Markenführung berücksichtigt alle drei Ebenen des Impliziten.

Grundsätze des Impliziten Marketings – Teil 1

- Zentral für das Verständnis starker Marken ist das Figur-Grund-Prinzip: Marken wirken indirekt. Sie entfalten ihre Wirkung als Hintergrund und strahlen auf das Produkt ab. Deshalb ist die Wirkung von Marken mit den bisherigen Methoden nur schwer fassbar.

- Marken wirken als Referenzrahmen (Frame) für das Produkt – erst durch den Frame erhalten die Produkte ihre Bedeutung. Ohne Frame sind Produkte in gesättigten Märkten nicht differenzierend und dem Preiskampf schutzlos ausgeliefert.

- Es gibt zwei Systeme im Gehirn der Kunden. Das erste System ist eine Art Pilot: Er ist verantwortlich für die bewusst-reflektierten Vorgänge. Das zweite System ist eine Art Autopilot: Er steuert implizit, d.h. indirekt im Hintergrund unser Verhalten.

- Der Autopilot entscheidet über 95 Prozent unserer Kaufentscheidungen.

- Die zentralen Treiber im impliziten System sind Bedeutung und Belohnung. Aus deren Zusammenspiel ergibt sich die Anziehungskraft einer Marke.

- Die neuronale Grundlage dieser beiden Treiber ist heute entschlüsselt und diese Erkenntnisse gilt es nun für die Markenführung zu nutzen.

TEIL II. Wie man aus einem Produkt eine Marke macht

Die Wirkung starker Marken entsteht durch die impliziten Kräfte der Bedeutung und der Belohnung im Autopiloten. Die Grundlage für die implizite Bedeutung von Marken und Produkten haben wir bereits kennengelernt: Die Musterdetektoren (Basalganglien) erkennen das Gesamtmuster und der Kulturspeicher (LTC) addiert, wofür dieses Muster steht, was seine Bedeutung ist. Die implizite Bedeutung ist das erste Geheimnis starker Marken. In diesem Teil des Buches beschäftigen wir uns damit, wie Bedeutung entsteht und welche Chancen dieser Blickwinkel für die Markenführung bietet.

5. Starke Marken sind Frames

Was Sie in diesem Kapitel erwartet: Wir haben gesehen, wie die Marke als Hintergrund auf das Produkt abstrahlt. Starke Marken wirken als Frame, als Referenz- und Bedeutungsrahmen für das Produkt. Dieser Framing-Effekt ist ein sehr mächtiger Wirkmechanismus, der im Autopilot wirkt und uns an vielen Stellen begegnet. In diesem Kapitel schauen wir uns deshalb den Framing-Effekt und seine Bedeutung für die Markenführung genauer an.

Das Gehirn beurteilt Produkte im Kontext

Der Framing-Effekt begegnet uns an vielen Stellen im Marketing-Alltag. Er erklärt zum Beispiel, warum das Verlegen eines Teppichs in einer Bücherei den Umsatz erhöht: Der Teppich verlangsamt das Gehen, bringt Menschen zum Schlendern, es entsteht der Frame „Shopping“ statt „Einkaufen“. Der Teppich verändert den Kontext, den Hintergrund, und das verändert unser Verhalten.

Über einen ähnlichen Framing-Effekt berichtete kürzlich das renommierte Fachjournal „Nature“. Die Forscher konnten zeigen, dass in einer Weinhandlung die Hintergrundmusik den Weinkauf beeinflusste. So wurden drei Mal mehr deutsche Weine verkauft, als deutsche Musik spielte. Bei französischer Musik war hingegen der Absatz französischer Weine drei Mal höher. Über den Einfluss der Musik waren sich die Kunden nicht bewusst. Eine Befragung ergab, dass sich keiner der Kunden an die Musik erinnern konnte oder diese überhaupt bemerkt hatte. Trotzdem veränderte die Musik den Referenzrahmen. Französische Musik gab implizit den Referenzrahmen „Frankreich" vor, sie bildete einen Frame, der sich direkt auf das Kaufverhalten auswirkte.

Unser Gehirn beurteilt die Bedeutung von Dingen immer vor dem Hintergrund eines Kontexts, eines Frames. Zur Verdeutlichung schauen wir uns das folgende Beispiel an.

Bedeutung entsteht durch Kontext der Nutzung

Abb. 19: Die Abbildung zeigt, dass der Kontext die Bedeutung eines Signals bestimmt. Selbst wenn wir wissen, dass die Information in der Mitte in beiden Zeilen identisch ist, sehen wir je nach Kontext den Buchstaben B oder die Zahl 13.

Die meisten Menschen identifizieren die obere Reihe von Zeichen schnell als die ersten drei Buchstaben des Alphabets und die unteren als die Zahlen 12, 13 und 14. Interessant dabei ist, dass das jeweils zweite Zeichen in beiden Reihen identisch ist. Das vermeintliche B ist identisch mit der vermeintlichen 13. Die Bedeutung einer Information, und nur darum geht es in unserem Gehirn, ist vom Kontext abhängig, vom Frame. Der Autopilot interpretiert den Kontext, also den Hintergrund, immer mit, ohne dass wir es bewusst merken. Genau in dieser Art und Weise wirken sich Marken auf die Wahrnehmung von Produkten aus: Dasselbe Produkt wirkt plötzlich anders, weil die Marke aus dem Hintergrund das Produkt in einem anderen Licht erscheinen lässt, dem Produkt eine andere Bedeutung, einen anderen Kontext verleiht. Darin liegt ein mächtiges Wirkprinzip starker Marken: das Framing-Prinzip. Schauen wir uns dazu einige Beispiele an.

Starbucks ist nicht im Kaffee-Business

Ist die Starbucks Coffee Company im Kaffee-Business? Auf den ersten Blick sieht es ganz so aus. Aber überlegen wir mal, welche Bedeutungen von der Marke transportiert werden: Die Inneneinrichtung ist warm und gemütlich, die Gerüche sind exotisch, im Hintergrund läuft Weltmusik. Mit über 12.400 Coffee Houses gibt es überall auf der Welt einen Starbucks. Starbucks verkauft zwar Kaffee, dennoch ist das Unternehmen nicht im Kaffee-Business. Denn Starbucks bedeutet „Kurzurlaub". Ein Besuch bei Starbucks ist ein Zwischenstopp, ein Kurzurlaub. Das ist die implizite Bedeutung. Und diese Bedeutung gibt den Rahmen vor. Zum Beispiel für die Wahrnehmung der Preise.

So erscheint der hohe Preis für einen Kaffee geradezu normal. An jedem Flughafen dieser Welt sind wir überteuerte Preise gewohnt. An jeder Piazza zahlen wir sehr viel mehr für einen Kaffee. Der Frame „Kurzurlaub" dient also auch als Referenzrahmen für den Preis. Der Frame definiert das akzeptierte Preisniveau. Wenn wir Konsumenten fragen, ob sie 4 Euro für einen Kaffee überteuert finden, dann ist die Antwort ein klares Ja. Wenn wir aber fragen, in welchen Situationen wir bereit sind, einen so hohen Preis für Kaffee zu zahlen, dann entdecken wir sehr schnell die Verbindung zu unseren Urlaubserlebnissen. Der Preis gehört zum Frame dazu und verstärkt sogar die Bedeutung Kurztrip.

Marken sind Frames

Abb. 20: Die Marke bildet implizit einen Referenzrahmen für das Produkt, der unabhängig von den originären Produktkategorien sein kann. Der Referenzrahmen gibt Antwort auf die Frage „In welchem Business sind wir?“.

Vor diesem Hintergrund ist auch das Angebot der Internetzugänge richtig, denn auch im Urlaub gehen wir ins Internetcafe, um uns mit unseren Lieben zu Hause zu verbinden.

Die Frage nach dem Referenzrahmen (Frame) der Marke eröffnet völlig neue Möglichkeiten und bietet klare Leitplanken für die Inszenierung der Marke und aller Markenkontaktpunkte. Aber auch hier ist diese Bedeutung nicht vom Produkt unabhängig. Diese Bedeutung ist im Kaffee selbst enthalten: die Gerüche, die exotischen Sorten, die besonderen Zubereitungsarten – all das eröffnet diesen Bedeutungskontext. Kaffee als Produkt ist die richtige Brücke zu diesem anderen Referenzrahmen. Für ein Sandwich-Geschäft wäre die Bedeutung „Kurzurlaub“ nicht möglich. Der Frame ist nicht willkürlich, Hintergrund (die Marke) und Figur (das Produkt) müssen eine Einheit bilden.

Übung: *In welchem Business sind Sie über die offensichtliche Produktkategorie hinaus? Was würden die Kunden tun oder kaufen, wenn Ihre Produktkategorie nicht existieren würde?*

Häagen-Dazs ist kein Eis

Das Framing-Prinzip bestimmt, in welcher Kategorie sich eine Marke befindet, welche Bedeutung Kunden im Produkt sehen. Nehmen wir Häagen-Dazs. Wenn wir jemanden fragen, was Häagen-Dazs ist, lautet die Antwort eindeutig: ein Eis. Es besteht aus gefrorener Milch mit Geschmackszusätzen. Vor dem Hintergrund der impliziten Bedeutung betrachtet, ergibt sich aber ein anderes Bild: Häagen-Dazs ist viel eher eine Praline als ein Eis. Die Marke bekommt ihre Bedeutung, ihren Frame, über die Interpretation der Reize: Es ist ein sehr cremiges Eis, sehr süß, man kann nicht wirklich viel davon essen, es gibt außergewöhnliche Sorten und es ist sehr teuer.

Zudem gab es das Eis zu Beginn nicht in Supermärkten, sondern nur in den eigenen Stores, die meist in B- oder C-Lagen zu finden waren. Man musste sich also auf die Reise begeben, um das Eis zu bekommen. Die Marke wird durch jedes dieser Signale zu etwas anderem als erfrischendes Eis und bekommt eine andere Bedeutung. Und so wird das Produkt auch konsumiert: Es ist etwas Besonderes, etwas, mit dem ich mich verwöhnen kann, dass mich tröstet – eben all diejenigen Rituale, bei denen ich normalerweise zu Schokolade oder anderen Glücklichmachern greife. Eis dagegen esse ich, wenn ich Frische will. Häagen-Dazs eröffnete einen neuen Frame und sicherte sich damit seine Alleinstellung: Die Marke und das Produkt sind weit genug weg vom normalen Eis-Frame. Das Produkt erhält so eine andere Bedeutung in den Köpfen der Kunden, und diese Bedeutung ist einer der zentralen Gründe für den Erfolg der Marke Häagen-Dazs.

Swatch ist keine Uhr

Genauso wenig wie Häagen-Dazs ein Eis ist, ist Swatch eine Uhr. Die Bedeutung von Swatch ist: Accessoire. Uhren sind für die Ewigkeit, Swatch ist zum Wechseln. Uhren sind Ausdruck der Persönlichkeit, Swatch ist Ausdruck der momentanen Stimmung. Deshalb darf eine Swatch auch nicht zu hochpreisig sein, um nicht für die Ewigkeit zu sein wie eine Rolex, aber auch nicht zu billig, denn sonst wäre sie durch das Plastik zu „ramschig“ für eine Uhr. Wir interpretieren die einzelnen Produkteigenschaften, addieren ihnen Bedeutung. Unser Autopilot weiß einfach, dass Plastik für Vergänglichkeit steht und im Kontext Accessoire ist diese Bedeutung sehr passend. Im Frame Uhr, wäre diese Bedeutung unpassend.

Der Frame bestimmt die Bedeutung der Marke und damit auch den gesamten Marketing-Mix: die Zielgruppe, den Wettbewerb, die Produkteigenschaften, das Preisniveau, die Distribution etc.

Produkt und Marke sind nicht zu trennen

Das Tauziehen um das Kräfteverhältnis von Produkt und Marke ist fast schon eine lieb gewonnene Tradition, etwa zwischen Marketing und Vertrieb. „Wir müssen das Produkt und seine Leistungsvorteile in den Vordergrund stellen" ist die eine Sichtweise. Die andere Sichtweise postuliert: „Wir müssen die Marke stärken". Diese Diskussion gipfelt darin, über die Größe des Logos zu diskutieren oder darum zu feilschen, wie groß das Produkt abgebildet sein muss. Darum geht es im Gehirn aber nicht.

Um die eingeschliffene Entweder-oder-Diskussion zu umgehen, hilft es, das Produkt zweimal zu denken. Es gibt das physische, explizite Produkt (Figur) und das psychologische, implizite Produkt (Hintergrund). Letzteres ist die Marke. Die Marke kann nicht losgelöst vom physischen Produkt gedacht werden. Es ist kein Zufall, dass sich gerade Snickers dafür eignet, der richtige Riegel zu sein, wenn es wieder länger dauert. Das klebrige Karamell, die groben Nüsse, das kräftige Zubeißen – alle physischen Produkteigenschaften geben die Bedeutung vor, welche die Marke erfüllen kann.

Das Figur-Grund-Prinzip und das Framing-Prinzip zeigen, dass Marke und Produkt überhaupt nicht zu trennen sind. Lassen wir den Hintergrund, die Marke, weg, bleibt das Produkt „nackt" stehen und die Kunden gehen auf den Preis. Lassen wir die Figur, das Produkt, weg, macht der Hintergrund keinen Sinn mehr. Das Produkt und seine konkreten Eigenschaften geben die möglichen Versprechen der Marke vor, geben vor, was die Marke an Bedeutung und Belohnung transportieren kann.

Figur und Grund, Produkt und Marke, sind untrennbar miteinander verwoben.

6. Re-Framing: die Kategorie-Barrieren sprengen

Was Sie in diesem Kapitel erwartet: Wir haben bei Häagen-Dazs, bei Swatch und bei Starbucks gesehen, wie mächtig der Hintergrund und der damit verbundene Framing-Effekt sind. Wir haben gesehen, dass diese Perspektive dabei hilft, das Verhältnis von Produkt und Marke zu verstehen. In diesem Abschnitt beleuchten wir eine weitere Stärke, die dieser Blickwinkel erschließt: Frames sind eine Quelle für systematische Innovation.

Wasser wird zum Tischschmuck: Fallbeispiel Voss

Die Referenzrahmen bzw. Frames von Produkten können gezielt verändert werden. Wir können Produkte in anderen Kontexten positionieren, sofern das Produkt und seine Eigenschaften das zulassen. Die zentrale Frage beim Verändern von Frames mit denen wir ein Produkt versehen, also dem Re-Framing, ist: Welche Bedeutungen trägt das Produkt durch seine Bestandteile in sich und an welche anderen Frames wird es dadurch anschlussfähig?

Nehmen wir Wasser. Wasser ist unter anderem ein Getränk. Angenommen, wir suchen in dieser Kategorie nach einer Innovation. Schnell ist man geneigt, sich neue Zusätze wie Aromen im Wasser auszudenken. Der Blick auf den Vordergrund, auf das physische Produkt, ist immer am Naheliegendsten. Einen alternativen Suchraum bietet das Framing-Prinzip: Die Frage etwa, in welchen Kontexten Wasser getrunken wird und was bei diesen Anlässen wichtig ist. Wasser wird zum Beispiel beim Essen getrunken. Das hört sich erst einmal trivial an, aber was heißt das? Was ist da wichtig? Das Auge isst auch mit, wie wir alle wissen. Zu einem guten Essen gehört ein schön gedeckter Tisch. Was, wenn Wasser Tischschmuck wäre? Wenn also der Rahmen (Frame), der Kontext, vor dessen Hintergrund wir das Produkt Wasser positionieren, nicht „Getränk“ sondern „Tischschmuck“ ist? Das Produkt müsste dann die entsprechenden Signale besitzen: Ästhetik und Design, aber auch Neutralität, damit es auf jeden Tisch und zu möglichst vielen Anlässen passt.

Die Wassermarke Voss hat genau dieses Prinzip genutzt: Voss ist mehr als ein Wasser, die Marke ist Tischschmuck. Sie hat sich ein bestehendes Bedeutungsfeld – nämlich Tischschmuck – neu erschlossen und an das Produkt Wasser angeschlossen. Und da ein edler Tischschmuck mehr kostet als eine Flasche Wasser, kann Voss bis zu acht Euro für eine Flasche verlangen. Im Frame steckt also auch immer das akzeptierte Preisniveau mit drin.

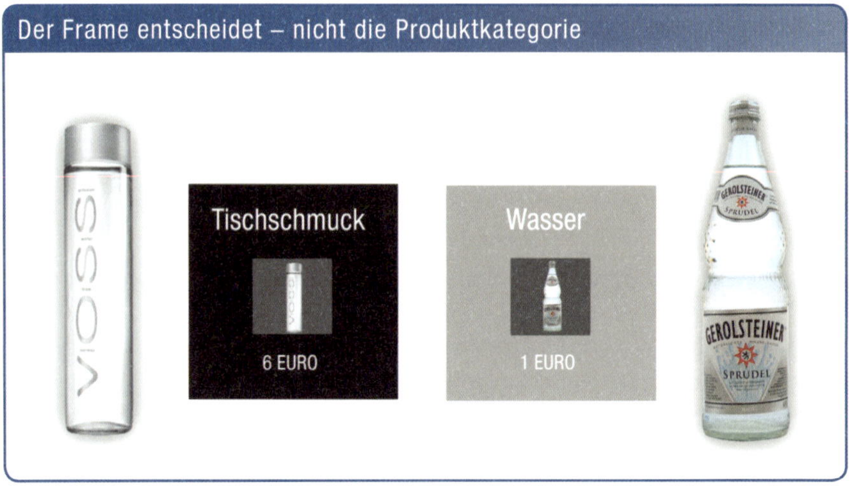

Abb. 21: Durch die Veränderung des Referenzrahmens kann die Marke aus der Kategorie ausbrechen und damit eine Alleinstellung erreichen.

Durch den Wechsel des Referenzrahmens, durch das Re-Framing, entsteht ein mächtiger Hebel für Innovation. Wir können keine neuen Bedürfnisse oder Bedeutungen in die Köpfe der Kunden pflanzen. Was wir hingegen sehr effizient tun können, ist eine neue Verbindung zwischen einem Produkt und einem bestehenden Bedeutungskontext zu schaffen. Und dieser Frame muss nicht die originäre Produktkategorie sein. Im Gegenteil: Wenn es uns gelingt, mit einem Produkt in einen anderen Kontext vorzudringen, sind Differenzierung und Schutz der Marke maximal.

Übung: *Welche Merkmale hat Ihre Marke und Ihr Produkt und in welchen Kontexten sind diese Eigenschaften noch von Bedeutung?*

Einen spannenden Weg zu neuen Frames nutzt der Innovationsansatz der Mailänder Designschule. Wenn zum Beispiel ein neues Design für ein Küchengerät entwickelt werden soll, lädt man sich Experten benachbarter Fachrichtungen ein, um Ästhetik und Formen in einem anderen Blickwinkel zu sehen. So werden beispielsweise Architekten eingeladen, weil sie relevantes implizites Musterwissen im Bereich Ästhetik und Formsprache besitzen, ohne jedoch in ihren Mustern den Produktdesignern zu ähnlich zu sein. Der Entscheidungsforscher Gary Klein sagt dazu: „Erfahrene Entscheider sind Wissenschaftler und Experimentatoren: Sie suchen aktiv nach Mustern und Vergleichsfällen – sowohl aus ihrem eigenen Erfahrungsschatz als auch aus dem anderer Menschen – und nutzen sie, um die Wirkungsfaktoren in ihrem Umfeld zu analysieren." Das schafft die Voraussetzung für Innovationskraft.

Der Wechsel des Frames ermöglicht Innovation und starke Differenzierung.

7. Innovation – im Gehirn zählt nur Kontrast

Was Sie in diesem Kapitel erwartet: Innovation ist im Marketing ein zunehmend wichtiges Thema. Das große Problem dabei ist: zwischen 40 und 90 Prozent der Produktinnovationen floppen. Man hat ausgerechnet, dass gescheiterte Innovationen die Wirtschaft jedes Jahr zehn Milliarden Euro kosten. Grund genug, sich mit dem Thema Innovation aus der Sicht des Autopiloten auseinanderzusetzen.

Der Autopilot mag keine Innovationen

Innovationen setzen meist ein Umlernen im Autopiloten voraus – und das ist aufwändig. Hier liegt einer der Gründe verborgen, warum viele Produktinnovationen floppen – sie erfordern eine zu große Veränderung unserer Gewohnheiten. John Gourville, Marketingprofessor an der Harvard Business School, schreibt dazu: „Je größer die erforderliche Verhaltensänderung, desto größer der Widerstand der Konsumenten". So wurden alleine in den USA bislang 80 Millionen DVD-Player verkauft, aber nur vier Millionen TiVo-Geräte, obwohl letztere deutlich mehr Features bieten. Im Vergleich dazu sind DVD-Player geradezu langweilige Geräte. Warum haben sie sich trotzdem so viel besser verkauft? Weil sie keine großen Verhaltensänderungen verlangen – nach wie vor legen wir eine CD ein und drücken auf den Play-Knopf. Der Autopilot muss nicht groß umlernen.

Wir alle kennen das: Im Urlaub lesen wir ein Buch über Zeitmanagement und „Simplify your life" – und nach nur einer Woche in der gewohnten Umgebung sind wir wieder völlig überlastet mit Terminen und haben Chaos auf dem Schreibtisch. Oder wir haben nach einem Führungsseminar viele gute Vorsätze, aber montags um elf Uhr sind die guten Vorsätze wieder weit weg. Und wer setzt schon die guten Vorsätze zum Jahreswechsel in die Realität um? Wenn der Autopilot erst einmal ein Verhaltensmuster gelernt hat, gibt er es so schnell nicht auf. Auch hier zeigt sich die Macht des Autopiloten: 95 Prozent der Raucher werden rückfällig, nach einer Diät nehmen die meisten sofort wieder zu, ändert der Supermarkt um die Ecke seine Raumaufteilung, sind wir verloren und leicht genervt. Der Grund für den Autopiloten, so rigide und veränderungsresistent zu sein, ist Effizienz: Umlernen kostet Energie und ist aufwändig. Wir fahren lieber die gewohnte Strecke und wissen, dass wir ankommen, als eine neue Strecke zu fahren – auch wenn uns jemand sagt, dass diese neue Strecke uns schneller zum Ziel bringt. Wie sehr wir den Status quo wertschätzen, zeigt der so genannte „Endowment-Effekt“ (Effekt des Besitzes). Was ist damit gemeint? Nehmen wir an, es gibt zwei Versuchsgruppen. Die eine Gruppe bekommt eine Tasse geschenkt und muss nun bestimmen, was ihr diese Tasse wert ist, also für wie viel Euro sie diese Tasse hergeben würden. Die andere Gruppe bekommt die Tasse gezeigt und soll den Preis angeben, den sie für die Tasse zahlen würde. Der Preis, den die Verkäufer, also die Besitzer, für die Tasse nennen, ist etwa drei Mal so hoch wie der Preis, den die Käufer zu zahlen bereit wären. Alleine der Besitz der Tasse erhöht also ihren subjektiven Wert um 300 Prozent. Hier zeigt sich, wie hoch die Kunden das Bestehende wertschätzen. Besitz funktioniert wie ein Frame – er lässt das Produkt als wertvoller erscheinen.

Je mehr eine Innovation eine Verhaltensänderung erfordert, desto größer ist die Gefahr eines Flops!

Für das Gehirn zählt nur der Kontrast

Neben der Veränderungsresistenz des Autopiloten gibt es noch einen weiteren, wichtigen Grund für gescheiterte Innovationen. Die Agentur Serviceplan hat zusammen mit dem Markenverband und der GfK eine Untersuchung zum Thema Innovationsflops durchgeführt. Daraus geht hervor, dass die Hälfte aller fehlgeschlagenen Innovation auf einen zu geringen Innovationsgrad zurückzuführen sind: Die Unterschiede zu den bestehenden Produkten sind nicht groß genug. Bei einem zu geringen Innovationsgrad wird das neue Produkt vom Autopiloten und seinem Streben nach Effizienz in bereits bestehende Schubladen eingeordnet. Und das bedeutet: Auch wenn der Staubsauger mit der größeren Saugkraft oder der Rasierer mit fünf Klingen aus Sicht des Herstellers eine Innovation darstellt, sagt sich der Autopilot im Kunden: „Es ist immer noch ein Staubsauger, der sauber macht; es ist immer noch ein Rasierer, der meine Bartstoppeln entfernt.“ Die Bedeutung hat sich nicht geändert und auch die Belohnung ist die gleiche geblieben. Warum also sollen wir uns das neue Gerät kaufen? Die entscheidende Frage ist: Wie stellen wir sicher, dass der Autopilot einen Unterschied sieht und für sich eine Belohnung in der Innovation erkennt? Wie groß muss der Unterschied zu den bestehenden Produkten sein?

Wie wir Marken und Produkte in unseren Köpfen organisieren

Erinnern wir uns: Die erste Frage, die sich der Autopilot stellt, ist die „Was ist es?"-Frage. Um diese möglichst effizient zu beantworten, hat der Autopilot Schubladen angelegt – so genannte kognitive Schemata. Wir haben Schubladen für Staubsager, für Rasierer, für Autos usw. Aufgabe des Autopiloten ist es nun herauszufinden, in welche Schublade ein neues Produkt gesteckt werden kann. Nur wenn das nicht funktioniert, wird eine neue Schublade angelegt – oder aber das Produkt wird ignoriert, wenn die Bedeutung und die damit verbundene Belohnung nicht klar erkennbar sind.

„Machen wir uns nichts vor", schreibt der Sozialpsychologe Jens Förster in seinem neuen Buch „Schubladendenken", „wir alle (...) stecken nicht nur Menschen, sondern auch Ideen, denen wir zum ersten Mal begegnen, nur allzu gerne in Schubladen".

Die Sortierung unserer Produktwelt funktioniert genau so. Ein Waschmittel ist ein Waschmittel, ein Kaffee ist ein Kaffee, ein Staubsauger ein Staubsauger. Wir sehen das auf unseren Einkaufszetteln: Oft genug stehen dort nicht die Marken, sondern nur die Produktkategorie, d.h. die übergeordnete Schublade. Wir schreiben nicht „Eduscho" auf unseren Einkaufszettel, sondern „Kaffee". Jedes neue Produkt wird dann wenn möglich in diese Schubladen gelegt. Unser Autopilot ist darauf getrimmt, möglichst wenige Unterscheidungen zu treffen, damit wir möglichst effizient entscheiden können. Das ist auch der Grund, warum wir nur ungern neue Schubladen anlegen.

Übung: *In welche Schublade wird Ihre Marke von den Kunden gesteckt? Welche Schubladen haben Ihre Kunden?*

Wie unsere Produkt-Schubladen entstehen, zeigt ein Rückblick in unsere Kindheit. An der Art und Weise, wie ein Kind lernt, können wir sehen, wie Kunden Marken und Produkte in ihren Köpfen organisieren, denn diese Prinzipien gelten auch noch im Erwachsenenalter. Stellen wir uns vor, wir spazieren mit unserer Mutter durch einen Park und ein Hund läuft vorbei. Unsere Mutter sagt „Schau mal, ein Hund". Das war einfach. Ein paar Meter weiter läuft wieder etwas mit vier Beinen, Fell und Schnauze an uns vorbei und wir sagen voller Stolz „Hund". Wir werden aber korrigiert mit den Worten „Nein, das ist eine Katze." Aha, die Katze ist ja auch kleiner. Nun läuft ein Yorkshire-Terrier an uns vorbei: vier Beine, Fell, Schnauze und klein, also eine Katze. Nein, ein Hund. Usw. Das grundlegende Prinzip hinter diesem Prozess ist das *Kontrast-Prinzip* – also Vergleiche zwischen Mustern und ihren Unterschieden. Durch Kontrastierung lernt unser Gehirn implizit, was zusammengehört und was nicht. Was ist der Unterschied, der den Unterschied macht? Wo lohnt es sich, eine neue Schublade aufzumachen?

> *Innovationen sind aus Sicht der Kunden nur dann Innovationen, wenn sie einen ausreichenden Kontrast bieten, also in eine neue Schublade gesteckt werden.*

Wann Unterschiede wirklich Unterschiede machen

Für das Marketing hat das Kontrast-Prinzip im Gehirn weitreichende Konsequenzen. Nehmen wir den Preis. Ab wann macht ein Preisunterschied wirklich einen Unterschied, ab wann ist er wirklich ein Kontrast zu den bestehenden Preisen? Oder nehmen wir Produkteigenschaften: Ab wann macht eine Optimierung wirklich einen Unterschied? Stabilo Boss arbeitete daran, die Cap-Off-Time – die Anzahl Stunden, die der Marker ohne zu vertrocknen offen liegen kann – von 100 Stunden auf 120 Stunden zu verlängern. Aber macht dieser Unterschied einen Unterschied für den Kunden? Macht es einen Unterschied, ob unser Rasierer vier, fünf, oder sechs Klingen hat?

Übung: *Wie groß muss der Unterschied sein, damit Ihre Kunden die Marke in eine andere Schublade stecken? Was muss addiert werden?*

Bisher wurde der Innovationsgrad oft darin gesehen, bestehende Produkteigenschaften zu verbessern, also die Leistung und die Qualität der Produkte zu steigern. Durch immer weiter optimierte Grundfunktionen ist aber in gesättigten Märkten kein ausreichender Kontrast mehr zu erreichen, denn weißer als Weiß geht nun mal nicht. Noch leckerer? Noch weniger Fett? Statt 1.800 Umdrehungen in der Minute bringt es ein Trockener jetzt auf 1.900 Umdrehungen in der Minute? Was ändert sich für uns? Nichts. Eine weitere Stunde längere Akkulaufzeit beim Handy ändert irgendwann die Bedeutung nicht mehr.

Das ist der Grund für den in Studien festgestellten, zu geringen Innovationsgrad von gescheiterten Produktinnovationen: Der Kontrast zu den bestehenden Produkten ist nicht hoch genug – der Unterschied, den neue Produkte mit sich bringen, ist aus Sicht der Kunden nicht relevant.

Relevant sind nur diejenigen Unterschiede, die eine neue Bedeutung erschließen.

Die Wege zur Innovation

Es gibt nun insgesamt zwei Möglichkeiten, einen ausreichend großen Kontrast zu schaffen: Wir können besser sein als der Wettbewerb oder *anders sein* als der Wettbewerb – und das sowohl auf der expliziten als auch auf der impliziten Ebene.

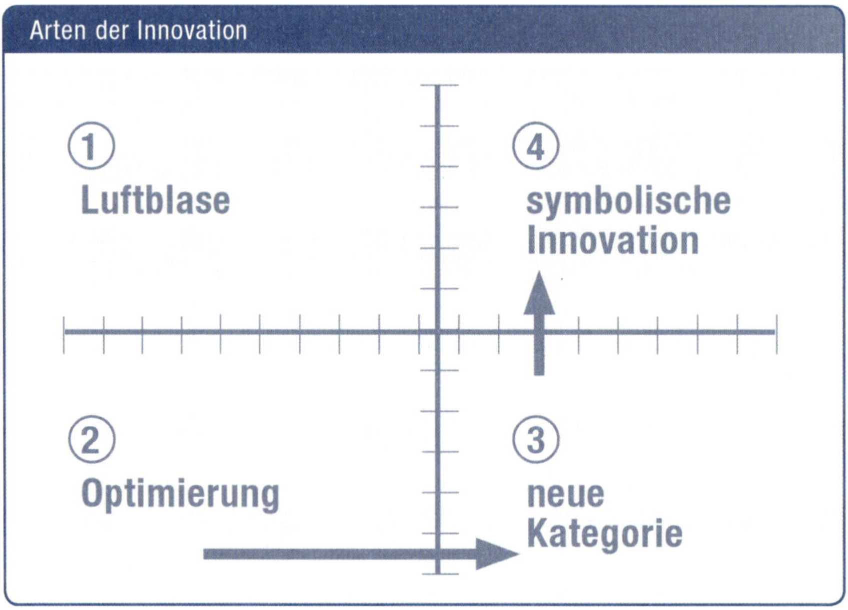

Abb. 22: Die Grafik zeigt die vier Arten der Innovation an und die Wege, die ein Produkt nehmen kann, um erfolgreiche Innovation zu erzielen.

Dadurch ergeben sich also aus Sicht der Neuropsychologie vier Arten von Innovationen und damit vier Strategien für das Management von Innovationen.

Schauen wir uns diese Innovationsstrategien und ihre Vor- und Nachteile genauer an.

Innovationsfeld 1 – die Luftblase

Innovationen in diesem Feld haben wenig Aussicht auf langfristigen Erfolg. Hier wird das Produkt mit einer neuen Bedeutung, einem neuen Frame, aufgeladen, aber dieser ist nicht durch eine relevante Produktveränderung begründet. Hier kann Kommunikation das Produkt kurzfristig mit Bedeutung aufladen, aber diese Blase platzt schnell wieder. Kunden sind Konsumexperten! Ein rein durch Werbung aufgeladenes Produkt, das die Erwartungen nicht erfüllt, hat keine langfristige Chance. Ein Beispiel dafür ist die Einführungskampagne der Deutschen Telekom für T-Home. Hier wurde in einer ersten Phase die neue Marke eingeführt und mit der Erwartung eines neuen Erlebnisses aufgeladen. Diese Aufladung wurde dann aber auf Produktseite nicht erfüllt, da in der zweiten Phase die gleichen Produkte beworben wurden wie vor der neuen Kampagne.

Innovationsfeld 2 – Optimierung

In diesem Innovationsfeld sind die meisten der gängigen Produktinnovationen anzusiedeln. In der Forschung spricht man von den so genannten „inkrementellen Innovationen“: bestehende Produkteigenschaften werden immer weiter optimiert. Aus vier Klingen werden fünf, aus 1.800 Umdrehungen 1.900, aus 100 Stunden Cap-of-Time 120. Auch hier kann die Neuropsychologie helfen, die Spirale der Weiterentwicklung optimal zu nutzen. Nehmen wir das Beispiel der Kameraauflösung in Handys. Die Anzahl der Pixel ist bei den Handykameras stetig gestiegen und steigt immer weiter. Das Kontrast-Prinzip eröffnet nun einen neuen Blickwinkel: Wenn nicht jede Optimierung in den Köpfen der Kunden einen Unterschied macht, welche Entwicklungsstufen können wir uns dann sparen und ab wann erzeugen wir einen echten und damit relevanten Kontrast? Diese Kontrastschwellen können wir durch implizite Messungen objektiv und sehr genau identifizieren. Dazu gibt es in der Neuropsychologie das Konzept des „Just Noticeable Difference“ („eben noch bemerkbarer Unterschied“). Schauen wir uns das am Beispiel der Handykameras an.

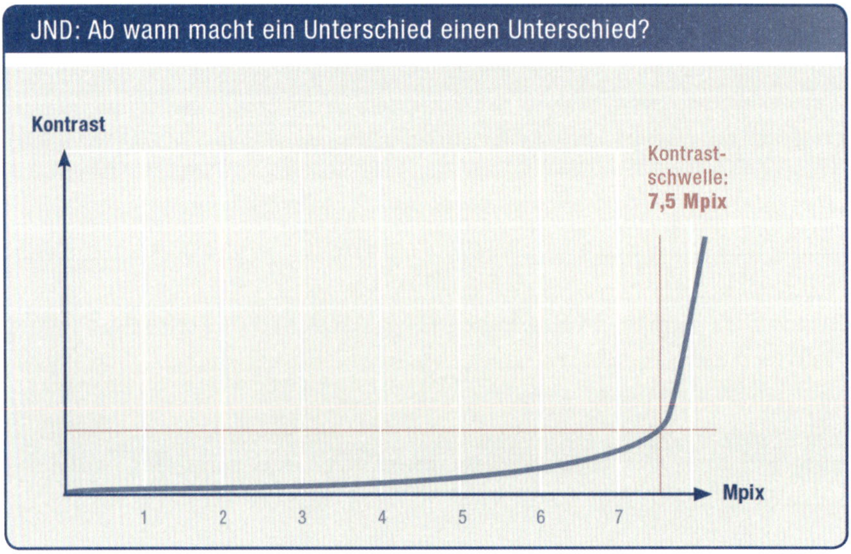

Abb. 23: Die Grafik zeigt an, dass ab einer Anzahl von 7,5 Megapixel (Mpix) eine Handykamera wirklich als echte Verbesserung wahrgenommen wird. Alle vorhergehenden Optimierungen, die diese Schwelle unterschreiten, machen keinen Unterschied.

Wir sehen, dass erst ab einer Pixel-Auflösung von 7,5 Megapixel, oder anders ausgedrückt, erst ab einer Verbesserung von 2,5 Megapixel, ein bedeutsamer Kontrast erreicht wird. Alle Optimierungsschritte dazwischen können eingespart werden. Für die Kunden macht es keinen erkennbaren Unterschied, ob die Handykamera drei, vier oder fünf Megapixel hat – erst ab 7,5 Megapixel wird ein Unterschied erkannt. Hier liegt der eben noch bemerkbare Unterschied.

Übung: *Was und wie viel müssen Sie zu Ihrem bestehenden Produkt addieren, um in den Köpfen der Kunden einen wirklichen Unterschied zu bieten? Können Ihre Kunden die Bedeutung der Unterschiede in der Produktleistung wirklich beurteilen?*

Dabei spielt das Alter der Produktkategorie eine entscheidende Rolle. So war die Veränderung von einem auf zwei Megapixel zu Beginn noch bedeutsam. Jetzt muss der Unterschied größer sein. Es gilt folgende Regel: Je weiter fortgeschritten die Produktkategorie ist, desto weniger relevant wird die Optimierung vorhandener Produkteigenschaften.

Innovationsfeld 3 – eine neue Kategorie im gleichen Frame

In diesem Innovationsfeld werden einem Produkt Eigenschaften addiert, die vorher nicht vorhanden waren. Ein Beispiel für dieses Innovationsfeld ist die Steinofenpizza. Es bleibt eine Pizza, aber durch den Zusatz „Steinofen“ ist es eine andere Pizza. Durch diesen Zusatz wird die Pizza also anders als die anderen, es entsteht Kontrast.

Dabei kommt uns entgegen, dass im Gehirn oft kleine Unterschiede eine große Wirkung haben. Schauen wir uns dazu die beiden folgenden Bilder an.

Bedeutung ist sensitiv

Abb. 24: Durch eine kleine Drehung des Bildes entsteht ein völlig anderer Ausdruck der Madonna. Durch kleine Veränderungen können also ganz unterschiedliche Bedeutungen transportiert werden.

Wir erkennen sofort, dass die beiden Bilder unterschiedliche Stimmungen zum Ausdruck bringen. Dabei sind beide Bilder objektiv identisch, nur wurde das eine Gesicht leicht nach rechts gedreht. Eine kleine Drehung hat zu einem starken Kontrast und damit zu einer neuen Bedeutung geführt: Aus der traurigen Madonna wird eine hochnäsige Madonna.

Das Beispiel zeigt: Wir können also durch relevante, kleine Veränderungen am Produkt anders als die Wettbewerber werden. Wick MediNait positionierte sich beispielsweise als erste Erkältungsmedizin nur für die Nacht. Dr. Best war die erste flexible Zahnbürste. Das Produkt erscheint dadurch subjektiv anders als das des Wettbewerbs, obwohl objektiv nur wenig geändert wurde. Und genau das macht dieses Innovationsfeld so interessant. Die Voraussetzung ist aber natürlich, dass der Unterschied aus Sicht der Kunden wirklich einen Unterschied macht, also relevant ist.

Wie können wir nun möglichst effizient diejenigen Produkteigenschaften identifizieren, mit denen wir einen maximalen Kontrast erzielen? Wo müssen wir ansetzen, um die Kleinigkeiten zu finden, die einen Unterschied machen? Dem sind Forscher an der Universität Hamburg (Marketing-Lehrstuhl Professor Teichert) am Beispiel von Schreibgeräten nachgegangen. Mit der Frage, welche Merkmale typisch für einen hochwertigen Füller sind, wurden Versuchspersonen unterschiedlich gestaltete Schreibutensilien vorgelegt.

Details bestimmen die Kategorie

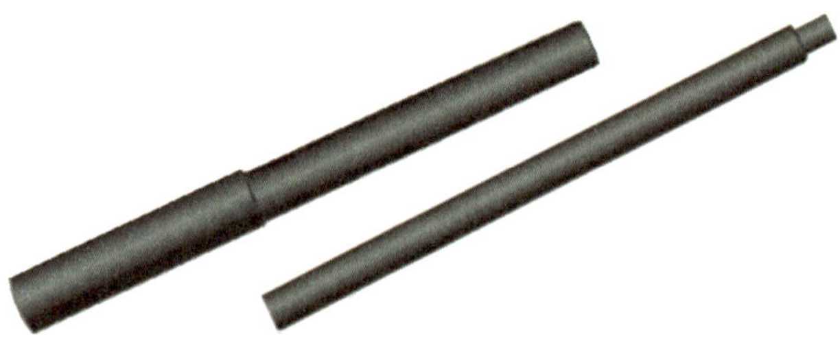

Abb. 25: Diese Darstellungen wurden genutzt, um diejenigen Produkteigenschaften zu identifizieren, die einen hochwertigen Füller ausmachen.

Als entscheidend für die Kategorisierung in ein hochwertiges Schreibgerät (Füllfederhalter) oder ein billiges Gerät (Kugelschreiber) erwiesen sich die Eigenschaften „Kappe“, „Druckmechanik“ und „Dicke“. Diese Eigenschaften bestimmen, in welche Schublade das Produkt kommt und sind damit die effizientesten Hebel für die Produktinnovation. Dabei bleibt der Frame hier derselbe: Schreibgerät. Aber innerhalb des Frames „Schreibgerät“ können wir durch die Produkteigenschaften „Kappe“, „Druckmechanik“ und „Dicke“ aus einem billigen Kugelschreiber einen hochwertigen Füllfederhalter machen. Genau wie der Zusatz „im Steinofen hergestellt“ aus einer gewöhnlichen eine hochwertigere Pizza macht. Innovation bedeutet hier also, in demselben Frame zu bleiben, aber durch bestimmte Produkteigenschaften das Produkt so zu verändern, dass es einer anderen Schublade zugeordnet wird, ein genügend großer Kontrast zu den bestehenden Produkten entsteht und wir anders werden, ohne zwingend besser zu sein.

Innovationsfeld 4 – symbolische Innovation

Diese Art der Innovation ist die mächtigste der bisher besprochenen Innovationsstrategien. Sie kombiniert eine Veränderung des Produkts – ohne die geht es nicht – mit einem Re-Framing-Effekt. Hier wird also nicht nur eine neue Produkteigenschaft, sondern ein neuer Frame addiert, die Kategorie wird gewechselt. Häagen-Dazs, Swatch, Voss und Starbucks sind Beispiele für diese Strategie. Im Fall von Voss wurde das Design geändert und zwar derart, dass es keine typische Wasserflasche mehr war. Dazu eigneten sich der Verschluss und die Produktform sehr gut. Basierend auf diesen Produktveränderungen wurde Voss vom Wasser zum Tischschmuck und hat damit einen neuen Frame erschlossen.

Auch die Wirkung einer symbolischen Innovation kann implizit gemessen und überprüft werden. Die Grafik zeigt die unterschiedlichen Assoziationsstärken von Gerolsteiner und Voss zu den Bedeutungsräumen (Frames) Tischschmuck und Wasser. So messen wir, ob eine Produktveränderung den gewünschten Frame erschließt und wie stark der Kontrast zu den Wettbewerbern durch die Innovation ist. Diese Messung ist wichtig, weil wir nur so wirklich sicher stellen können, dass unsere Innovationen in den Köpfen der Kunden auch wirklich einen Unterschied machen.

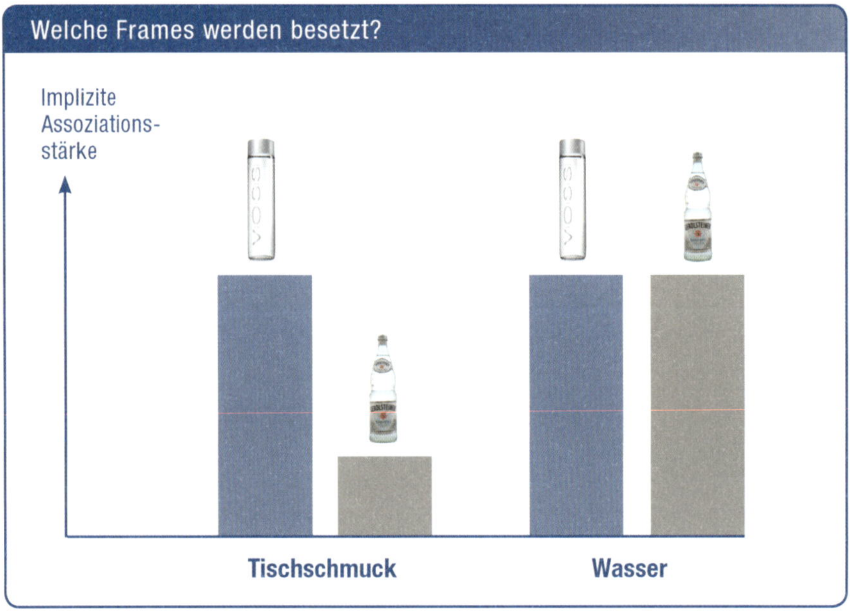

Abb. 26: Durch implizite Verfahren wird deutlich, wie stark Marken einen Referenzrahmen besetzen und wie groß die Differenzierungskraft des Frames ist.

Innovationen in gesättigten Märkten erreichen wir vor allem durch Anderssein, nicht durch Bessersein.

Auch weglassen kann innovativ sein

Wir haben bisher nur davon gesprochen, einem Produkt oder einer Marke eine Eigenschaft hinzuzufügen oder eine Eigenschaft zu ändern. Aber auch bestimmte Produkteigenschaften wegzulassen, kann eine interessante Möglichkeit sein. Denn die geringe Differenzierungskraft von Produkteigenschaften in fortgeschrittenen Produktkategorien ist eine große Chance. Warum? Genauso wenig wie Kunden oft eine Verbesserung von Produkteigenschaften als bedeutsam erleben, messen sie der Reduktion von Eigenschaften oftmals keine Bedeutung bei. Nehmen wir einmal einen DVD-Player. Die ersten Geräte waren teuer, die folgenden werden immer billiger – ein typischer Diffusionsprozess. Die Anbieter versuchen sich über Leistungssteigerungen und Features zu überbieten, und trotzdem ist der Preisverfall nicht mehr aufzuhalten.

Hier hilft folgende Frage: Was können wir weglassen, ohne dass aus dem DVD-Player etwas anderes wird? Auf welche Features können wir verzichten, ohne dass die Leistungsfähigkeit des Geräts aus Sicht der Kunden sinkt. Kaum jemand geht diesen Weg des Weglassens, weil implizit die Annahme besteht, dass Kunden sich genau über die Geräte informieren, da noch immer das Menschenbild des Homo oeconomicus vorherrscht. Aber sind wir ehrlich: Wer benutzt von seinem DVD-Player jemals mehr als fünf Funktionen? Wer nutzt bei seinem Handy mehr als fünf Funktionen? Und welche Promotion oder Werbung wirbt mit mehr als fünf Features? Mehrere Studien haben übereinstimmend gezeigt, dass weniger als fünf Prozent der Handynutzer alle Produktfeatures nutzen. Das Gerät soweit zu reduzieren, dass es noch dieselbe Bedeutung transportiert, kann ein erfolgversprechender Weg sein, bei gleichem Preis die Marge zu erhöhen.

8. Imprints – ein Schlüssel für starke Marken

Was Sie in diesem Kapitel erwartet: Starke Marken wie Starbucks besetzen relevante Frames und bieten damit einen Referenzrahmen für Produkte. Im Folgenden zeigen wir einen besonders spannenden und wichtigen Weg, wie man solche Frames für seine Produkte findet. Eine wesentliche Rolle spielen dabei die frühen Lernerfahrungen, die wir mit Produkten machen, unsere Prägungen und die Bedeutung, die sie noch heute für uns haben. Und deshalb unser Kaufverhalten beeinflussen.

Imprints: Die frühen Produkt-Prägungen entscheiden

Ein besonders mächtiger Zugang zu den Bedeutungen von Produkten sind unsere frühen Lernerfahrungen – die so genannten Imprints. Imprints sind Prägungen, die sich in den Autopiloten eingebrannt haben. Durch unsere Kultur erfahren wir sehr früh, wofür Produkte stehen. Denken wir zum Beispiel einmal an Suppe. Was sind unsere ersten Erfahrungen mit Suppe? Wann haben wir als Kinder Suppe bekommen? Zu welchen Anlässen gibt es Suppe und wann nicht? Wer macht die Suppe, wer nicht? Wann gibt es welche Art von Suppe? Wann gibt es nur Suppe und wann ist Suppe eine Vorspeise? Diese Prägungen ermöglichen dem Autopiloten die Frage „Wofür steht es?" zu beantworten.

Ein solcher Imprint für Suppe ist „Liebe". Unsere Mutter hat Suppe gemacht, wenn uns kalt war oder wenn wir krank waren. Eine Suppe spendet Wärme. Suppen stehen für Liebe, wenn jemand krank ist („Ein Süppchen wird dir gut tun"). Diese frühen Erfahrungen brennen sich in unseren Autopiloten ein und belegen Produkte mit Bedeutungen – so entstehen Imprints. Wir lernen diese Bedeutungen nicht bewusst, wir lernen sie implizit. Wie unsere Muttersprache: Wir müssen nicht Vokabeln pauken, sondern wir lernen die Sprache scheinbar nebenbei – eben implizit.

Der US-Konzern Procter & Gamble hat solche Imprints sehr erfolgreich in der Kommunikation seiner Kaffeemarke Folgers benutzt. Konkret wurde die Erkenntnis umgesetzt, dass es eine ganze Reihe sehr frühe Lernerfahrungen mit Kaffeeduft gibt, die allesamt mit „Zu Hause sein" bzw. „Nach Hause kommen" zu tun haben. Gezeigt wird in den Spots ein Soldat, der eines Tages frühmorgens nach Hause kommt. Man sieht, dass die Mutter im ersten Stock noch schläft. Er geht in die Küche und macht sich eine Tasse Folgers Kaffee. Der Duft wandert in den ersten Stock und weckt seine Mutter, die mit den Worten „Er ist zu Hause“ lächelnd aufwacht. Die Marke setzt also an den bestehenden Imprints der Kunden an, sie erhält dadurch ihre Anziehungskraft.

Übung: *Überlegen Sie, welche Prägungen mit der Produktkategorie Ihrer Marke einhergehen.*

Imprints sind mit sieben Jahren angelegt

Die wichtigsten Prägungen, die relevantesten Imprints, sind im Alter von etwa sieben Jahren angelegt. Denn im Alter von sieben Jahren ist unsere Sozialisation so gut wie abgeschlossen. In diesem Alter haben wir die wichtigsten Regeln, Normen und Werte unserer Kultur gelernt. Es dauert zwar noch bis zum 18. Lebensjahr, bis der Pilot (genauer: das obere Stirnhirn) voll ausgereift ist, aber das implizite Kulturlernen, die Sozialisierung, beginnt schon neun Monate nach der Geburt. Ab diesem Zeitpunkt beginnt das Gedächtniszentrum, der Hippokampus, die Bedeutung von Signalen zu lernen und zu speichern. Wir lernen ab diesem Alter dann auch, wofür Produkte oder unsere Handlungen, Routinen und Rituale stehen.

Wir können uns Imprints vorstellen wie einen alten Stadtkern: Er steckt tief im Inneren der Stadt, er wird von Beginn an angelegt und nach dem siebten Baujahr ist er fertiggestellt. Von da an wird angebaut, aber der Stadtkern bleibt erhalten. Selbst wenn er von außen nicht mehr sichtbar ist, beeinflusst er indirekt – als Hintergrund – auch den äußersten Stadtrand. Imprints wirken implizit als kultureller Hintergrund, als Referenzrahmen für unsere Einordnung und Bedeutungszuweisung von Produkten.

Die Neurowissenschaftlerin Elizabeth Phelps sagt dazu: „Indirekt gelernte Gefühle können genau so mächtig sein wie Gefühle aus direkten Erfahrungen“. Nichts anderes sind Imprints: tief in uns gespeicherte Bewertungen, die wir durch Beobachten und direktes Erleben implizit gelernt haben – und die unser Verhalten auch später massiv beeinflussen, die Teil des Autopiloten sind. Imprints entstehen also nicht nur durch eigenes Handeln, sondern auch durch Beobachtung. Wir wissen zum Beispiel schon sehr früh, was Kaffee bedeutet, wofür er steht, bevor wir ihn trinken.

Imprints entstehen durch symbolisches Lernen

Neuropsychologisch bilden zwei Mechanismen die Basis für Imprints: das symbolische Lernen und die so genannten Spiegelneuronen. Wir Menschen haben die einzigartige Fähigkeit, aus der Erfahrung anderer zu lernen. Etwa wenn wir beobachten, dass unsere Mutter zu bestimmten Anlässen immer Kaffee und Kuchen zubereitet. Auf diese Weise entstehen unzählige Lernerfahrungen zu Produkten.
Was sind die genauen Mechanismen von dieser Art von Lernerfahrung? Die Neurowissenschaftlerin Elizabeth Phelps von der New York University untersuchte das Phänomen folgendermaßen. Probanden bekamen am Bildschirm verschiedene Farben gezeigt. Immer wenn die Farbe Blau erschien, folgte kurz darauf ein leichter Stromschlag. Nach nur wenigen Durchgängen zeigte das Gehirn bei der Farbe Blau schon Reaktionen, auch wenn es noch gar keinen Stromschlag gegeben hatte. Das überrascht nicht. Überraschender ist vielmehr, dass das gleiche Ergebnis erzielt wurde, als die Probanden nur jemanden beobachteten, der bei Blau einen Stromschlag bekam. Und sogar wenn den Probanden zu Beginn des Experiments nur gesagt wurde, dass nach Blau ein Stromschlag erfolgt, führte dies zur gleichen Reaktion.

Der Mensch verfügt über neuronale Mechanismen für diese Form des Lernens. Dazu gehören die Spiegelneuronen. Diese Nervenzellen feuern immer dann, wenn wir jemanden bei einer Handlung beobachten. Dabei bilden diese Spiegelneuronen das gleiche neuronale Muster ab, als wenn wir diese Handlung selbst durchführen würden. Wir kopieren bzw. spiegeln automatisch die Handlung des anderen, um so zu erfahren, was in unserem Gegenüber passiert.

Imprints bestimmen die impliziten Bedeutungen, die in einem Produkt enthalten sind. So wie der alte Stadtkern, der noch immer die Entwicklung der Stadt bestimmt.

Warum Lego und Ikea in Deutschland besonders erfolgreich sind

In keinem anderen Land der Welt ist Lego so erfolgreich wie in Deutschland. Das war nicht immer so. Zuerst gab es die Lego-Steine lose in einem großen Kasten. Das sollte Kinder ermutigen, ihrer Fantasie freien Lauf zu lassen. Aber erst als in Deutschland die Baupläne mitgeliefert wurden, entwickelte sich Lego zum Verkaufsschlager. Warum? Ein Blick in die deutschen Kinderzimmer gibt Aufschluss darüber. Vergleicht man die Interaktion zwischen deutschen und amerikanischen Eltern und Kindern in ihrem Umgang mit Lego, wird der Bedeutungskern von Lego offensichtlich: In Deutschland ist der Imprint für Lego „Ingenieur". Es wird nach Plan zusammengebaut, der Vater korrigiert aufgeregt („Nein, zuerst das Rad!") und das Ergebnis wird stolz der Mutter gezeigt. Diese lobt das Kind dann dafür, dass es richtig und fehlerfrei zusammengebaut hat. Das Kind wird also für das Nachbauen nach Plan belohnt. Dann kommt das Werk in den Schrank und etwas Neues muss her.

In den USA hingegen wird zusammengebaut, wie das Kind gerade denkt, und wieder zerlegt, weil es kein Lob bekommt, wenn es nach Plan vorgegangen ist. Es geht in Deutschland darum, das Modell richtig, wie vom Plan vorgegeben, zusammenzubauen. Das passt zu den Imprints unserer Kultur, dem Land der Heimwerker, Baumärkte und Häuslebauer. Das ist auch der Grund, warum Ikea nirgendwo mehr verkauft als in Deutschland: Mit einem Marktanteil von 17 Prozent liegt Deutschland vor den USA (zwölf Prozent) sowie Frankreich und Großbritannien mit jeweils neun Prozent am Gesamtumsatz des Unternehmens.

Imprints müssen beachtet werden

Die kulturellen Imprints sind ein mächtiger und hilfreicher Blickwinkel, um das Verhalten von Kunden zu verstehen und Produkte und Marken erfolgreich zu machen. Imprints nicht zu beachten, führt in Sackgassen. So ist der US-Handelsriese Walmart damit gescheitert, den Deutschen einen vermeintlich einfachen Service anzubieten: das Einpacken der Tüten an der Kasse durch Hilfskräfte. „Toll, das nimmt mir Arbeit ab und ich kann den Laden schneller verlassen" – etwas in der Art würde man als Reaktion der Kunden eigentlich erwarten. Natürlich finden wir es nett – zumindest der Pilot würde das in einer Befragung so sagen. Aber unser Autopilot hat andere Imprints.

Zum einen haben wir als Kinder beobachtet, dass es ein bestimmtes System gibt, nach dem die Tüten eingeräumt werden. Denn im Land der Ingenieure muss alles seine Ordnung haben. Da kommen die schweren Sachen nach unten. Die weichen Sachen werden zusammengepackt. Eier kommen oben drauf. Haben wir das falsch gemacht, wurden wir als Kinder korrigiert: „Nein. Das legt man oben hin!" Jeder hat sein System. Die Hilfskraft von Walmart hat auch ihr System, aber eben nicht unseres. Noch etwas anderes kommt hinzu: Einkaufen ist für viele ein Familienereignis. Für manche erscheint das absurd, aber ein unvoreingenommener Blick in die Supermärkte am Samstagvormittag zeigt Szenen, die eher an einen Familienausflug als an einen effizienten Einkauf erinnern. Es geht dabei um Shopping und nicht um Einkaufen. Was bedeutet es dann, wofür steht es, wenn jemand hektisch unsere Sachen für uns packt? Es steht für „Rauswurf", wir werden rausgeworfen. Wie in einer Bar, in der um uns herum schon die Stühle hochgestellt werden.

Imprints: Anschlussfähigkeit beachten

Abb. 27: Produkte und Marken müssen an bestehende Imprints anschlussfähig sein.

Wenn Serviceangebote oder Produkte, so praktisch und nützlich, so lecker und so spannend sie auch sind, mit unseren Imprints kollidieren, werden sie wenig Erfolg haben. Produkte, Marken und Reize, die nicht durch diese Filter passen, verpuffen, prallen an uns ab.

Diese kulturellen Lernerfahrungen bieten die Chance, eine Produktkategorie unter einem neuen, sehr verdichteten Blickwinkel zu betrachten. Diese Prägungen setzen uns die Brillen auf, die wir zur Verfügung haben, um Produkte und Marken zu sehen und zu erkennen, was es ist und wofür es steht. Sie bilden einen wichtigen und mächtigen Referenzrahmen für Produkte.

Die jeweilige Kultur und deren Imprints müssen berücksichtigt werden.

Die Imprints von McDonald's & Co.

Imprints führen uns zu den grundlegenden Frames eines Produkts und damit zu den passenden Frames einer Marke. Dabei geht es nicht um die Produktkategorie im Allgemeinen, sondern der Startpunkt ist immer das konkrete, physische Produkt. Was ist damit gemeint? Bei der Frage, zu welcher Produktkategorie McDonald's zählt, ist die Antwort auf den ersten Blick klar: Fast Food. Aus diesem Blickwinkel hat das Unternehmen eine Menge Konkurrenz: nicht nur die anderen Burger-Ketten, sondern auch die Anbieter von Döner, Pizza und Sandwiches. Die gute alte Currywurst nicht zu vergessen. Mit diesem Filter sind die Spielregeln auch klar: gute Qualität, Standardisierung, aber auch Abwechslung und Schnelligkeit. Die Kauf-Barrieren erscheinen unter diesem Frame gleich mit: Gerüchte über schlechte Qualität, das Essen ist ungesund usw.

Vor diesem Hintergrund scheint es sehr plausibel, die Qualität der Herstellung in der Werbung herauszustellen und auch gesunde Produkte ins Sortiment aufzunehmen. Beides ist jedoch mit den Imprints nicht zu vereinbaren, die wir mit der Marke McDonald's haben, beides ist Off-Code. Was ist McDonald's im Kern, was bestimmt die Bedeutung der Marke? Hamburger und Pommes – und *nicht* Fast Food! Egal, was es dort noch so gibt, Hamburger und Pommes bilden das Herz von McDonald's.

Betreiben wir etwas Produkt-Archäologie: Was sind unsere Imprints bei Hamburger und Pommes? Was sind unsere ersten Erinnerungen daran? Wann gab es in unserer Kindheit diese Produkte? Wie haben wir das gegessen? Was waren das für Situationen? Ging es da um Qualität? Oder um Gesundheit? Nein.

Es waren besondere Anlässe. Der Samstagabend mit selbst gemachten Hamburgern, wo sich jeder selbst den Burger machen konnte und so viel Ketchup nehmen durfte, wie er wollte. Ketchup, das sonst eher verpönt war zum Essen. Man aß mit den Händen, nicht mit Messer und Gabel, und wenn man sich beschmierte, war das plötzlich lustig, statt wie sonst eher üblich, Anlass für einen Rüffel. Es war eine Ausnahme. Hamburger und Pommes gab es bei Kindergeburtstagen oder wenn unsere Eltern uns im Alltag belohnen oder motivieren wollten. Dass es amerikanisch war, unterstrich die Freiheit beim Essen, die Befreiung von Zwängen („Land der unbegrenzten Möglichkeiten"). Ist das Spekulation? Nein! Es ist das Ergebnis einer systematischen Imprint-Analyse. Wir alle kommen, wenn wir die oben genannten Fragen beantworten, auf die Imprints von Hamburger und Pommes: Belohnung, Familie, Befreiung von Zwängen.

Imprints bilden den Rahmen für Kommunikation

McDonald's ist also nicht im Fast-Food-Business, das ist eine Kategorisierung des Piloten. McDonald's ist im Hamburger-und-Pommes-Business und ist damit anschlussfähig an die Frames „Belohnt werden" oder übergeordnet „Zu Hause sein". Das sind die relevanten Frames von McDonald's. Wenn wir alle einmal daran denken, was unser erstes und schönstes Erlebnis mit Hamburgern war, kommen wir nicht auf Situationen, in denen es um Gesundheit und Qualität ging. Vor diesem Hintergrund wird klar, wie weit die folgende Werbekampagne von den Imprints weg ist. In diesem Spot – so die Idee – soll gezeigt werden, wie qualitativ hochwertig die Nahrung bei McDonald's ist.

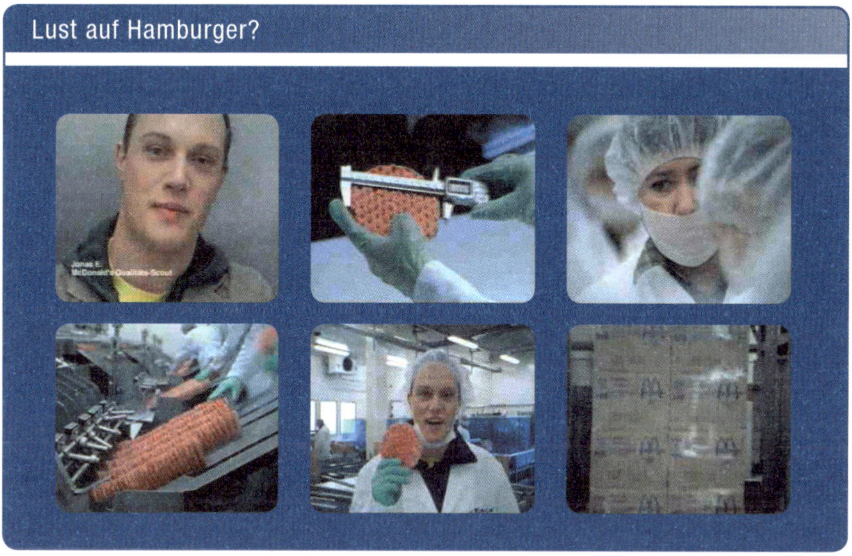

Abb. 28: Ausschnitte aus dem Spot „Qualitätsscout“, in dem McDonald's die Qualität seiner Produkte belegen möchte. Aber diese Szenen stehen für Sterilität und Massenproduktion und nicht für leckere Burger essen in einem Familienrestaurant.

Passt dieser Spot zu unseren kulturellen Imprints von Hamburgern und Pommes? Nein. Im Gegenteil. Da sieht jeder Burger gleich aus, maschinell in Masse produziert, nicht selbst gemacht. Steril statt einer lustvollen Belohnung. Vielleicht erreicht man damit im Piloten der Kunden höhere Werte bei Qualität, aber dieser Spot ist nicht anschlussfähig an die starken Imprints in unserem Autopiloten. Die Wirkung ist deshalb im besten Fall gleich Null, im schlimmsten Fall negativ. Zwar lernt der Pilot die Botschaft „hohe Qualität“. Aber der Pilot entscheidet nicht darüber, ob wir zu McDonald's gehen oder nicht. Wenn wir Pommes und Burger möchten, wollen wir kein gesundes Essen. Wir wollen vor allem nicht darüber nachdenken, ob das Rind hygienisch gestorben ist. Deshalb war die Kampagne „Ich liebe es“ so erfolgreich. Wir lieben es oder nicht, aber wir wollen sicher nicht an Qualität denken. Wir wollen Belohnung, Ausnahme, Freiheit, ein Stück Familie, ein bisschen zusammenrücken. Das sind die Imprints von McDonald's. Was sind die Imprints von Salat? Gesundheit und Disziplin bzw. Askese. Also das Gegenteil von Hamburger und Pommes.

Der Suchraum für Imprints muss über die Grenzen der Produktkategorie hinausgehen.

Was passiert, wenn es keine Imprints gibt

Aber wie sieht das bei Innovationen und neuen Produkten wie Handys, Computerspielen oder PCs aus? Dort kann es doch gar keine Imprints geben? Man darf hier nicht den Fehler machen, die Kategorie bzw. den Frame für ein Produkt zu eng zu fassen.

Wir haben schon immer Briefe geschrieben, heute schreiben wir SMS. Wir haben als Kinder und als Heranwachsende schon immer gespielt – heute spielen wir mit der Playstation oder der Xbox. Aber wir spielen. Hier gilt es zu verstehen, welche Imprints zum Spielen bestehen, welches die ersten Erfahrungen sind, und was sie bedeuten, was also der Code ist. Die Bedeutung ist dieselbe geblieben, die Technologie hat sich verändert. Das „Wie" hat sich geändert, das „Was" ist gleich geblieben.

Ein Produkt, das an keine Imprints angeschlossen werden kann, ist zum Scheitern verurteilt. Kunden können dem Produkt dann keine Bedeutung und damit auch keine Belohnung zuweisen, weil sie dazu keine Imprints haben. Als Nestlé etwa versuchte, in Japan Kaffee zu vermarkten, war das Unternehmen zunächst wenig erfolgreich. Warum? Es gab damals in Japan keine Imprints für Kaffee, sondern nur für Tee. Die Lösung bestand darin, zunächst Kindereis mit Kaffeegeschmack einzuführen und damit Imprints für Kaffee zu schaffen. Erst danach konnte Kaffee in Japan erfolgreich werden.

Wie man die richtigen Imprints für sein Produkt findet

Der erste Schritt einer Imprint-Analyse ist, den richtigen Suchraum für Imprints zu erkennen. Bei McDonald's finden wir die relevanten Imprints im Suchraum „Hamburger & Pommes" und nicht in der Kategorie Fast Food. In einer Analyse hat sich ergeben, dass für bestimmte Hotels der Suchraum „Luxus" viel weitreichender und relevanter ist, als der Suchraum für die Kategorie Hotel selbst. Auf der Suche nach den Imprints ergeben sich so viele Ansätze für Re-Framing und damit für Innovation.

Auch für die Differenzierung von Marken ist es zentral, sich von der Produktkategorie zu lösen und auf die impliziten Frames zu achten. Nehmen wir Burger King. Wie unterschiedet sich Burger King von McDonald's, bieten doch beide die gleichen Produkte an? Aber tun sie das wirklich? Burger King hat gegrilltes Fleisch. Ist das wichtig? Ja, denn das öffnet die Tür zu einem differenzierenden Frame: Grillen. Betrachten wir uns die Imprints im Bereich Grillen, kommen wir auf Abenteuer, Gefahr, draußen sein und damit auf eine klare Grenzziehung zu McDonald's.

Produkt-Imprints müssen beachtet werden

Schokolade ist erst einmal Schokolade und muss schmecken, bevor sie gesund sein kann. Einen Pudding zu differenzieren, indem man Brausekügelchen integriert, ist denkbar, aber unpassend für die Imprints. Pudding steht für Zuwendung, Verwöhnen und nicht für Erlebnis oder Abenteuer. Die Macht der Imprints zu unterschätzen und die Wandlungsfähigkeit der Kunden bzw. ihres Autopiloten zu überschätzen, sind zwei Haupttreiber für fehlgeschlagene Innovationen. Dahinter steht die Idee, die Kunden verändern zu können. Das schafft keine Marke der Welt. Wir können Produkte lediglich an vorhandene Imprints, Frames und Bedeutungsräume anschließen. Entstehen lassen oder verändern können wir sie in der Regel nicht. Das kann nur die Kultur und die ändert sich – wie auch der Autopilot – nur sehr langsam. Ausnahmen wie Nestlé, die über viele Jahre hinweg Imprints für Kaffee in Japan aufgebaut haben, bestätigen diese Regel.

Gleichzeitig eröffnen Imprints große Chancen für die Markenführung. Wenn wir also verstehen, dass wir nicht im Fast-Food-Geschäft, sondern im Belohnungs- oder im Grill-Business sind, dass wir im Luxus- und nicht im Hotel- oder Auto-Business sind oder dass wir im Kurztrip- aber nicht im Kaffee-Business sind, ergeben sich neue Suchräume, neue Ideen und klare Vorgaben für die Umsetzung unserer Marken.

Menschen kaufen immer zuerst die Kategorie – was wir von Balisto lernen können

Von Michael André, Director Client Service, Grey Worldwide GmbH, Düsseldorf

In den 80er-Jahren war ich in Österreich bei der Werbeagentur Grey für die Marke Balisto verantwortlich. Es war die Zeit der „grünen Welle". Alles musste umweltfreundlich (stromsparend, besser für das Wasser, etc.) und gesund sein. Balisto passte genau zu diesem Trend: Es war ein Produkt, mit gesunden und natürlichen Inhaltsstoffen und mit Schokolade überzogen. Entsprechend suggerierte die Kommunikation „das Gesunde aus der

Natur". Der TV-Spot zeigte einen Bauern mit einem getreidebeladenen Pferdegespann. Die passenden Slogans dazu waren „Natur, die knusprig schmeckt" und „von Natur aus anders." Nach einiger Zeit merkten wir aber, dass wir mit der gewählten Positionierung nur eine begrenzte Zielgruppe erreichten und somit auch den Erfolg des Produktes und der Marke begrenzt hatten.

Wir suchten deshalb nach einer neuen Positionierung und kamen nach diversen Studien und Analysen zu einer sehr einfachen Lösung. Wir stellten die so nahe liegende Frage: Warum kaufen Menschen eigentlich Schokoriegel? Was sind die Treiber? Mit der Antwort auf diese Frage fanden wir dann schnell den Kategorietreiber bzw. das Kategoriemotiv von Schokolade: Genuss. Wir änderten die Kommunikation von „gesund und natürlich mit Schokolade" auf „Schokolade mit gesunden, natürlichen Inhaltsstoffen". Wir hatten begriffen, dass Menschen keine Schokolade kaufen, um sich gesund zu ernähren, sondern sie kaufen Schokolade, um zu genießen. Das ist das Bedürfniss, das mit Schokolade befriedigt werden soll – daher mussten wir das zuallererst bedienen. Der Trend war Schokolade zum Genießen, die gleichzeitig gesund ist. Die neue Positionierung bediente in erster Linie das Grundmotiv Genuss und ergänzte den gesunden Aspekt. 1989 wurde Balisto damit im Schokoriegelsegment Marktführer!

Auch heute spiegeln die Slogans „Erlaubt ist, was Spaß macht" und „Natürlich nasch ich" im deutschen Markt immer noch diese Positionierung wider. Wichtiges Learning für uns war: Menschen kaufen immer zuerst Kategorien und dann Marken, nicht umgekehrt. Das klingt vielleicht banal, aber wie das Beispiel von Balisto zeigt, machen solche vermeintlichen Details einen riesigen Unterschied.

Vor allem anderen muss die Marke die im Frame zentralen Imprints bedienen.

Produkt-Archäologie – Wie man Imprints freilegt

Um Produkt-Imprints offen zu legen, müssen wir eine Art Produkt-Archäologie betreiben, nämlich die tiefen Schichten früher Lernerfahrungen mit einem Produkt offenlegen. Da aber diese Erfahrungen dem Piloten nicht zugänglich sind – Imprints wirken implizit im Autopiloten – können wir Kunden nicht einfach danach fragen. Um solche tiefliegenden Imprints zu entdecken, nutzen wir deshalb eine Mischung aus tiefenpsychologischen Verfahren (Imprinting-Sessions), kulturwissenschaftlichen Analysen und impliziten Messverfahren der kognitiven Psychologie.

Wenn wir beispielsweise bei McDonald's gesehen haben, dass es um „lecker sein" und nicht um „gesund sein" geht, können wir diesen Zusammenhang mit Hilfe impliziter Verfahren überprüfen und in Zahlen ausdrücken. In einer im „Journal of Marketing" veröffentlichten Studie aus dem Jahr 2006 wurde der Imprint „ungesund = lecker" unter Rückgriff auf ein implizites Verfahren quantitativ nachgewiesen.

Der „ungesund = lecker"-Imprint

Das Ergebnis war, dass je weniger gesund ein Produkt dargestellt oder wahrgenommen wird, desto besser wird sein Geschmack vor, während und nach dem Konsum eingestuft. Es handelt sich dabei um eine implizit gelernte Regel. Woher kommt diese Regel? Sie ist ein Spezialfall der allgemeineren Regel „ungesund = macht Spaß". Experimente zeigen: Ein Auto, das als attraktiv und mit viel Freude am Fahren dargestellt wird, wird im Vergleich zu einem unattraktiven Auto als weniger sicher wahrgenommen, auch wenn das attraktive Auto objektiv sicherer ist. Die Wurzeln dieser allgemeinen Regel, das „Warum", finden wir wieder in der Kultur und unseren Imprints. Zum Beispiel in der protestantischen Arbeitsmoral, nach der ein Mensch das Notwendige über den Luxus stellen soll. Implizit wird hier gesagt: Luxus muss erarbeitet werden, und ein Mensch muss hart arbeiten um sich zu vergnügen. Hier wird also eine klare Linie gezogen zwischen „harter Arbeit", „wertvoll" usw. auf der einen, und „Spaß", „trivial", „leichtsinnig" auf der anderen Seite. Im Kontext von Essen lautet die Übersetzung meist, dass das Ungesunde lecker ist. Diese alten impliziten Regeln im Stadtkern des Autopiloten beeinflussen unser Verhalten noch heute. Nur eben nicht mehr bewusst, sondern implizit.

Das erklärt auch den Misserfolg der fettreduzierten McLean-Burger – der subjektive Geschmack verändert sich, wenn wir einen Burger essen, der weniger Fett enthält, auch wenn wir denselben Burger im Blindtest leckerer finden als fettreichere Varianten. Diese Regel wirkt implizit: Sie gilt bei Menschen, die denken, dass Ungesundes lecker ist, genauso wie bei Menschen, die das nicht explizit glauben.

Imprints zum Thema Frauen und Karriere

Es wird viel über die Rolle der Frau, die Gleichberechtigung und die neuen Alpha-Mädchen gesprochen. Und jeder, den wir fragen, pflichtet stark bei, dass die Frauen im Beruf *genauso ihren Mann stehen* wie die Männer. Und nicht wenige Marken folgen dem vermeintlichen Trend und setzen in der Werbung auf das Bild der neuen, selbstbewussten Frau. Dennoch verdienen Frauen weniger und sind in den Chefetagen immer noch Ausnahmen. Warum diese Kluft? Die Antwort liegt in den Imprints. Welche Imprints haben wir in Bezug auf die Rollen der Geschlechter? Welche Erfahrungen haben wir als Kinder gemacht? Die meisten von uns haben die klassische Rollenaufteilung erlebt. In den ersten Lebensjahren werden tiefliegende Imprints angelegt, die wir bewusst gar nicht wahrnehmen. In keiner Befragung würden wir angeben, dass wir ein Vorurteil gegenüber Frauen im Beruf haben. Und doch wirken diese Imprints noch immer implizit auf uns.

Man muss die Macht der impliziten Imprints erst an sich selber erleben, um das wirklich nachvollziehen zu können. Wir haben deshalb einen solchen Test beigefügt. Normalerweise führen wir diese Art von Test am Computer durch, denn wir erheben hier die Reaktionszeiten. Computer eignen sich dafür besonders gut. Um aber ein Gefühl zu kriegen, worum es geht, kann der folgende, vereinfachte „Paper & Pencil"-Test genügen. Alle, die den richtigen Test durchführen möchten, können dies über den Link http:///www.decode-online.de/markenbuch/ tun.

Übung: Wie man implizite Einstellungen offen legt

Sie benötigen für diesen Test nur einen Bleistift. Wir zeigen Ihnen auf den nächsten Seiten eine Liste von Begriffen. Bitte ordnen Sie diese Begriffe einer der beiden angegebenen Kategorien zu, indem Sie ein Kreuz im jeweiligen Feld machen. Machen Sie das so schnell Sie können. Lassen Sie keine Zeile aus und denken Sie nicht nach, sondern handeln sie spontan.

männlich		weiblich
	Paul	
	Norbert	
	Johanna	
	Claudia	
	Sandra	
	Klaus	
	Nina	
	Thorsten	
	Angela	
	Markus	
	Melanie	

Das war die Übungsphase. Jetzt beginnt der eigentliche Test. Das Prinzip ist das gleiche: Bitte kreuzen Sie an, zu welcher Kategorie der angegebene Begriff passt.

 Karriere		 Haushalt
	Kochen	
	Firma	
	Meeting	
	Termine	
	Waschen	
	Erfolg	
	Küche	
	Bügeln	
	Männlich	

Das gleiche jetzt bitte noch einmal.

 Haushalt		 Karriere
	Kochen	
	Firma	
	Meeting	
	Termine	
	Waschen	
	Erfolg	
	Küche	
	Bügeln	
	Männlich	

Haben Sie einen Unterschied in der Zeit bemerkt, die Sie benötigen, um die Zuordnungen vorzunehmen? Dieser Test läuft normalerweise am Computer ab. Dort wird gemessen, wie lange wir brauchen, um das Wort „kochen" den Worten „Karriere" oder „Haushalt" zuzuordnen. Danach wird gemessen, wie lange wir brauchen, um „kochen" dem Wortpaar „Karriere/Frau" bzw. „Haushalt/Mann" zuzuordnen – was meist länger dauert, als „kochen" dem Wortpaar „Haushalt/Frau" zuzuordnen. Warum? Weil in unseren Köpfen eine sehr enge und automatisierte Verknüpfung zwischen „Haushalt" und „Frau" besteht, während die Verknüpfung zwischen „Haushalt" und „Mann" deutlich weniger eng ist. Diese unterschiedliche Verknüpfungsstärke führt zu anderen Reaktionszeiten; einmal brauchen wir lange (wenn die Verknüpfung nicht eng ist), einmal sind wir schnell (wenn die Verknüpfung eng ist). So werden die impliziten Einstellungen gemessen.

Wenn wir in unseren Seminaren und Workshops einen impliziten Test zu diesem Thema durchführen, zeigt sich bei den meisten Männern, dass sie tatsächlich ein stark ausgeprägtes, aber implizites Vorurteil gegenüber Frauen im Beruf haben. Obwohl keiner in einer Vorabbefragung angibt, dass das der Fall sei. Hier wird nicht gelogen, wir haben einfach keinen bewussten Zugriff auf diese tiefen Imprints. Viel spannender noch ist: Auch bei über 90 Prozent der Frauen finden wir denselben und genauso stark ausgeprägten Effekt – obwohl es sich hier immer um Frauen handelt, die selber im Beruf stehen! Die Überraschung ist dann jeweils groß, aber auch die Betretenheit. Der Grund für dieses erstaunliche Ergebnis ist: Auch berufstätige Frauen erlebten zu Hause in der Regel die klassische Rollenaufteilung und haben damit entsprechende Imprints. Dazu kommt, dass die tradierte Rollenaufteilung auch in Fernsehen, Kino und Werbung weiter gelebt wird. Das ist auch der Grund, warum etwa in den USA farbige Amerikaner ein Vorurteil gegenüber farbigen Amerikanern haben – auch sie leben in einer Umwelt, wo der „Schwarze" meist der Böse ist, etwa im Film oder in den Medien. Auch ihr Autopilot lernt deshalb die entsprechenden Muster.

Imprints werden über implizite Verfahren gemessen.

9. Rituale – Bedeutung entsteht durch Nutzung

Was Sie in diesem Kapitel erwartet: Der Philosoph Ludwig Wittgenstein hat den Ausspruch „die Bedeutung eines Wortes ist sein Gebrauch" geprägt. Dasselbe gilt für Produkte. Um also zu verstehen, was ein Produkt für eine Zielgruppe bedeutet, wie ihr Autopilot die Frage „Was bedeutet es?" beantwortet, müssen wir uns anschauen, wie Kunden unsere Produkte in ihrem Alltag nutzen, in welche Routinen und Rituale das Produkt eingebettet ist. Dabei ergeben sich faszinierende Positionierungs- und Suchräume für die Vermarktung von Produkten und Marken.

Rituale schaffen Bedeutung

Zum Einstieg eine kleine Übung. Wenn wir versuchen verbal zu definieren, was einen Tisch eigentlich zum Tisch macht, ist dies auf den ersten Blick leicht. Vier Beine und eine Platte. Der Prototyp eben. Nun gibt es aber auch Tische mit zwei oder nur einem Tischbein. Nach einigen Versuchen wird deutlich, dass ein Tisch nicht über sein Aussehen definierbar ist, sondern nur durch seinen Gebrauchskontext. Genauso verhält es sich mit Marken und Produkten. Die Nutzung definiert die Bedeutung eines Tisches bzw. eines Produkts, nicht das Aussehen.

Was steckt dahinter? Das Gehirn strebt immer danach, Prozesse und Abläufe zu automatisieren, um die knappen Ressourcen des Piloten nicht zu belasten. So entstehen Routinen. Routinen bestimmen unseren Tagesablauf, die Art und Weise was wir tun, wie wir es tun und warum wir es tun. Routinen erhöhen die Effizienz unseres Alltags und sind Teil des Autopiloten. Routinen sind implizite Verhaltensmuster im Autopiloten und zeigen deutlich, wofür der Autopilot gemacht ist: Er ist zum Handeln da. Es zählt nicht, was wir über eine Marke wissen, sondern was wir mit ihr tun.

Die implizite Bedeutung von Marken und Produkten ergibt sich aus ihrer Nutzung im Alltag.

Wie Rituale unseren Alltag bestimmen

Der Werbekonzern BBDO Worldwide hat vor kurzem in einer global angelegten Studie die Routinen und Rituale von Menschen untersucht. Das Ziel der Studie: die täglichen Rituale aufzeigen, um Marken darin platzieren zu können. Eine erste Erkenntnis der Studie: Menschen fühlen sich sehr irritiert, wenn der gewohnte, ritualisierte Tagesablauf gestört wird oder die in ein Ritual eingebundenen Marken fehlen. Wir lieben unsere Routinen, denn sie sind entlastend und ersparen uns das Nachdenken. Mehr noch, Routinen und Rituale schaffen Bedeutung, sie strukturieren den Alltag.

Der Ansatz, den BBDO hier wählt, ist ein schönes Beispiel dafür, wie man über die Analyse des Autopiloten neue Suchräume für die Vermarktung von Produkten erschließen kann. Und wie wir schon gesehen haben, müssen Produkte, Marken und Innovationen in die entsprechenden Routinen und Rituale der Kunden passen. Kein Kunde passt sich dem Produkt an. Wir können Kunden nicht ändern.

Andrew Roberton, Präsident und Vorstandsvorsitzender von BBDO Worldwide, sagt dazu:

> *„Wir konzentrieren uns auf das Verhalten der Menschen, sowohl als Quelle der Inspiration als auch für die Definition von Zielen und Strategien. Die Idee ist, sich Rituale als wichtiges Verhalten im Leben von Konsumenten anzuschauen, zu verstehen, was sie sind, wie sie funktionieren, und wie wir die Marken unserer Kunden in die Rituale integrieren können. Das ist eine neue Brille, die den Blick durch die Brille der Marken oder Produktkategorien ergänzt.“*

Dazu wurden 5.000 Interviews in 21 Ländern geführt, die zu sehr unterschiedlichen Erkenntnissen geführt haben:

- 84 Prozent der Polen duschen am Abend, 92 Prozent der Mexikaner duschen am Morgen
- 44 Prozent der Brasilianer lesen im Bad, während dies nur 10 Prozent der Araber tun
- Über 50 Prozent der Inder gehen ins Web, bevor sie das Haus verlassen (aber weniger als ein Drittel der Amerikaner oder Kanadier)
- 80 Prozent der Saudis beten oder meditieren vor der Arbeit (in Deutschland sind es nur rund 3 Prozent)

- Kolumbianerinnen, Brasilianerinnen und Japanerinnen schminken sich bevorzugt im Auto

Aber auch bei Routinen zählt die Bedeutung, der Frame hinter den Routinen. Die Frage, wer was wann tut, greift zu kurz, denn auch hier geht es um das „Warum". Es geht nicht darum, „Was" getan wird (z.B. morgens duschen), sondern „Warum" es getan wir. Die entscheidende Frage ist: Wofür steht es?

Die Studie der BBDO berücksichtigt genau diesen Punkt. Sie hat fünf grundlegende Bedeutungen identifiziert, an die Produkte und Marken anschließen können:

1. Das Ritual am Morgen: "preparing for battle"
2. Das gemeinsame Essen: "reconnecting with your tribe over food"
3. Das Aufpeppen: „sexing up"
4. Das Zurückkommen: „returning to camp"
5. Das Ritual vor dem ins Bett gehen: „protecting yourself for the future"

Übung: *Überlegen Sie sich, in welche Rituale Ihr Produkt eingebunden ist und welche Bedeutung daraus entsteht.*

Schauen wir uns als Beispiel das Ritual „Duschen" an. Wann duschen wir? Warum duschen wir wann? Welche Bedeutung steckt hinter den verschiedenen Anlässen? Wofür stehen die unterschiedlichen Dusch-Routinen?

Fallbeispiel adidas Duschgel

Zum Nutzungskontext gehört auch der Zeitpunkt des Rituals: Sich zum Beispiel morgens für die Arbeit fertig zu machen, ist etwas anderes, als sich abends auf einen Theaterbesuch vorzubereiten. Beide Male duschen wir, aber es sind Kleinigkeiten, die anders sind. Das Parfum wird anders genutzt – vielleicht sogar ein anderes Parfum. Die Dusche ist abends oft keine Reinigung, sondern ein Neustart. Die Dusche nach dem Sport hat die Bedeutung „Auftanken", denn man hat so viel Energie verbraucht. Das Ritual des Duschens kann also vieles bedeuten: Auftanken, Beruhigung, Neustart, Erneuerung usw. Sehen wir uns vor diesem Hintergrund die abgebildete Flasche an: Für welche Art von Dusche würde sich dieses Produkt eignen? Für eine Auftanken-Dusche. Warum? Die Form erinnert an Motoröl, die Aufschriften tun ihr übriges. Dazu kommt, dass beim Öffnen ein deutliches Klacken zu hören ist.

Formen: Bedeutung über die Kategoriegrenzen hinweg

Abb. 29: Die implizite Bedeutung von Produkten entsteht durch ihren Gebrauch in unserer Kultur, also über die Grenzen der Produktkategorien hinweg. Diese vordefinierten Bedeutungen gilt es zu nutzen. Gegen sie zu arbeiten ist nicht erfolgreich.

Die Rituale unserer Kunden und ihre implizite Bedeutung bieten einen neuen und faszinierenden Suchraum für Produktentwicklung, Positionierung und Kommunikation.

Diese Bedeutung definiert dann auch das Marktpotenzial und die tatsächlichen Wettbewerber. Denn der Autopilot denkt nicht in Produktkategorien, sondern in Bedeutungskategorien. Wenn wir um die verschiedenen Bedeutungen eines Rituals wissen, ist die nächste Frage: Wie groß ist das Potenzial, wie viel Prozent der Deutschen duschen, um diese Bedeutung zu bekommen; in unserem Fall, um aufzutanken? Ob ein Ritual mit einer bestimmten Bedeutung im Autopiloten verknüpft ist, können wiederum implizite Verfahren aufzeigen. Am folgenden Beispiel sehen wir, welche Produkte und Aktivitäten wie stark mit der Bedeutung „Auftanken“ verknüpft sind und welche nicht.

Abb. 30: Produkte und Marken bekommen ihre Bedeutung durch ihre Nutzung. Hier ist abgebildet, wie stark verschiedene Produkte und Aktivitäten implizit mit „auftanken" assoziiert sind.

Das Ritual „Danke sagen"

Routinen und Rituale bilden eine spannende und relevante Positionierungsmöglichkeit für Marken. Nehmen wir Ferrero Küsschen. Es ist ein Ritual, etwas mitzubringen, wenn man zu Besuch kommt. Das ist zumindest in Deutschland so. Dieses Ritual hat Ferrero Küsschen erfolgreich besetzt. Oder nehmen wir Merci. Auch hier wird das Produkt als Hilfsmittel im Ritual „Danke sagen" inszeniert. Um das zu schaffen, muss man das Ritual, seine Bedeutung, seinen Kontext, aber auch die anderen Hilfsmittel bei diesem Ritual verstehen. So werden zum Beispiel auch Blumen für ein Dankeschön genutzt. Ein solcher Blickwinkel eröffnet neue Möglichkeiten, denn der Referenzrahmen der Produktkategorie wird gesprengt. Es geht nicht mehr um Schokolade oder Blumen, es geht um das Ritual „Danke sagen". An diesem Beispiel sehen wir auch, dass Rituale weit über Tagesabläufe hinweg relevant sind. Für ein Ritual oder eine Routine können viele Produktarten in Frage kommen – sie müssen nur die richtige Bedeutung in sich tragen.

> *Rituale sind Frames und damit spannende Positionierungsräume für Marken.*

Produktnutzung im Kontext messen

Anstatt nun Menschen nur nach ihren Ritualen und Routinen zu fragen, ist es oft sinnvoll, sie in ihrem alltäglichen Verhalten direkt zu beobachten. Der US-Konzern Kimberly-Clark verkauft unter anderem Baby-Produkte, zum Beispiel die Windeln-Marke „Huggies". Die Umsätze dieser Marke gingen im Jahr 2003 deutlich zurück, gerade als man dabei war, eine neue Produktlinie auf den Markt zu bringen. Herkömmliche Marktforschungsansätze (Befragungen, Fokusgruppen) ergaben keine klaren Gründe für den Rückgang im Umsatz. Das Unternehmen entschied sich für eine anthropologische Analyse.

Man versorgte Kunden mit einer speziellen Brille, in die eine Kamera integriert war, und die sie zu Hause tragen sollten. Auf diese Weise konnten die verantwortlichen Produktdesigner und Marketingexperten die Welt durch die Brille der Kunden sehen. „Zu sehen, was unsere Kunden sehen, anstatt die Kamera auf sie zu richten, war für die Kunden angenehmer und für uns nutzbringender", sagt Becky Walter, Leiter der Innovation und des Produktdesigns.

Schon bald zeigten sich die Ursachen des Problems. Die Mütter hatten in den Fokusgruppen erzählt, sie würden die Windeln auf dem Wickeltisch wechseln. Tatsächlich aber wechselten sie die Windeln in teilweise unangenehmen Körperhaltungen auf dem Bett, am Boden oder auf der Waschmaschine. Die Forscher entdeckten, dass sie deshalb oft Mühe hatten mit der Windelpackung und den Lotionen, da für diese beide Hände gebraucht wurden. Die Firma erstellte daraufhin ein neues Design mit einem einfachen Knopf, durch den die Windelpackung auch mit einer Hand bedient werden konnte, und sie designte Lotionen und Shampoos, für deren Handhabung ebenfalls eine Hand genügte.

Rituale erschließen sich nur durch Beobachtung der Kunden im Alltag.

10. Signale – der Schlüssel für die Implementierung

Was Sie in diesem Kapitel erwartet: Wir haben inzwischen einiges über die Bedeutung von Marken gelernt. Etwa wie wir in Ritualen oder Imprints Bedeutungen von Produkten und damit Positionierungsräume für Marken finden, oder wie wir durch das Framing-Prinzip Innovationen schaffen. Egal wie wir unsere Marke jedoch positionieren, welche Strategie wir auch definieren, am Ende müssen wir die Bedeutung unserer Marke in Signale umsetzen. Deshalb beschäftigen wir uns nun mit der impliziten Wirkung von Signalen – dem Schlüssel für eine erfolgreiche Implementierung.

Signale sind mehr als Reize – sie sind implizites Wissen

Die folgende Aussage des Neurowissenschaftlers Hans Markowitsch beschreibt den zentralen Aspekt, um den es uns in diesem Kapitel geht:

> *„Menschliche Gehirne verarbeiten nicht nur Informationen, also reaktionsauslösende Wahrnehmungsreize, sondern vor allem Wahrnehmungen, die Bedeutung haben. Die Fähigkeit, einer Wahrnehmung Bedeutung zu geben, ist wiederum etwas, das nur Menschen eigen ist: Zwischen die unmittelbare Abfolge von Reiz und Reaktion, Impuls und Handlung schiebt sich ein Vorgang der Interpretation".*

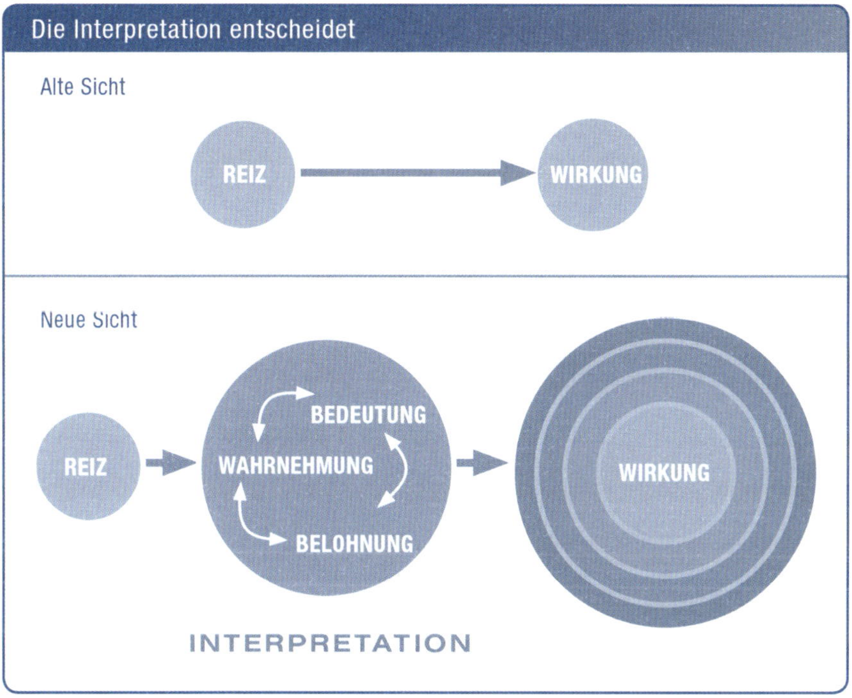

Abb. 31: Erst die Interpretation der Markensignale erzeugt die Wirkung. Die Markensignale sind implizit mit einer Fülle von Bedeutungen aufgeladen. Nur diese impliziten Bedeutungen verleihen den Markensignalen Kraft und Wirkung.

Es geht beim Menschen also nicht darum, nur Informationen zu verarbeiten oder auf Produkte zu reagieren, sondern wir weisen allem durch Interpretation eine implizite Bedeutung zu. Im Alltag diskutieren wir oft und viel über das Aussehen von Marken, streiten darüber, wie groß das Produkt gezeigt, wo das Markenlogo oder die Headline platziert werden soll oder wir sprechen über Key Visuals. Über diese Dinge zu reden fällt leicht, weil sie anfassbar und konkret sind. Man kann die Grafiker anweisen, das Logo noch etwas mehr nach rechts zu verschieben, den Berg im Hintergrund weniger dunkel erscheinen zu lassen usw. Über die Bedeutung all dieser Dinge zu diskutieren, ist dagegen schwieriger, denn sie liegt im Hintergrund, ist implizit. Aber es geht im menschlichen Gehirn nun mal ausschließlich um die Bedeutung von Signalen und Marken, die hinter ihrem Aussehen (den Signalen selbst) liegt, und nicht um das Aussehen bzw. die Signale selbst.

Genau diesen Schritt der Interpretation von Reizen im Gehirn wollen wir nun genauer betrachten. Signale enthalten neben der offensichtlichen Bedeutung noch eine wesentlich größere, aber implizite Bedeutung. Letztere ist der Schlüssel für eine effiziente Markenführung. In den Signalen sind sehr viel mehr implizite Bedeutungen verdichtet, als uns meist bewusst ist.

Was alles in einem Pudding steckt

Sehen wir uns vor diesem Hintergrund das folgende Bild an.

Kultur gibt die Bedeutung vor

Abb. 32: Signale transportieren Bedeutungen auf sehr verdichtete Art und Weise. Unser Autopilot ist in der Lage, all diese impliziten Bedeutungsfacetten sofort zu dekodieren.

Was ist das? Die meisten Menschen antworten spontan: „Das ist ein Pudding". Ja, das Produkt ist ein Pudding. Das ist, was der Pilot auf den ersten Blick dekodiert. Aber wofür steht es? Auch hier sind sich meist alle einig: für einen Festtag. Aber warum? Was so eindeutig erscheint, ist nicht leicht zu begründen. Zum einen ist der Pudding mit Mandarinen dekoriert. Diese werden vor allem zur Winterzeit gegessen, zu Weihnachten zum Beispiel. Zumindest gibt es sie nicht das ganze Jahr über. Auch ist der Pudding mit Soße dekoriert. Soße ist ein Zeichen für Reichhaltigkeit, zudem sind auf einem Teller auch zwei Portionen Pudding. Die Reichhaltigkeit ist zumindest in Deutschland typisch für Festlichkeiten. Es gehört zur guten Gastfreundschaft, viel Essen zu servieren.

Der Teller kodiert ebenfalls die Bedeutung „Festtag". Warum? Er ist verziert – das *gute Geschirr.* Der Teller steht auch in einem Raum, nicht draußen. Es ist also kein Picknick. Der Autopilot hat alle diese Signale und deren Bedeutung im Bruchteil einer Sekunde dekodiert und dem Piloten nur den Output angezeigt: Festtagspudding. Das alles, jedes Detail, transportiert als Gesamtmuster die Bedeutung Festtagsnachspeise. Aber ist das nicht alles Spekulation? Nein. Die Lesart der Signale ist nicht beliebig. Der Grund dafür liegt in unserer Kultur.

Bei einer Sprache müssen wir die Wörter und die Grammatik kennen, um uns unterhalten zu können. Das gleiche Prinzip gilt bei den Signalen – alle Mitglieder einer Kultur kennen die möglichen Bedeutungen eines Signals und die Kultur ist die Grammatik, die aus dem Gesamtmuster der Signale eine eindeutige Bedeutung erkennt. Würden wir diese Grammatik nicht teilen, könnten wir nicht miteinander umgehen. Wir alle kennen das Gefühl, wenn wir in einer fremden Kultur sind und uns dieses implizite Wissen fehlt.

Warum zum Beispiel ist der Teller ein Festtagsteller? Weil er verziert ist. Im Alltag nimmt *man* einen solchen Teller nicht, es sei denn, *man* ist sehr wohlhabend. Bei Wohlhabenden würde *man* an einem Festtag aber keinen Pudding, schon gar nicht einen so üppigen Pudding servieren. Das ist so, das tut *man* nicht. Wir alle kennen die Regeln, Normen und Werte die unser Zusammenleben steuern, die festlegen, was *man* wann, warum und wann nicht tut. Es ist nicht beliebig, welche Bedeutung in einem Muster von Signalen steckt. Wir haben ja schon gesehen, dass es im Autopiloten einen eigenen Kulturspeicher für diese Bedeutungen gibt (den LTC) und dass sich unser neuronaler Kulturspeicher in den ersten sieben Lebensjahren füllt.

Die Kultur belegt die Signale mit der impliziten Bedeutung. Nur dadurch werden Signale zu einem effizienten Bedeutungsträger.

Signal-Archäologie – Die Marke Braun und ihre Farbe

Abb. 33: Die Anzeige der Marke Braun kommuniziert hier vor allem über implizite Signale, wofür sie steht. Für den Wettbewerb ist diese Art der impliziten Kommunikation nur schwer angreifbar.

Schauen wir uns ein weiteres Beispiel an. Die Marke Braun nutzt in einer aktuellen Werbekampagne für den Multimixer (ein Küchengerät) im Hintergrund die Farbe Schwarz. Was kodiert diese Farbe? Welche kulturelle Bedeutung hat Schwarz? Die erste Assoziation ist: „Tod". Das ist die naheliegendste und damit expliziteste aller Bedeutungen von Schwarz. Um an die tieferen, impliziten Bedeutungsräume heranzukommen, müssen wir etwas Signal-Archäologie und -Anthropologie betreiben. Beginnen wir mit der Signal-Anthropologie – also der Frage, wie das Signal, die Farbe Schwarz, in unserer Kultur genutzt wird. Denn auch bei den Signalen ergibt sich ihre Bedeutung durch ihre Nutzung. Welche kulturelle Bedeutung hat in unserer Gesellschaft die Farbe Schwarz über „Tod" hinaus? Wie wird Schwarz „genutzt": Wer trägt Schwarz? Die Mafia, evangelische Pfarrer, Wirtschaftsbosse, aber auch Künstler und Intellektuelle. Welche Autos sind schwarz? Limousinen, Staatskarossen, Verbrecherautos, Leichenwaagen. Wirklich mächtige Menschen tragen schwarz. Schwarz steht für Macht.

Nehmen wir den berühmten Füller von Montblanc. Der ist typischerweise schwarz. Wie würde er wirken, wenn er orange wäre? Er würde billig wirken und seine erhabene Anmutung verlieren.

Das sind Vorurteile, ja, aber diese Vorurteile sind Kulturgut. Vorurteile sind hocheffiziente Dekodierungsregeln. Wenn wir dieses Hintergrundwissen nicht teilen würden, nicht die gleiche Kulturgrammatik nutzen würden, könnten wir nicht zusammenleben. Diese Regeln sind nicht beliebig und müssen beachtet werden, wenn man in der Markenführung eine bestimmte Bedeutung transportieren möchte. Es nicht zu tun, kostet in der Regel viel Geld und führt zu Effizienzverlusten, weil wir nicht optimal mit dem Autopiloten und seinem impliziten Kulturwissen kommunizieren.

Die Bedeutung eines Reizes entsteht durch die Kultur

Die Bedeutung eines Reizes wie der Farbe Schwarz entsteht nicht im Hier und Jetzt, sondern hat sich über Jahrhunderte in unserer Kultur entwickelt. Die Farbe Schwarz hat dabei unterschiedliche Rollen eingenommen. Eine in der Geschichte der Farbe besonders prägnante Bedeutung ist: Abgrenzung. Luther trug Schwarz. Er tat das als Kontrast zu den ligurischen Farben und nutzte so die Farbe als Symbol gegen den Reichtum der katholischen Kirche. Auch die Existenzialisten markierten sich mit der Farbe Schwarz, um den im Existenzialismus so zentralen Individualismus, die Abgrenzung, zu untermauern. Noch heute tragen Künstler und Intellektuelle gerne den schwarzen Rollkragenpulli.

Diese Aufzählung hat keinen Anspruch auf Vollständigkeit, aber sie gibt einen Eindruck, wie aufgeladen diese Farbe mit kultureller Bedeutung ist. Diese Aufladung macht aus einem Reiz erst ein effizientes Signal. Es ist eine spezifisch menschliche Fähigkeit, Reize nicht einfach zu verarbeiten, sondern sie mit Bedeutung symbolisch aufzuladen. Auch wenn dieses Mehr an Bedeutung nur implizit wirkt, unser Autopilot kennt diese Bedeutung und kann sie deshalb in Windeseile dekodieren. Dabei ist entscheidend: Die Interpretation der Bedeutung des Gesamtmusters wird durch die Schnittmenge aller Signale keinesfalls beliebig. Warum definieren wir zum Beispiel das Weiße in der Multimixer-Anzeige als Milch? Es könnte doch auch einfach eine Farbe sein, die da wegfliegt. Ja, aber zusammen mit dem Mixstab bleibt nur die Interpretation „Milch" als plausible, gewohnte Bedeutung. Das Gesamtmuster zählt. Es ist entscheidend, dass wir dieses Prinzip verstehen, denn Signale sind der Schlüssel zur effizienten Implementierung.

Schauen wir uns nun die anderen Signale in der Anzeige von Braun an. Die Bedeutung „Macht" wird über die Farbe Schwarz hinaus auch von den anderen Signalen der Anzeige transportiert: Die weiße Flüssigkeit breitet sich dynamisch aus und erinnert an einen Urknall. Auch die Headline „Why cook, when you can create" enthält diese Bedeutung, denn im Englischen bedeutet das Wort „create" nicht nur „kreieren", sondern auch erschaffen. All diese Signale und ihre impliziten Bedeutungen laden die Marke Braun also mit Macht und Abgrenzung auf. Wenn das Gesamtmuster klar ist, dann reichen auch 1,7 Sekunden Kontaktdauer mit einer Anzeige, um die Botschaft „Macht" und „Abgrenzung" zu kommunizieren.

Die Dekodierung der gesamten, in einem Signal verdichteten kulturellen Bedeutung, erfolgt schon nach 1,7 Sekunden. Das macht die impliziten Signale so effizient.

Es gibt keine Alternative zur impliziten Kommunikation

Wenn wir eine Marke mit Macht und Abgrenzung verknüpfen wollen, können wir dies nur implizit tun. Würden wir diese Bedeutungen explizit machen, wie würde das klingen? „Dieser Multimixer macht Sie mächtig und grenzt Sie ab" – das funktioniert nicht. Sobald die impliziten Bedeutungen explizit werden, fällt die Wirkung ab, da nun der Pilot und nicht mehr der Autopilot am Werk ist. Damit gehen auch die Schutzschilder hoch, und wir werden kritisch. Zudem dauert der explizite Weg zu lange. Für das Lesen der Anzeige benötigen wir sehr viel länger als die im Durchschnitt zur Verfügung stehenden 1,7 Sekunden. Die implizite Bedeutung „Macht" dagegen hat der Autopilot schon nach dem ersten Lidschlag entschlüsselt, wie unsere Analysen zu der Anzeige von Braun mittels Reaktionszeitverfahren zeigen. Auch beim Pudding-Beispiel brauchen wir nicht mehr als eine halbe Sekunde um zu dekodieren, dass es sich hier um eine Festtagsspeise handelt. Diese Art der Kommunikation ist also extrem effizient und wirksam.

Implizit kodierte Botschaften haben dazu den Vorteil, dass der Wettbewerb sie nicht leicht kopieren kann. Wenn wir explizit hinschreiben, was wir den Kunden an Mehrwert vermittelt wollen, braucht der Wettbewerber das nur abzuschreiben. Implizite Botschaften bieten hier Schutz und nachhaltige Differenzierungskraft. Durch sie „überzeugen Marken, werden für Konsumenten relevant und begehrenswert und differenzieren sich aus der grauen Masse." wie es Rolf Gilgen im Vorwort dieses Buches formuliert.

Nur durch implizite Signale kann die Marke mit Bedeutung und Belohnung verknüpft werden. Explizite Signale sind nicht nachhaltig differenzierend und aktivieren den Piloten. Die Wirkung fällt dadurch ab.

Codes werden implizit, nicht explizit verstanden

Ein typischer Einwand aus Sicht des *Homo oeconomicus* könnte nun sein: „Aber der Kunde weiß das alles doch gar nicht. Und beim Kauf ist es der Hausfrau doch egal, ob Luther diese Farbe getragen hat oder nicht! Und Frauen wollen doch nicht mit einer schwarzen Farbe angesprochen werden?!". Der Kunde weiß all das nicht explizit, implizit aber schon. Denn wir haben Tausende von Mustern gelernt, in denen die Bedeutung der Farbe Schwarz kodiert ist, haben zum Beispiel die Anzugsfarbe von Vorständen in Medien und Alltag verarbeitet, die Farben von Luxusautos und Füllfederhaltern usw. Die entscheidende Frage lautet: Ist die implizite Bedeutung der Farbe Schwarz – nämlich Macht – in dem Produktkontext eines Multimixers von Bedeutung, ist sie relevant? Die Antwort darauf ist: Ja. Die Frau hat in der Küche Macht, und es geht auch um Abgrenzung, denn das Gerät ist nur für die wirklich mächtigen Kochprofis in Deutschlands Küchen! Dieser Blickwinkel bietet zudem eine sehr klare und spezifische Zielgruppenbeschreibung: Zur Zielgruppe gehören alle Hausfrauen, für die Macht und Status im Kontext Küche von Bedeutung ist.

Fallbeispiel Lätta – mal draußen, mal drinnen

Vor diesem Hintergrund möchten wir nun eine häufig geführte Diskussion beleuchten: die Drinnen-Draußen-Frage. Oft wird diskutiert, ob eine Geschichte in der Werbung drinnen oder draußen spielen soll. Auch hier ist die entscheidende Frage: Was bedeutet draußen sein und wofür steht es? Wer ist im Alltag draußen und wer drinnen? Was sind die Imprints? Wer hat draußen Macht, wer drinnen? Schauen wir uns die Imprints zu diesem Signal genauer an.

Noch immer wird die Erziehung überwiegend von Frauen übernommen, der Mann geht raus, er geht zur Arbeit. Das sind die Imprints, so ist der Stadtkern. „Draußen" ist nach wie vor Männerdomäne: Der Stereotyp der Rollenaufteilung ist, dass die Frauen zu Hause sind. Die Regel „Drinnen = Frau" bzw. „Draußen = Mann" findet man bei allen Industrieländern und auch bei den Naturvölkern. Unser Autopilot hat Tausende Stunden gelernt, dass das so ist, sei es durch Imprints der eigenen Mutter, der größeren Familie (Tanten, Großmutter usw.), des Freundeskreises oder in den Märchen und den Medien. Die Prinzessin bricht nun mal nicht in fremde Länder auf und erlebt wilde Abenteuer.

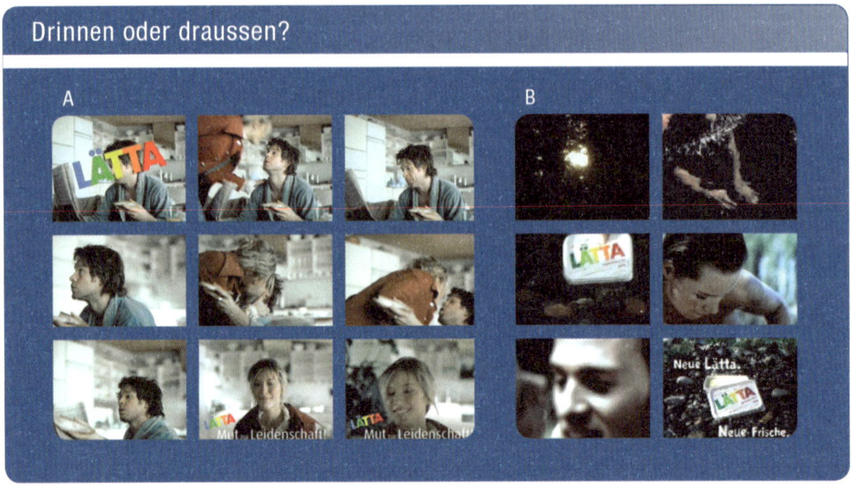

Abb. 34: Der Ursprungsspot von Lätta (B) spielte draußen in der Natur an einem See. Die Marke verlegte dann das Geschehen nach drinnen (A). Dadurch verändert die Marke ihre Bedeutung massiv.

Betrachten wir vor diesem Hintergrund die Marke Lätta. Die Einführungskampagne zeigte eine nackte Frau in der Natur, die in einen klaren See springt und anschließend den noch schlafenden Mann mit dem Wasser auf ihrer Haut weckt. Der Spot spielte also draußen. Was bedeutet das implizit? Die Protagonistin dringt in die Welt des Mannes ein, sie ist selbstbewusst.

Die Marke hat dann in später geschalteten Spots die Geschichte nach innen verlegt. Man sieht einen verschlafenen und wenig attraktiven Mann, die Frau verabschiedet sich, kommt nach einem kurzen Moment zurück und gibt dem verdutzten Mann einen wilden Kuss. Aber was ist mutiger: nackt, draußen in einen See zu springen oder in der eigenen Wohnung seinen Freund wild zu küssen? Die Marke in der Wohnung zu inszenieren, ist in Bezug auf das Selbstbewusstsein der Frau ein Rückschritt, kein Fortschritt. Durch den Blickwinkel der impliziten Bedeutung von Signalen können wir Entscheidungen über die Inszenierung der Marke also sehr gezielt treffen.

> *Die Bedeutung und implizite Wirkung der Markensignale können nur vor dem kulturellen Hintergrund vollständig entschlüsselt werden.*

Signale: die Schnittstelle zwischen Marke und Kunde

Wir haben gesehen, dass viel mehr hinter Signalen steckt, als man auf den ersten Blick vermuten würde. Ein Blick ins Gehirn zeigt, auf welche Arten von Signalen der Autopilot reagiert.

Unser Gehirn dekodiert und speichert Signale auf drei Arten:

1. Die *sensorische* Kodierung – wie sieht es aus? Hier wird gespeichert, wie die Dinge aussehen, zum Beispiel, dass die Deutsche Bank Blau oder die Telekom Magenta ist. Das ist gleichzeitig die oberflächlichste Art der Kodierung im Gehirn, über die auch Tiere verfügen. Hier geht es noch nicht um die Bedeutung der Signale.

2. Die *semantische* Kodierung – was bedeutet es? Hier wird gespeichert, wofür die Signale stehen. Dass zum Beispiel der Dreimaster von Beck's nicht nur ein Schiff ist, sondern für „Entdeckung" steht. Das Äußerliche, das Aussehen von Marken, ist deutlich weniger relevant als die Bedeutung, welche die Signale übertragen. Die semantische Kodierung erfolgt auch bei der Verwendung von Sprache.

3. Die *episodische* Kodierung – wann und wo habe ich es gesehen? Mit wem war ich da zusammen? Hier wird gespeichert, welche Geschichten wir mit den Dingen verknüpfen, zum Beispiel die persönlichen Erfahrungen mit der Deutschen Bank oder die ersten Erinnerungen an einen Pudding. Hier werden zeitliche Muster und Bezüge abgespeichert.

Unser Gehirn speichert also keine Bilder oder Dateien. Entgegen unserer Introspektion ist es nicht so, dass das Gehirn unsere Erinnerungen als Gesamtpaket speichert. Unser Gedächtnis ist keine einheitliche Festplatte. Was vielmehr passiert ist, dass das Gehirn Signale dreifach kodiert und an jeweils anderen Orten ablegt. Die Hirnforschung unterscheidet deshalb drei Gedächtnisarten: das sensorische, das semantische und das episodische Gedächtnis.

Für die Markenführung stehen daher die folgenden Bedeutungsträger zur Verfügung, um Bedeutungen von Marken zu kodieren und zu kommunizieren:

1. Sensorische Signale
2. Symbole
3. Episoden
4. Sprache

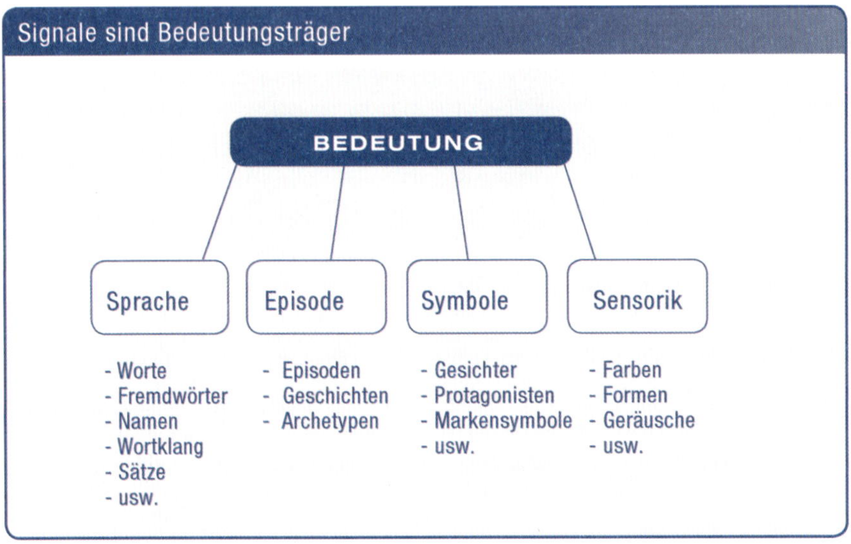

Abb. 35: Die Grafik zeigt die vier Bedeutungsträger. Die Bedeutung einer Marke und der Markenkontaktpunkte ergibt sich aus dem Gesamtmuster dieser Signalarten.

Diese vier Signalarten sind die Brücke zur impliziten Bedeutung von Marken. Eine ausführliche Beschreibung dieser Signalarten und ihre Anwendung auf die Werbung haben wir in unserem Buch „Wie Werbung wirkt" gezeigt. Wir werden sie im vierten Teil dieses Buches wieder aufgreifen, wenn wir die Implementierung der Markenstrategie beleuchten. Dort nehmen die Signale eine zentrale Rolle ein.

Übung: *Analysieren Sie Ihre Markenkontaktpunkte (z.B. Anzeigen, POS, Mailings, Briefe usw.) indem Sie diese in die vier Signalarten zerlegen. Welche impliziten Bedeutungen werden durch die einzelnen Signale ausgedrückt? Welche Bedeutung übertragen etwa die Farben, die Symbole, der Klang des Produkt- und Markennamens?*

11. Die Wurzeln der Marke liegen im Produkt

Was Sie in diesem Kapitel erwartet: Wir haben im letzten Kapitel gesehen, dass Signale Bedeutung übertragen. Das gilt aber nicht nur für die Kommunikation, sondern auch für das Produkt selbst. Auch die konkreten Eigenschaften des Produkts übertragen Bedeutung. Eine Kampagne kann man ändern, ein Produkt nicht so schnell. Umso wichtiger ist es, die impliziten Bedeutungen zu kennen, die im Produkt selbst angelegt sind.

Warum der Jever-Mann kein Hanuta essen würde

Die Überschrift mag verwundern, aber mal im Ernst: Können wir uns den Jever-Mann vorstellen, wie er ein Hanuta isst? Nicht ob es denkbar wäre, sondern ob es intuitiv passen würde. Nein. Aber warum? Warum isst der Jever-Mann kein Hanuta?

Bedeutung entscheidet über Passung

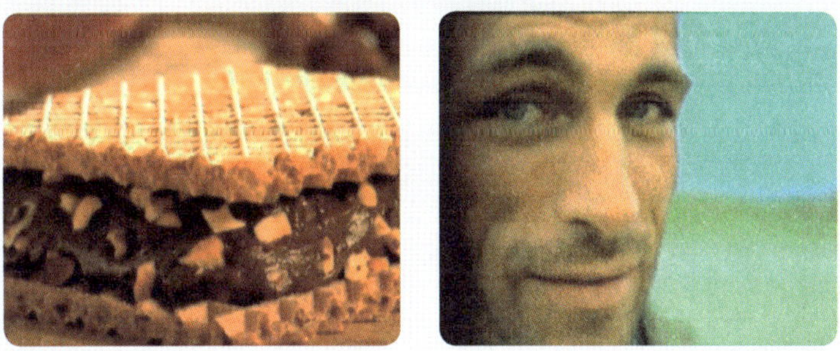

Abb. 36: Hanuta und seine Produkteigenschaften passen nicht zum männlichen Charakter des Jever-Mannes.

Die impliziten Bedeutungen passen nicht zusammen. Auf der einen Seite ein Bier und ein Protagonist, der für Erfolg, Männlichkeit, Status und Souveränität steht. Auf der anderen Seite eine Schokoladencreme zwischen zwei Waffeln, die sich sofort im Mund auflösen, mit klein gehackten Nüsschen, die nicht wirklich einen Widerstand darstellen. Jede einzelne Produkteigenschaft transportiert eine durch die Kultur festgelegte Bedeutung.

Was bedeuten ganze Nüsse im Vergleich zu klein gehackten Nüssen? Ganze Nüsse zum Beispiel sind widerspenstig, sie sind hart und müssen durch kräftiges Beißen zermahlen werden. Klein gehackte Nüsse wirken dagegen eher wie die kindgerechte Version der Nuss. Die Positionierungsmöglichkeiten eines Produkts sind also nicht beliebig. Die Bedeutungsfelder der einzelnen Produktbestandteile bilden den Referenzrahmen. Erfolgreiche Marken respektieren diesen Referenzrahmen.

Produkte übertragen Bedeutung

Betrachten wir die unten aufgeführten Verpackungen. Was bedeuten diese Formen? Woran erinnern sie? Welche anderen Produkte haben diese Form?

Formen sagen mehr als Worte

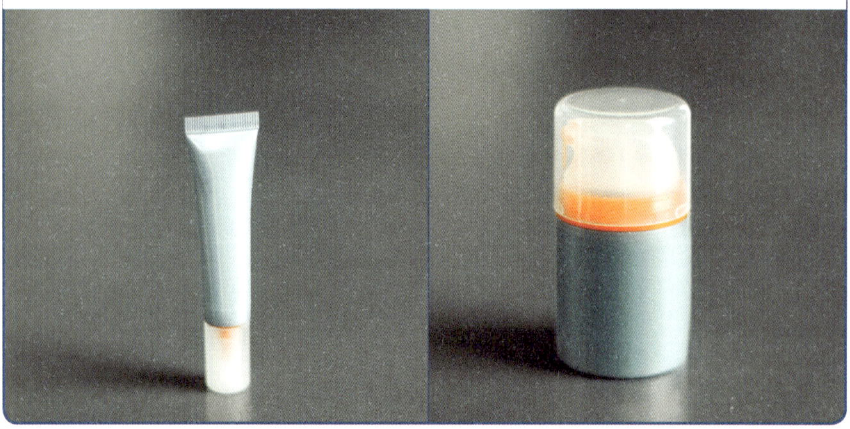

Abb. 37: Diese Verpackungen sind aus der Männer-Pflegeserie von L'Oreal. Die gewählten Formen schließen gezielt an männliche Produkte an (z.B. Kleber), um einen Ausgleich zum weiblichen Verhalten zu schaffen.

Die eine Verpackung zum Beispiel hat die Form eines Klebers. Das andere Produkt erscheint wie eine Dose, die man aufdrehen muss. Diese Verpackungen gehören zur Männer-Serie von L'Oreal. Ein weicher Flacon wäre unpassend gewesen, denn die Verpackung muss als Ausgleich für ein eher feminines Verhalten Männlichkeit transportieren. Hier wurden deshalb über eine entsprechende Formsprache implizit männliche Bedeutungsräume erschlossen.

Das Beispiel zeigt: Die Produkte selbst, ihre Inhalte, ihr Format und ihr Design übertragen – wie auch die Signale der Kommunikation – Bedeutung. Die im Produkt und seinen Eigenschaften angelegten Bedeutungen bieten einen relevanten und faszinierenden Suchraum für mögliche Markenpositionierungen. Denn die Marke muss ihre Wurzeln im Produkt haben, sonst wird sie zur Luftblase oder enttäuscht die Erwartungen der Käufer. Ganz nach dem Motto „Nothing kills a bad product faster than good advertising".

Die Produkte und ihre physischen Eigenschaften sind – wie die anderen Signale auch – implizite Bedeutungsträger.

Was Fleisch bedeutet

Wie entschlüsseln wir jetzt die Bedeutungen der einzelnen Produktbestandteile? Nehmen wir Fleisch. Auch hier sind Produkt-Archäologie und -Anthropologie hilfreich: Wie wird Fleisch hergestellt? Wo kommt es her? Wie wird Fleisch heute in unserer Kultur genutzt? Welche Mythen, Märchen, Geschichten ranken sich um Fleisch? Wer bereitet es wann und wie zu? Wie hat sich die Bedeutung von Fleisch im Laufe der Geschichte entwickelt? Durch diese Fragen können wir uns mit der Bedeutung eines Produkts bekannt machen. Egal, welches Produkt oder welche Dienstleistung wir vermarkten.

Fleisch zum Beispiel entsteht durch die Tötung eines Tieres. Darüber denken wir nicht gerne nach, es ist aber nun einmal so. Es ist also ein aggressiver Akt. Fleisch wird durch Schneiden und Beißen gegessen. Wichtig war Fleisch früher für den arbeitenden Mann, der vor allen anderen das Fleisch essen durfte. Früher war Fleisch etwas Besonderes. Es wurde zu besonderen Anlässen gereicht. Nur Wohlhabende konnten sich regelmäßig Fleisch leisten. Fleisch diente also auch der sozialen Abgrenzung. Das ist heute nicht mehr so. Heute grenzt man sich entweder über Bio-Fleisch direkt vom Erzeuger oder aber durch Fleischverzicht ab.

Warum ein Burger mit 700 Gramm Fleisch erfolgreich ist

Das Burger-Haus Hardee's hatte Ende 2004 seinen Monster Thickburger präsentiert: 700 Gramm Angus-Beef, drei Scheiben Käse, vier Bacon-Streifen auf einem gebutterten Brötchen (1 420 Kalorien, 107 Gramm Fett).

Abb. 38: Der Monster Thickburger von Hardee's.

Die Aktie des Hardee's-Mutterkonzerns CKE ist seither um fast 50 Prozent angestiegen. Im Produkt-Code Fleisch ist Gesundheit nicht enthalten und damit nicht anschlussfähig. Wozu eignet sich dieses Produkt also? Anschlussfähig sind Bedeutungen wie Kraft, Stärkung, animalischer Genuss, aber nicht Gesundheit.

Abb. 39: Der Spot „Eat like a man“ von Burger King.

Schauen wir uns vor diesem Hintergrund jetzt den Spot „Eat like a Man“ von Burger King an. Dort wird ein Mann gezeigt, der dem „Chick-Food“ und dem Salat abschwört, nach draußen (!) geht, sich mit anderen Männern zusammenschart und für sein Recht als Mann auf Fleisch demonstriert. Der beworbene Burger ist ein Burger mit drei Lagen Fleisch, Käse und Bacon und keinem einzigen Blatt Salat oder einer Tomate. Nur Fleisch. Albern möchte man meinen, nicht mehr zeitgemäß. Aber sehr erfolgreich.

Trotz aller werblichen Botschaften hin zum gesunden Image waren laut Russ Klein, Marketingleiter von Burger King, weiterhin diejenigen Produkte besonders erfolgreich, die mit nichts zurückhielten, wie zum Beispiel der Angus Steak Burger. „Verbeißen Sie sich in Schichten über Schichten aus Fleisch, Käse und Speck“, lockt Burger King in seinen aktuellen TV-Spots.

Im Spot von Burger King wird das Produkt als Ausgleich für den Mann inszeniert, dem keine Domäne des Alltags mehr alleine gehört. Einzige Ausnahme: Fleisch. Frauen gehen zum Fußball, trinken Bier, machen Karriere, die Männer machen Hausarbeit und müssen jetzt darauf achten, nicht noch mehr Falten zu bekommen. Hier schaffen Produkte und Marken einen Ausgleich. Fleisch eignet sich dafür durch seine kulturelle, implizite Bedeutung. Andere Produkte würden sich hier nicht eignen. Kaffee zum Beispiel mit seiner harmonisierenden Bedeutung wäre dafür fehl am Platz. Auch die Marke als Hintergrund passt: Burger King steht für „auf offenem Feuer gegrilltes Rindfleisch", für „Wilder Westen" und „Abenteuer". McDonald's könnte diesen Ausgleich nicht schaffen, denn McDonald's ist dafür zu sehr „Familie" und „Zu Hause". Jetzt ist auch klar, warum der Jever-Mann kein Hanuta, sondern eher ein Lions oder eine Ritter Sport mit ganzen Nüssen essen würde. Hanuta mit den kleinen Nüsschen wäre zu kindlich.

Die für eine Marke anschlussfähigen Bedeutungen werden durch das Produkt und seine Eigenschaften vorgegeben.

12. Was Trends bedeuten

Was Sie in diesem Kapitel erwartet: Wohin das Marketing-Auge auch schaut: Überall sieht es Veränderungen und (Mega-)Trends, Innovationen und Bewegungen, die man auf gar keinen Fall verpassen darf. Kein Thema ist so präsent auf Marketingveranstaltungen wie das Thema Trends. Die einzige Konstante scheint der Wandel zu sein. Der Trendforscher John Naisbitt sagt über diese Sichtweise in seinem neuen Buch „Mindset!“: *„Es (die Sicht der ständigen Veränderung) ist ebenso allgegenwärtig wie lächerlich, vor allem aber falsch.“* In diesem Kapitel schauen wir uns das Thema Trends einmal aus der impliziten Perspektive an. Natürlich gibt es Trends, aber was bedeuten diese Trends wirklich, wie und wann können wir sie nutzen und wann sollten wir sie lieber vorüberziehen lassen?

Der Trend zum Rückzug: Fallbeispiel Bad & Wellness

Das Bad erfreut sich derzeit einer Aufwertung. Das Bad ist wichtiger geworden. Das ist ein Trend. Aber was steckt wirklich dahinter? Was ist im Kern die Bedeutung eines Badezimmers? Denken wir an uns selbst: Wann nutzen wir das Bad? Wofür? Was ist in diesen Situationen wichtig? Das Bad steht vor allem für Intimität. Da ist es nicht verwunderlich, dass das Bad wichtiger wird, denn nicht das Bad selbst, sondern seine Bedeutung „Intimität“, wird ein immer knapperes Gut und damit immer wichtiger. Kein Wunder: Wir sind 24 Stunden am Tag erreichbar (Blackberry!), erfahren über jeden noch so abgelegenen Winkel der Welt die neuesten politischen und gesellschaftlichen Entwicklungen, haben auch im Coffee-Shop, am Flughafen und bald im Flugzeug Zugriff auf E-Mails und Internet, das Fernsehen verschmilzt mit dem Internet und so wird man auch auf dem Sofa mit der ganzen Welt vernetzt. Abgeschiedenheit schafft hier Ausgleich.

Das Wohnzimmer ist dafür nicht geeignet. Das Badezimmer bzw. das „stille Örtchen“ schon. Aber bitte mit Stil, denn Intimität auf einer Latrine ist kein geeigneter Ausgleich, eine kleine Wellness-Oase zu Hause hingegen schon. Beim Thema Bad haben wir also die passenden Imprints der Ruhe: die Badewanne, die Toilette, das Rasieren, es darf abgeschlossen werden. Das Bad wird also nicht zufällig zum Trend. Das Bad hat die notwendigen Verbindungen zum aktuell gesteigerten Bedürfnis nach Intimität. Intimität selbst ist dagegen kein Trend. Das Bedürfnis nach Intimität ist nicht neu, das gab es schon immer, aber es wird durch Veränderungen wichtiger und sucht sich einen neuen Platz, an dem es ausgelebt werden kann.

Was technologische Innovationen bedeuten: Fallbeispiel Klingeltöne

Technologische Innovationen wie etwa das Handy führen zu Trends. Häufig handelt es sich jedoch auch hier nicht um wirkliche Trends. Vielmehr wird mit einer neuen Technologie ein uraltes Bedürfnis befriedigt. Wir haben in der Zeit bevor die Klingeltöne zum lukrativen Umsatzbringer wurden, etliche Untersuchungen zum Thema „Handymehrwerte“ durchgeführt. Das Ergebnis war stets: „Klingeltöne brauche ich nicht!“. Und es stimmt, wer braucht schon einen Klingelton? Was aber immer gebraucht wird, ist Individualisierung, ist Abgrenzung und Zugehörigkeit. Neu ist also nicht das Bedürfnis, – die Bedürfnisse von Menschen verändern sich nicht – sondern die Art und Weise, mit der ein Bedürfnis wie Individualität reguliert wird.

Der eingangs zu diesem Kapitel zitierte Trendforscher John Naisbitt schreibt dazu in seinem aktuellen Buch „Mindset!“:

> *„Die wesentliche, tatsächliche Veränderung der Dinge liegt nicht in dem,* ***was*** *wir tun, sondern* ***wie*** *wir es tun. Und je besser wir inmitten all des Gebrülls um den Wandel imstande sind, Gleichbleibendes von sich Veränderndem zu unterscheiden, umso effektiver ist es uns möglich, auf neue Märkte zu reagieren und vom Wandel zu profitieren.“*

Klingeltöne sind ein Beispiel für eine symbolische Innovation, da mit dieser Produkteigenschaft eine Bedeutung transportiert wird, die zuvor von einem Handy nicht geboten werden konnte: Individualisierung. Zwar sind Klingeltöne eine neue Art, seine Individualität zu unterstreichen, die Bedeutung „Individualität“ aber ist nicht neu – sie ist so alt wie die Menschheit. Unsere Kultur verändert sich sehr langsam.

> *Das* **was** *Menschen tun, verändert sich kaum, sondern nur das* **wie** *sie es tun.*

Trends müssen von der Marke her verstanden werden: Fallbeispiel Rama

Starke Marken beobachten neue Strömungen und untersuchen dann, ob ihre Marke, ihr Produkt oder vielleicht ein neues Produkt eine Brücke zu diesen Strömungen sein kann. Wenn die Marke keinen Anknüpfungspunkt hat, sollte sie den Trend vorbeiziehen lassen. Der nächste Trend kommt bestimmt. Nehmen wir das Beispiel der Margarine-Marke Rama. Es gibt einen Trend zum so genannten „Functional Food“: Nahrungsmittel müssen auch noch einen Zusatznutzen bieten. Rama hat diesen Trend vor kurzem für sich entdeckt: Verpackung und Werbung preisen eine Rama an, die gut für unser Gehirn sein soll. „Rama Idee! Die erste Margarine fürs Köpfchen!“

Nicht jedes Produkt ist an einen Trend anschlussfähig

Abb. 40: Die Marke Rama führte das Produkt Rama Idee! ein, um an den Trend des Functional Foods anzuknüpfen.

Passt das zur Bedeutung der Marke? Beginnen wir mit der Kategorie: Welche Imprints haben wir? Zuerst die Butter. Das Gute von der Kuh. Nahrhaft, geschmackvoll und gesund, solange man ein Kind ist, dann aber zu fettig. Wenn es aber gut schmecken soll, dann kommt doch ein Stückchen Butter in den Kuchen. Butter ist ein Stück Mutterliebe. Margarine ist der Buttterersatz: Napoleon III. hatte eine Belohnung darauf ausgesetzt, eine günstigere Alternative für Butter zu erfinden. Vor diesem Hintergrund ist auch zu erklären, dass Rama zuerst mit H geschrieben wurde, also Rhama (wie Rahm, reichhaltig) hieß, und mit der Bezeichnung „buttergleich“ beworben wurde. Rama setzte zu Beginn auf das Frühstücksritual: „Rama macht das Frühstück gut", inszenierte dies immer im Familienkontext und hatte damit großen Erfolg. Zudem wurde mit den pflanzlichen Zutaten der aufkommenden Gesundheitsorientierung Rechnung getragen – ein schönes Beispiel dafür, wie ein Produkt an einen Trend angedockt werden kann.

Die implizite Bedeutung der Marke ist aber Familienzusammenkunft – so wurde die Marke über sehr lange Zeit geführt, so ist sie im Autopiloten der Kunden verankert. Dazu passt auch die Phonetik des Namens, Rama klingt weich und erinnert an „Mama". Wie nun passt das aktuelle Produkt Rama Idee dazu? Bei Rama Idee! geht es um Leistung. Was hat ein Familienfrühstück mit Leistung zu tun? Was hat Leistung mit Mutterliebe zu tun? Wie sehen die Mütter den Aspekt der Leistungssteigerung ihrer Kinder schon beim Frühstück? In einem Land, in dem Gedanken an Eliten und Leistungsdruck so viel Widerstand hervorrufen. Rama Idee! passt nicht zum Code der Marke (Familienzusammenkunft), es ist Off-Code.

Sich auf Trends zu setzen, ist nur von Erfolg gekrönt, wenn in der Bedeutung des Produkts oder der Marke Brücken zum Trend bestehen, wenn passende Imprints, Rituale und damit Bedeutungen vorhanden sind. Sonst nicht.

Marke und Produkt bestimmen, welche Trends anschlussfähig sind und welche nicht.

Der Trend zum Körperkult: Fallbeispiel Personenwaagen

Personenwaagen haben eine interessante Entwicklung genommen, die der Konsumphilosoph Wolfgang Ullrich so beschreibt: „...vom leicht bauchigen Komplizen, der einen auch schon mal mogeln ließ, hin zur heutigen Bedeutung einer Personenwaage: der kühle Richter. Mit LCD Display und kühlen, kantigen Formen."

Warum haben solche Personenwaagen mit LCD Display überhaupt eine Chance auf dem Markt? Wieso soll man sich quälen, wo es doch auch angenehmer geht?

Die Veränderung der Waagen ist ein Ergebnis des gesellschaftlichen Trends hin zu mehr Körperkult. Die Schönheitschirurgie boomt, die Fitnessstudios sprießen überall und auch die Diskussionen rund um das Supermodel-Magersucht-Thema sowie die hohe Quote an fettleibigen Kindern und Erwachsenen haben bei vielen das Körperbewusstsein geweckt. Statt eines Komplizen brauchen wir heute also mehr Disziplin. Dieses Beispiel zeigt, wie sich gesellschaftliche Trends auf Produkte und ihr Design auswirken und wie im Zusammenspiel zwischen Trend und Produkt eine neue Bedeutung und damit eine neue Belohnung entsteht: aus dem „Komplizen Waage" wird so der „Richter Waage".

Übung: *Betrachten Sie, wie sich die Produkte in Ihrer Produktkategorie im Zeitverlauf verändert haben und was das über die Veränderung der Bedeutung des Produkts aussagt.*

Grundsätze des Impliziten Marketings – Teil 2

- Marken geben dem Produkt einen Referenzrahmen: Marken sind Frames. Ohne Frame geht die Bedeutung eines Produkts nicht über den basalen Gebrauchswert hinaus. Durch Re-Framing, also wenn ein Produkt den Frame wechselt, entsteht Innovation und nachhaltige Differenzierung vom Wettbewerb.

- Der Autopilot verändert sich nicht gerne. Je mehr eine Innovation eine Veränderung der gewohnten Verhaltensmuster voraussetzt, desto eher wird sie scheitern.

- Kontrast-Prinzip: Im Gehirn zählt nur Kontrast. Innovationen sind nur dann echte Innovationen, wenn sie vom Autopiloten in eine andere Schublade abgelegt werden. Und sie sind nur dann erfolgreich, wenn sie eine neue Bedeutung erschließen. Innovationen erreichen wir vor allem durch Anderssein, nicht durch Bessersein.

- Produkt-Archäologie: Imprints sind frühe Prägungserfahrungen mit Produkten. Sie bestimmen die impliziten Bedeutungen, die in einem Produkt angelegt sind. Marken sind dann erfolgreich, wenn sie an diese Imprints anschließen. Der Suchraum für Imprints geht über die Grenzen der Produktkategorie hinaus.

- Produkt-Anthropologie: Die implizite Bedeutung von Marken ergibt sich aus ihrer Nutzung im Alltag. Rituale sind Frames und damit interessante Positionierungsräume für Marken.

- Es gibt vier Arten von Markensignalen: Sprache, Episoden, Symbole und Sensorik. Diese Markensignale sind Bedeutungsträger und laden die Marke mit impliziter Bedeutung auf. Sie sind der Schlüssel für die Implementierung.

- Das Produkt und seine physischen Eigenschaften sind – wie die anderen Signale auch – Bedeutungsträger und geben den Rahmen für die Markenführung vor. Marke muss vom Produkt her gedacht werden.

TEIL III. Wie die Anziehungskraft starker Marken entsteht

An dieser Stelle ein kurzer Rückblick. Das implizite System, der Autopilot, steuert unser Verhalten über das Zusammenspiel von Bedeutung und Belohnung. Darin liegt der Schlüssel zur Anziehungskraft starker Marken. Den ersten Schritt im Autopiloten, die Bedeutung, haben wir nun beleuchtet. Wir haben entschlüsselt, was Marken sind und wofür sie stehen. Aber die Bedeutung einer Marke reicht alleine nicht aus, um ihre Anziehungskraft zu erklären. In diesem Teil des Buches zeigen wir, was hinter der Anziehungskraft von Marken wirklich steht und wie wir das für die Markenführung nutzen können.

13. Starke Marken bieten implizite Belohnung

Was Sie in diesem Kapitel erwartet: Starke Marken bieten ihren Kunden eine relevante Belohnung. Was aber genau ist unter Belohnung zu verstehen? Dieser Frage gehen wir in diesem Kapitel nach und zeigen anhand konkreter Beispiele, dass Belohnung sehr viel mehr ist als Emotion oder Bedürfnisse.

Ohne Belohnung kein Verhalten

Stellen wir uns einen Rapper vor, der im Regal ein Produkt von Maggi oder Persil sieht. Was passiert genau? Zuerst einmal kennt auch der Rapper die Bedeutung der beiden Marken. Er weiß, dass Maggi für Tradition steht. Er weiß nicht, woher er das weiß, und er würde sich vielleicht wünschen, dieses implizite Wissen nicht in sich zu tragen, aber er hat es implizit, ohne es zu wollen, gelernt.

Auch der Rapper ist in unserer Kultur aufgewachsen, in der Kochschürzen mit Tradition assoziiert sind. Dass eine Kochschürze und insgesamt die Marke Maggi (oder auch Persil) für Tradition steht, hat deshalb auch der Rapper über implizites Lernen gelernt – ob er das nun wollte oder nicht. Allgemeiner gesagt: Die Bedeutung einer Marke, wofür sie steht, ist für alle gleich.

Das zeigt ganz deutlich: Diejenigen Menschen, die eine Marke nicht kaufen, tun das nicht, weil sie eine Botschaft nicht verstanden haben oder nicht glauben, sondern weil die von der Marke transportierte Bedeutung nicht belohnend genug für sie ist. Wir alle wissen implizit, für was die Marke Apple steht, trotzdem hält Apple im PC-Markt weniger als zehn Prozent der Marktanteile. Die Belohnung „Think different", welche die Marke Apple verspricht, ist nicht für alle gleich belohnend. *„Wir taxieren Menschen darauf, welche Belohnung wir von ihnen erwarten können"*, sagt der deutsche Neurologe Knut Kampe, der zurzeit am University College in London forscht. Gleiches gilt für Marken. Wir taxieren Marken auf ihren Belohnungswert. Unser Gehirn fragt also ohne Unterlass: „Was ist die Belohnung?". Der Hirnforscher Manfred Spitzer formuliert es so: „Menschen sind motiviert, weil sie etwas gut finden; sie finden etwas gut, weil sie dafür belohnt wurden oder werden."

> *Die Anziehungskraft von Marken liegt in ihrem Belohnungswert – starke Marken bieten eine implizite Belohnung.*

Bevor wir in die Details einsteigen, wollen wir uns erstmal ein Beispiel dafür anschauen, was Belohnung denn nun eigentlich konkret bedeutet.

Belohnung und Emotion in der Hirnforschung

Wenn wir in unseren Kopf schauen könnten, während wir eine ansprechende Speisekarte in einem edlen Restaurant betrachten – genau das haben Forscher der Universität Cambridge getan – dann würden wir sehen, dass die Amygdala, das Emotionszentrum, die ganze Zeit über aktiviert ist. Sie ist für die Frage zuständig „Ist es positiv oder negativ?" und die Speisen klingen alle irgendwie lecker. Der orbitofrontale Kortex (OFK), das Belohnungssystem, bleibt jedoch erst einmal stumm. Erst wenn man die Teilnehmer am Experiment bittet, sich zu entscheiden, wird der OFK aktiviert. Der OFK legt also am Ende den Hebel um und entscheidet über Fisch oder Fleisch. Ohne Belohnung kein Verhalten. Hier zeigt sich noch einmal, wie wenig wir Menschen mit einem instinkt- und emotionsgesteuerten Wesen zu tun haben. Zwischen die Emotion und das Verhalten ist der OFK geschaltet. Also genau diejenige Hirnregion, die bei der Lieblingsmarke aktiv ist. Ob der Hebel umgelegt wird oder nicht, entscheidet der Belohnungswert einer Marke.

Die Belohnung von Dove

Die Werbekampagne der Marke Dove wurde in der Fach- und Publikumspresse intensiv diskutiert, weil sie sehr erfolgreich war. Als Grund für den Erfolg wird oft darauf verwiesen, dass in dieser Kampagne „normale" Frauen gezeigt werden. Dass das typische Frauenbild in der Kosmetikwerbung durchbrochen wurde („Disruption"). Schnell wird dann das Zeitalter der neuen, selbstbewussten Frau ausgerufen, die zu ihren Schwächen steht und dabei liebenswürdig ist. Ganz im Geiste der Bridget Jones. Sicherlich gilt: Die Kampagne ist sehr kontraststark, sie unterschiedet sich von der typischen Kosmetikwerbung, sie ist untypisch. Dass Kontrast ein wichtiges Prinzip im Gehirn ist, haben wir bereits gesehen. Der wahre Grund für den Erfolg der Marke liegt aber in ihrer Belohnung für die Kundinnen.

Was ist die von Dove kommunizierte Belohnung? Schauen wir uns die Markensignale genauer an. Zu Beginn wurden die Frauen – zuerst eher jüngere Frauen – oft in Gruppen gezeigt. Sie waren also nicht alleine. Auf der Website werden typische Pyjama-Party-Aufnahmen gezeigt, die eine Frau an eine Zeit im Leben erinnern, in der Hüftumfang, Zellulite und Figur noch kein Thema waren. Die Belohnung von Dove ist Erleichterung. Eine Erleichterung wie durch die Beichte oder einen Ablassbrief, die davon befreit, sich ständig kontrollieren oder verwandeln zu müssen. Es ist auch eine Erleichterung, wenn man nicht alleine ist mit seinem Problem. Dove ist wie die alten Personenwaagen, die man noch etwas verstellen konnte. Der Erfolg ist also nicht nur auf das Zeigen von normalen Frauen und Authentizität zurückzuführen. Denn das wurde inzwischen vielfach kopiert und hat meist nicht zu ähnlichen Erfolgen geführt.

Abb. 41: Die Markensignale von Dove transportieren die Belohnung „Erleichterung".

Authentizität ist in sich keine Belohnung. Es macht die Marke vielleicht sympathisch, aber das führt nicht zum Kauf.

Übung: *Was ist die implizite Belohnung Ihrer Marke für Ihre Kunden? Wie und wodurch belohnt Ihre Marke? Welche Belohnung transportieren Ihre Werbemittel?*

Der Preis ist heiß

Marken erzielen einen höheren Preis. Aber nur, wenn die Belohnung hoch genug ist. Was ist damit gemeint? Die folgende Situation kennen wir alle: Wir stehen am Regal und überlegen uns, ob wir die leckeren Pralinen mitnehmen sollen oder nicht. Sie üben eine geradezu magische Anziehungskraft auf uns aus, aber der Preis ist recht hoch und wir müssen ja auch noch all die anderen Dinge einkaufen. Was genau passiert in dieser Situation eigentlich in unserem Gehirn? Dieser Frage sind Forscher der Universitäten Stanford und Massachusetts Institute of Technology (MIT) in einer bahnbrechenden Studie kürzlich nachgegangen.

Abb. 42: Das Experiment zeigt, dass Belohnung und Schmerz zwei getrennte Prozesse im Gehirn sind. Ob es zum Kauf kommt, hängt von der subjektiv erlebten Differenz aus Belohnung und Schmerz ab.

Die Forscher gingen folgendermaßen vor. In einem ersten Schritt wurden Bilder von Produkten und Marken, zum Beispiel ein Bild einer Pralinenschachtel, für wenige Sekunden gezeigt. Danach wurde der Preis für einige Sekunden eingeblendet und anschließend sollten die Probanden über einen Tastendruck angeben, ob sie die Pralinen kaufen würden oder nicht. Während der ganzen Zeit wurden ihre Gehirnaktivitäten gemessen. Es zeigte sich dabei folgendes: Wenn wir ein für uns interessantes Produkt oder eine Marke sehen, wird das Belohnungssystem im Gehirn aktiv. Das Gehirn sagt also „Haben wollen". Wenn wir dann aber auf den Preis schauen, wird ein ganz anderes Areal aktiv, nämlich das Schmerz-Areal (Insula). Das ist das gleiche Areal, das auch bei einem Schnitt in den Finger oder nur beim Gedanken daran aktiviert wird.

Mit anderen Worten: Das Gehirn empfindet beim Betrachten von Preisen Schmerz – der Preis ist also nicht etwas Rationales, sondern der Preis ist heiß! Je höher der Preis in Relation zum bekannten oder erwarteten Preis ist, desto stärker der Schmerz. Marken und Preise werden im Gehirn also getrennt und unabhängig voneinander reguliert. Marken werden im Belohnungszentrum, Preise im Schmerzzentrum verarbeitet. Die Verrechnung führt dann zum Kauf oder nicht. Die Forscher konnten alleine aufgrund der Aktivierung dieser Hirnareale vorhersagen, ob die Probanden die Produkte kaufen würden oder nicht.

Je größer die Marke, desto kleiner der Preis

Die „Netto-Belohnung" ist aus Sicht des Gehirns die Differenz aus der Belohnung der Marke und dem Preis. Diese Erkenntnis macht sofort den Mehrwert von Marken deutlich: Je mehr Belohnung eine Marke verspricht, desto mehr Schmerz bin ich bereit, auf mich zu nehmen – also desto mehr Geld bin ich bereit zu bezahlen. Oder anders gesagt: Je größer die subjektiv erlebte Belohnung, je stärker also die Marke, desto kleiner der subjektiv erlebte Preis.

Die Belohnung verringert den Schmerz

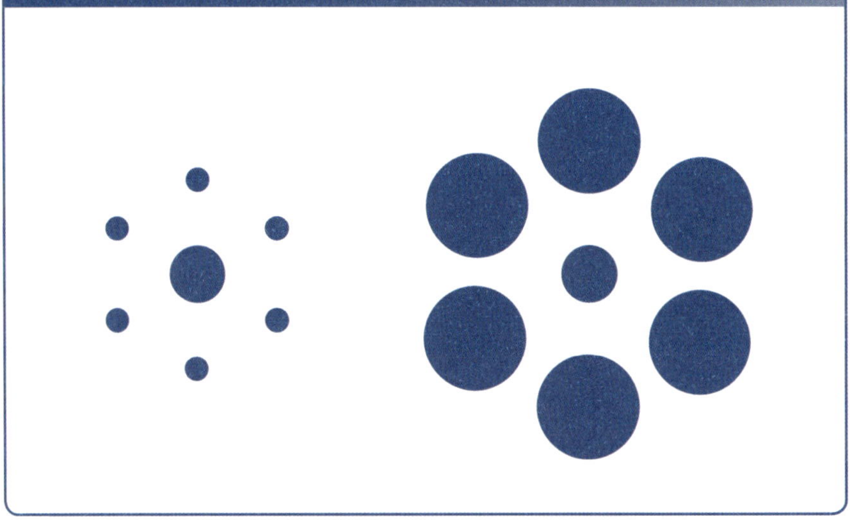

Abb. 43: Ist die Belohnung groß genug wird der Schmerz (Preis, Kreis in der Mitte) als gering empfunden. Objektiv sind beide Kreise in der Mitte gleich groß, aber durch die größere Belohnung im Bild rechts wirkt dieser Kreis kleiner. Genauso erleben wir Preise als geringer und weniger schmerzhaft, wenn die Belohnung der Marke groß ist.

Marken machen also schmerzunempfindlich. Fällt die Marke weg, bleibt nur noch der Schmerz. Schmerzlinderung können dann nur noch Rabatte oder das Schnäppchenjagen verschaffen. Dieser einfache Zusammenhang erklärt, warum Marken einen höheren Preis erzielen, warum Häagen-Dazs drei Mal so viel für eine Kugel Eis ansetzen kann, oder warum für so manche Designer-Sonnenbrille über dreistellige Eurobeträge bezahlt werden.

Die von der Marke ausgelöste Belohnung macht uns weniger empfindlich für den hohen Preis. Der Preis ist höher, die Belohnung aber auch, so dass subjektiv das gleiche Belohnungs-Schmerz-Verhältnis vorhanden ist wie bei einem günstigen Eis. Klar ist auch, dass reine Preiswerbung letztlich nur damit wirbt, eine Schmerzlinderung zu erfahren. Das erklärt die geringe Loyalität von Kunden in Märkten, die sich im Preiskampf befinden: die Belohnungen fehlen. Neurowissenschaftliche Studien der Universitäten Standford und Münster belegen, dass auch die Loyalität von Kunden durch das Belohnungssystem im Gehirn reguliert wird. Belohnung macht loyal – das ist im Kern nicht anders als bei Suchtmitteln. Hinzu kommt der Kontrast. Wenn in einem Markt ständig neue Angebote gemacht werden, gewöhnen wir uns daran. Der subjektive erlebte Kontrast des Rabattes wird geringer und damit verliert er seine schmerzlindernde Wirkung.

Je höher die implizite Belohnung einer Marke desto geringer der erlebte (Preis-)Schmerz. Die Zahlungsbereitschaft steigt und die Preissensitivität sinkt.

Frames enthalten Belohnungen

Wir haben nun ein Gefühl dafür entwickelt, was mit Belohnung gemeint ist. Wie funktioniert nun das Zusammenspiel der beiden impliziten Kräfte Bedeutung und Belohnung genau? Erinnern wir uns an die Marke Starbucks. Wir haben gesehen, dass Starbucks „Kurztrip“ bedeutet. Dieser Frame enthält verschiedene Belohnungen.

Ein Kurztrip kann eine Belohnung für Erreichtes sein, eine kleine Auszeit, ein Erlebnis, ein Abenteuer, Erholung, eine Stärkung oder neue Energie geben. Für die Belohnung „Sicherheit“ ist er wenig geeignet.
Es geht im Kern also nicht um leckeren Kaffee, außergewöhnliche Sorten und nette Musik, sondern der Frame „Kurztrip“ ist eine Brücke zu bestimmten Belohnungen. Die folgende Grafik veranschaulicht das Zusammenspiel zwischen Bedeutung, Belohnung und Verhalten.

Abb. 44: Die Signale einer Marke bilden die Schnittstelle zum Kunden. Sie transportieren Bedeutung und wenn diese Bedeutung belohnend ist, wird gekauft.

Wenn wir den Frame unserer Marke kennen, ihre Bedeutung, ergeben sich daraus die möglichen Belohnungen.

Übung: *Welche Belohnungen sind in dem Frame Ihrer Marke angelegt und anschlussfähig?*

Wie Belohnungen entstehen: Fallbeispiel Charmin

Wie entsteht eine Belohnung? Woher wissen wir, was uns wie belohnt? Auch hier ist die Kultur der Schlüssel. Wir lernen die Werte und Normen unserer Kultur vor allem über Belohnung und Bestrafung. Schauen wir uns das Erlernen von Belohnungen an einem Fallbeispiel an. Beim nun folgenden Beispiel handelt es sich um ein Produkt, von dem man nicht unbedingt erwarten würde, dass Kunden ihm eine Bedeutung zuweisen und irgendeine tiefere Belohnung darin schlummert: Toilettenpapier. Dieser erste Eindruck täuscht jedoch. Jedes Produkt, und sei es noch so (vermeintlich) banal, trägt tieferliegende Bedeutungen und Belohnungen in sich. Sonst wäre es nicht mehr am Markt.

Die Werbekampagne für die Marke Charmin hat kürzlich einen Effie gewonnen, sie hat also sehr gut verkauft. In den Unterlagen der Agentur wird die Positionierung „weich und stark“ in den Vordergrund gestellt. Das macht auch Sinn, denn natürlich muss Toilettenpapier weich und zugleich belastbar sein. Das Erfolgsgeheimnis dieser Kampagne hat aber tiefer liegende Wurzeln, denn die Bedeutungen „Weichheit“ und „Stärke“ würde man auch von einem Zewa-Toilettenpapier erwarten.

Der Bär als Symbol

Abb. 45: Das Symbol „Bär“ steht nicht nur für Weicheit und Stärke, sondern bahnt auch kindliche Erfahrungen und Imprints.

Das Geheimnis, das „Warum“, des Erfolges, liegt im Symbol des Bären. Klar, der Bär ist weich. Ein Hase aber auch. Schön und gut, mag man einwenden, aber ein Bär ist zugleich auch stark. Aber ist der Bär das einzige Tier, das sowohl ein weiches Fell als auch Stärke besitzt? Nein. Was ist also die Bedeutung des Bären? Explizit betrachtet steht er für Weichheit und Stärke. Aber implizit steckt mehr dahinter.

Schauen wir in die Imprints. Wer hatte keinen Bären als Kuscheltier? Und wofür stehen Bären? Alle Kinder kennen das Dschungelbuch und das berühmte Lied „Probier’s mal mit Gemütlichkeit“, gesungen von Balu dem Bär. Der Bär passt also nicht nur zu Weichheit und Stärke, sondern vor allem zu Ruhe und dieser kindlichen Erfahrung. Die durch den Bär implizit kommunizierte Belohnung der Marke Charmin ist also „Ruhe und Gemütlichkeit“. Vor diesem Hintergrund wird auch deutlich, warum das Format des Comics, das „Wie“ der Umsetzung, so richtig ist: es steht für die Kindheit. Ein aufwändig inszenierter und animierter Bär wäre auch denkbar und möglich, aber das würde das tiefer liegende Bedeutungsmuster zerstören. Unterstützt wurde der Bär natürlich noch durch den Kontrast, also durch die ungewöhnliche Kampagnenidee.

Warum passen diese Signale und ihre Bedeutung nun so gut zu Toilettenpapier? Auch hier helfen die Imprints. Was ist die entscheidendste Situation in Bezug auf Toilettenpapier? Wenn wir es das erste Mal selbst benutzen dürfen. Das erste Mal, dass unsere aufgeregten Eltern uns in Ruhe lassen. Die Tür wird geschlossen und das ist ein großer Schritt in die Unabhängigkeit. Nach Monaten des Trainings und vielen Fehlversuchen tun wir diesen Schritt und werden von unserer Eltern, aber auch von der weiteren Familie, intensiv belohnt. Hier entstehen also starke und intensive Imprints rund um das Produkt Toilettenpapier. Die Belohnungen von Toilettenpapier sind also Ruhe (das stille Örtchen), Intimität und Unabhängigkeit. Der Charmin-Bär ist ein Signal, das an genau diese Belohnung anschließt.

Der implizite Referenzrahmen (Frame) der Marke gibt die möglichen Belohnungen vor.

Belohnung ist mehr als Emotion

„Wir müssen unsere Marke emotionalisieren!" „Wir müssen eine emotionale Bindung zu unseren Kunden aufbauen!" Aussagen wie diese sind an der Tagesordnung und führen im Allgemeinen zu einem Kopfnicken aller Beteiligten. Und jetzt? Was genau ist eine Emotion? Sympathie, Vertrauen, Gefallen? Jeder weiß, was eine Emotion ist, bis man ihn bittet, das zu definieren. Der Begriff „Emotion" ist sehr vage. Das ist das Problem in der Praxis.

In den gängigen Markenmodellen wird unter Emotion meist Gefallen, Sympathie oder Vertrauen zusammengefasst. Aber sind das Belohnungen? Nein, denn sie führen nicht zu Verhalten. Es ist ein Unterschied, ob es uns gefallen würde, Karriere zu machen, oder ob wir es wirklich tun. Jeder findet Organspende gut und wichtig, aber wie viele sind dazu bereit? In Deutschland weniger als 15 Prozent. Viele Menschen finden den Buchladen um die Ecke sympathisch, kaufen dann aber doch bei der Großbuchhandlung. Gefallen, Sympathie und Vertrauen sind wichtige Markeneigenschaften, aber sind sie Belohnungen für die Kunden? Entscheidend ist, was unser Verhalten bestimmt und diese Aspekte reichen nicht aus, uns zum Kauf zu bewegen. Gefallen führt nicht zwingend zu Verhalten – Belohnung schon. Das zeigt auch die Hirnforschung: In unserem Gehirn werden Gefallen („liking") und Belohnung („wanting") in getrennten neuronalen Netzwerken reguliert.

Belohnung ist mehr als Emotion

Abb. 46: Ist diese Anzeige von Metabo emotional? Das Konzept der Emotion hilft bei der Inszenierung der Marke nicht weiter, denn „Emotion" ist zu unspezifisch.

Alleine die Frage „Was ist die Belohnung für den Kunden?" führt dazu, Strategien und Kampagnen in einem anderen Licht zu sehen. Der Blickwinkel der Emotion dagegen hat noch weitere Nachteile. Schauen wir uns die folgende Anzeige an:

Wird hier eine Emotion gezeigt? Schwer zu sagen. Vielleicht. Wird hier eine Belohnung inszeniert? Ja. Hier wird die „Streitmacht", die „Waffe" für den Handwerker gezeigt, als Belohnung der Marke. Emotionen zu inszenieren, endet nur allzu oft darin, lachende Menschen und schön anmutende Bilderwelten zu zeigen. Damit erhöht man zwar das Gefallen, aber nicht die Belohnung. Die Werber Holger Jung und Jean-Remy von Matt sagen zu Recht „Emotionen zu zeigen ist schlicht zu schlicht".

Emotionen sind zu generisch. Die zentrale Frage ist: Was ist die implizite Belohnung für den Kunden.

Belohnung ist mehr als Bedürfnis

Was wir mit Belohnung meinen, ist auch deutlich mehr als ein Bedürfnis, es liegt viel tiefer. Ein Bedürfnis ist explizit, vom Kunden in einer Befragung verbalisierbar, Belohnungen sind implizit und in der Regel nicht in herkömmlichen Befragungen explizierbar. Das Bedürfnis von Kunden wird nur allzu oft mit Produktleistung, mit expliziten Wünschen der Kunden gleichgesetzt. Eine Spülmaschine muss sauber machen und schnell sein, ein Auto muss zuverlässig sein und sollte wenig verbrauchen, eine Schokolade muss schmecken. Der Blickwinkel „Bedürfnis" führt nicht weit genug, bahnt den Piloten und führt zur Austauschbarkeit. So sagt etwa Stephen Brown, Professor an der Kellogg School of Management: „Einfach den Wünschen der Kunden zu folgen, führt zu austauschbaren Produkten, Nachahmer-Werbung und stagnierenden Märkten". Welches Shampoo muss nicht pflegen? Welcher Kunde sagt nicht von seiner Bank, dass sie zuverlässig, kompetent und seriös ist?

Der Unterschied zwischen Bedürfnis und Belohnung wird sehr klar, wenn wir unsere eigenen, scheinbar ungeliebten Verhaltensweisen betrachten. Ohne Belohnung kein Verhalten – warum tun wir also, was wir tun, speziell bei den ungeliebten Verhaltensweisen? Die Psychologie nutzt schon lange das Prinzip, nach der Belohnung des Problems zu fragen. So gelangt man sehr schnell an die impliziten Gründe von vielen psychischen Krankheiten.

Übung: *Betrachten Sie die expliziten Bedürfnisse Ihrer Kunden und überlegen Sie, welche tiefer liegenden, impliziten Belohnungen damit verbundne sind.*

Nehmen wir zum Beispiel das gerade heiß diskutierte Thema der Fettleibigkeit. Worin liegt die Belohnung? Oder ist es nicht unverschämt hier von Belohnung zu reden? Aber es muss einen tieferen Grund geben, denn ohne Belohnung entsteht kein Verhalten. Schauen wir uns an, was bei Fettleibigkeit passiert: Wir werden dicker. Was hat das zur Folge? Wir werden schwerer, können uns nicht mehr so gut bewegen, können nicht mehr uneingeschränkt am Leben teilhaben. Teilweise können wir nicht mehr arbeiten. Jede Bewegung ist eine Anstrengung. Wir kommen schnell außer Atem.

Was bedeutet all das? Die Belohnung von Fettleibigkeit ist „Checking out“: Die Fettleibigen entziehen sich dem Leben. Das ist die Belohnung. Keine Anforderungen mehr, kein Stress, keine Anstrengungen mehr. Ist das reine Spekulation? Sehen wir uns um, wie sich ähnliches Verhalten in unserem Alltag äußert. Nicht selten starten wir im Urlaub, also wenn wir einmal „auschecken“ wollen, einen wahren Essmarathon (gerne auch an Feiertagen). Wir sind nach jedem Essen müde und genießen es, der daraus entstehenden Trägheit zu frönen. Bei der Frage, wie der Urlaub war, ist das Essen direkt nach dem Wetter das zweite Kriterium für gelungene Ferien. Der All-inclusive-Urlaub ist aus diesem Grund so beliebt. Es geht bei der Belohnung darum, zu verstehen, „Warum“ wir tun was wir tun. Bedürfnisse greifen dabei zu kurz.

Bedürfnisse sind explizit und führen zu Austauschbarkeit. Nur die implizite Ebene der Belohnung schafft nachhaltige Differenzierung.

14. Starke Marken haben einen Fiktionswert

Was Sie in diesem Kapitel erwartet: Das Dove-Beispiel hat gezeigt, wie tiefgreifend die Belohnungen von Marken sein können. Dabei ist eines deutlich geworden: mit dem Produkt selbst hat das wenig zu tun. Die Lotion selbst führt nicht zur Belohnung „Erleichterung". Über den Gebrauchswert des physischen Produkts ist diese Wirkung nicht zu erklären – schon gar nicht eine Steigerung des Marktanteils um 77 Prozent. Die bekannten deutschen Werber Jung und von Matt schreiben: „Nike verkauft keine Schuhe, sondern Träume, Sichtweisen, Gedanken". Starke Marken addieren also zum Gebrauchswert etwas dazu – einen Fiktionswert. So kauft jemand, der sich auch einmal wie ein Extrembergsteiger fühlen will, vielleicht einen Eispickel von der Marke, die auch Reinhold Messner ausstattet. Allein der Besitz ermöglicht eine Annäherung an die Fiktion, ein Held zu sein. Der Fiktionswert von Marken ist quasi der gemeinsame Nenner aller von Marken transportierbaren, symbolischen Belohnungen.

Vom Gebrauchswert zum Fiktionswert

Der Konsumphilosoph Wolfgang Ullrich beschreibt in seinem sehr lesenswerten Buch „Habenwollen" die Verschiebung in unserer Konsumkultur vom Gebrauchs- hin zum Fiktionswert von Produkten. „Primär geht es mittlerweile also darum, was ein Ding , im Inneren des Konsumenten auslöst", so Ullrich.

Was ist damit gemeint? Betrachten wir die neue Bounty-Werbung. Eine Frau sitzt an einem einsamen, eher öden Strand. Sie beisst in ein Bounty und die karge, abgeschiedene Insel beginnt eine farbenprächtige, exotische und phantastische Vegetation zu entwickeln und zu guter Letzt betritt noch ein gut aussehender Mann die Szenerie.

Abb. 47: Der neue Bounty-Spot zeigt, wie sich die karge Insel nach einem Biss in ein Bounty in ein Paradies verwandelt. In dieser Fiktion liegt die Bedeutung und Belohnung der Marke.

Niemand glaubt, dass uns dies wirklich beim Verzehr eines Bounty-Riegels passiert. Das klingt wie ein Märchen, wie eine Fiktion. Und genau das ist es auch. Marken schaffen Möglichkeiten, bieten fiktive, symbolische Belohnungen, die weit über die physische Wirkung des Produkts hinausgehen. Die Belohnung muss also nicht wirklich stattfinden, denn sie findet fiktiv statt. So sagt ein Marketingexperte von Harley Davidson: „Was wir verkaufen, ist die Möglichkeit für einen 43-jährigen Buchhalter, sich in schwarzes Leder zu kleiden, durch kleine Dörfer zu fahren und Angst vor ihm zu haben".

Übung: *Was spezifisch addiert Ihre Marke über den Gebrauchswert hinaus, d.h. was würde ein Wettbewerber nicht auch von sich sagen.*

Marken-Fiktionen sind Marketing-Placebos

Ähnlich wie Romane vermitteln uns Marken fiktive Belohnungen. Dabei war Konsum schon immer Träumerei. Kunden standen vor den Schaufenstern und konnten sich in ein anderes Leben träumen. Es sind Vorstellungen, Möglichkeiten, die wir mit den Produkten und Marken verbinden. Sie wirken wie Placebos. Wir halten durch ein Snickers nicht länger durch, aber es fühlt sich so an. Wir sind unseren Lieben durch eine SMS nicht physisch näher, aber es fühlt sich so an.

Die Produktlabels harter Alkoholika müssen deshalb immer etwas traditioneller gestaltet sein, denn harte Drinks sind Entwicklungsangebote für die Jugendlichen. Sie erreichen damit fiktiv die nächste Stufe der Entwicklung zum Erwachsenen. Studien zeigen, dass Whiskymarken, die ihre Labels auf „modern" trimmen und sie etwa verspielt und leicht gestalten, um bei Jugendlichen besser abzuschneiden, damit scheitern. Aus diesem Grund darf auch eine Geschichte nie ganz aufgelöst werden, denn dann ist die Fiktion vorbei.

Die Grundlage für die Fiktionalisierung von Produkten haben wir bereits kennengelernt: die spezifisch menschliche Fähigkeit des symbolischen Lernens, des Lernens am Modell und der Interpretation von Reizen bzw. Produkten. Affen werden niemals Marken nutzen. Nur der Mensch verfügt über das Bedürfnis und die Fähigkeit, symbolisch Belohnung zu erfahren.

Dass wir Produkte und Marken mit Bedeutung belegen, die weit über den originären Gebrauchswert hinausgehen, ist ein Indiz für eine hohe Entwicklungsstufe unserer Konsum- und Markenkultur. Deshalb ist die Sichtweise, die den Kunden zum Opfer macht, das durch subtile Machenschaften manipuliert wird, so falsch. Wir alle sind Experten – wir sind Konsumexperten. Wir wissen, dass wir verführt werden sollen. Und dabei sehen wir uns nicht als Opfer, sondern wir möchten verführt werden und uns über Marken mit Möglichkeiten und Fiktionen ausstatten. Der Kunde ist also kein willenloses Opfer irgendwelcher Marketingmanipulationen, denn erstens kann Marketing Menschen nicht verändern und zweitens hat sich unsere hochentwickelte Marken- und Konsumkultur nur entwickelt, weil es den starken – aber meist impliziten – Wunsch nach Fiktion und Träumerei gibt. Das ist bei Marken und Produkten nicht anders als bei Romanen und Filmen.

In einer hochentwickelten Marken- und Konsumkultur muss mehr als der originäre Gebrauchswert geboten werden. Marken müssen Fiktionswert bieten. Die Fiktion muss aber implizit sein und bleiben.

15. Wie Marken belohnen – implizite Belohnungen im Gehirn

Was Sie in diesem Kapitel erwartet: Marken verkaufen Fiktionen. Der Begriff der Fiktion reicht aber für das Management von Marken nicht aus. Welche Fiktion genau? Mit welcher symbolischen Belohnung können wir unsere Marke ausstatten? Welche bedient der Wettbewerb? Für die konkrete Arbeit mit Marken müssen wir den Fiktionswert von Marken schärfen. Hier hilft wieder die Neuropsychologie, denn sie bietet einen objektiven Suchraum für konkrete Belohnungswerte. Welche Belohnungen sind in unserem Gehirn angelegt?

Promotion und Prävention: die Grundbelohnungen im Gehirn

Die beiden grundlegenden Belohnungen in unserem Gehirn sind

- Promotion (nach vorne gehen, kämpfen, aufsteigen usw) und
- Prävention (Vermeidung, Schutz usw.).

Nähern wir uns an, oder entfernen wir uns? Kämpfen oder fliehen wir? Reagieren wir expansiv oder ziehen wir uns zurück? Schreiten wir voran, oder bleiben wir, wo wir sind? Öffnen wir uns, oder bleiben wir verschlossen?

Übung: *Überlegen Sie, für welche der beiden Grundbelohnungen Ihre Produktkategorie, Ihre Marke und Ihre Kunden stehen.*

Nehmen wir das Beispiel der Deutschen Bank und der Sparkasse. Bei der Deutschen Bank geht es um Wachstum (Promotion), bei der Sparkasse nicht. Die Sparkasse ist eine Sparbüchse, in die ich Geld einzahle, die mein Geld für mich aufbewahrt, und wenn ich das Sparschwein schlachte, ist genau so viel drin, wie ich hinein getan habe. Hier geht es also eher um Risikovermeidung und Stabilität (Prävention). Vor diesem Hintergrund wirkt der aktuelle TV-Spot der Sparkasse unpassend, in dem ein Berater einen interessierten Kunden im Hubschrauber durch eine Stadt fliegt und ihm zeigt, wie groß die Sparkassenorganisation ist. Dieser Spot transportiert das Gegenteil von Prävention. Das Briefing zu diesem Spot können wir erahnen: „Wir müssen unseren Kunden zeigen, wie leistungsstark und groß wir sind". Von Belohnung für den Kunden keine Spur, denn was ist die implizite Belohnung, Kunde bei der Sparkasse zu sein? Die Belohnung liegt darin, dass sich nichts tut. Ich lege Geld in eine Sparbüchse, der Kontostand soll nicht ins Minus gehen, aber sonst interessiert mich die Sache nicht weiter (Bemerkung: einer der Autoren ist Kunde bei der Sparkasse und kann das aus erster Hand bestätigen). Vor diesem Hintergrund erscheint die Kampagne eher eine Belohnung für Sparkassen-Entscheider gewesen zu sein, für die Größe sicherlich eine Belohnung darstellt.

Abb. 48: In einem aktuellen Spot der Sparkasse wird versucht, die Größe und Macht der Sparkasse zu demonstrieren. Aber ist das für die Kunden der Sparkasse eine Belohnung?

Je nachdem, was eine Marke oder eine Kategorie im Kern für eine Grundbelohnung in sich trägt, gibt dies den Rahmen vor, in dem sich die Markenführung bewegen kann. Sind wir nun für immer in diesen Schubladen gefangen? Nein, aber eine Marke auf einen Schlag von einer Prävention-Marke zu einer Promotion-Marke zu machen, ist nicht möglich. Der Schritt ist zu groß.

Die Grundbelohnungen einer Kategorie oder einer Marke bilden den Rahmen für die Markenführung.

Differenzierung erfolgt über implizite Belohnungswerte

Die rudimentäre Einteilung in Promotion und Prävention reicht natürlich nicht aus, um die Vielzahl an Marken und ihre Belohnungswerte zu erklären. Der deutsche Psychologe Norbert Bischof hat über 20 Jahre hinweg eines der elaboriertesten Modelle menschlichen Verhaltens entwickelt und wurde deshalb im Jahr 2003 für sein Lebenswerk von der Deutschen Gesellschaft für Psychologie ausgezeichnet.

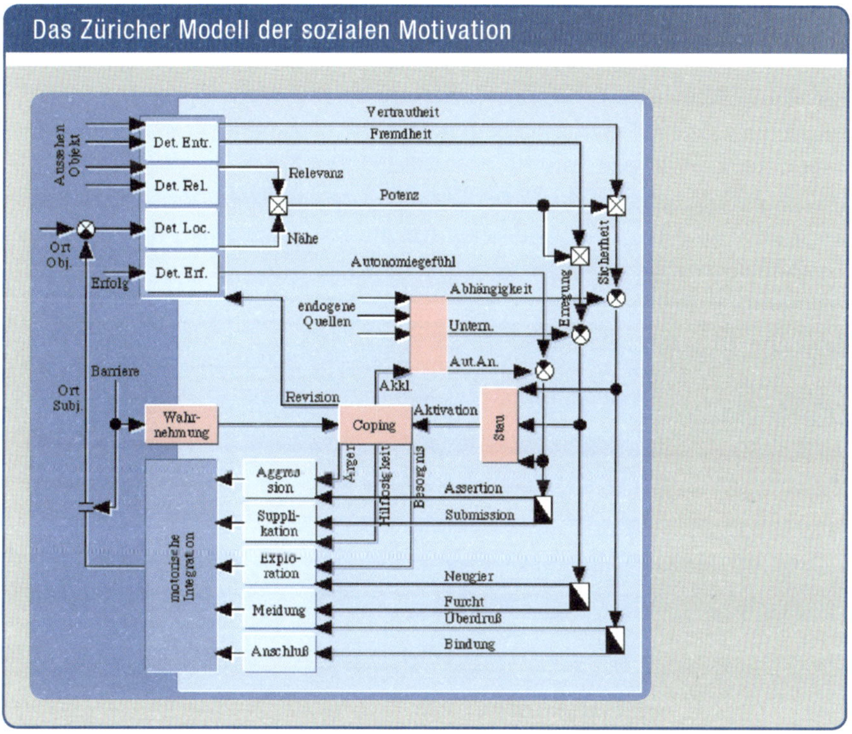

Abb. 49: Das „Zürcher Modell der sozialen Motivation“ von Prof. Norbert Bischof.

Wir haben dieses Modell in unserem Buch „Wie Werbung wirkt“ ausführlich besprochen und konzentrieren uns hier deshalb auf diejenige Aspekte, die für die Erklärung der Belohnungswerte von Marken relevant sind.

Im Kern des so genannten „Zürcher Modells der sozialen Motivation" stehen drei grundlegende Grundbelohnungen:

- *Sicherheit:* Das Zusammensein mit Menschen (Fürsorge, Geselligkeit, Mutterliebe, Vaterliebe usw.)
- *Autonomie:* Das Oben sein in einer Hierarchie und Widerstände überwinden (Macht, Leistung, Kampf usw.)
- *Erregung:* Neues entdecken (Innovation, Kreativität, Spieltrieb usw.)

Diese drei Belohnungsräume finden sich in einer Vielzahl wissenschaftlicher Modelle wieder. Häufig werden sie auch „Motive" genannt. „Belohnung" und „Motiv" sind zwei Seiten derselben Medaille: Belohnungen motivieren uns, etwas zu tun, nach etwas Belohnendem zu streben. Die folgende Tabelle zeigt einen Überblick über verschiedene wissenschaftliche Perspektiven, die im Kern alle die von Bischof erforschten drei Kräfte als Grundbelohnungen identifizieren.

Woher kommen diese Grundbelohnungen?

Psychologie /Hirnforschung	Beschreibung	Sicherheit	Erregung	Autonomie
Kenneth Davis, Jaak Panksepp, Larry Normansell	„Affective Neuroscience Personality Scales" (ANPS) 110 items to measure affective states	CARE	PLAY/ SEEK	ANGER/ CONTROL
Charles Osgood	40 items to measure emotional valence of meaning	Evaluation	Activity	Potency
Norbert Bischof	Psychophysiological and psychological research; KISMET Scales 90 items	Security	Excitement	Autonomy
Hans Georg Häusel	Integration of neuro-hormonal and psychological research; LIMBIC Scales 50 Items	Balance	Stimulance	Dominance
Affective Neuroscience Literature	Behavioral systems found in animals and humans, rooted in brain physiology e.g. J.A. Gray (3F Model)	Fear-System Panic-System	Seeking-System	Rage-System
Edmund T. Rolls	„Emotion explained" – neuroscience of emotion	Apprehension Fear Terror	Ecstasy Elation Pleasure	Rage Anger Frustration
Neuro-Endocrinology (Hormon research)	Neuronal hormons underlying emotions and motivations in humans and animals	Oxytocin Vasopressin	Dopamin	Testosteron

Abb. 50: Die Tabelle zeigt, dass die unterschiedlichsten Forschungsansätze zu den im Kern gleichen Grundbelohnungen hinter unserem Verhalten kommen.

Diese grundlegenden Belohnungen haben auch eine neuro-hormonelle Basis und sind sehr gut abgesichert. Sie bieten uns in der Praxis einen sehr ausdifferenzierten Suchraum für die Positionierung und Differenzierung von Marken. Für die Marketingpraxis bietet es sich an, die drei Grundbelohnungen aus dem Bischof-Modell durch ihre Mischformen zu ergänzen. Daraus entsteht dann ein fundiertes und dennoch handhabbares Belohnungssystem, das insgesamt aus sechs Grundbelohnungen besteht:

- Sicherheit
- Genuss
- Erregung
- Abenteuer
- Autonomie
- Disziplin

Welche Belohnungen Biermarken enthalten

Wie diese Belohnungswerte für das Verständnis der Anziehungskraft von Marken genutzt werden können, zeigt das folgende Beispiel aus dem Biermarkt. Die Kategorie Bier wird oft als Beispiel für Markenführung genutzt, da es auf der Produktebene kaum objektive Unterschiede gibt. Die Grafik zeigt die implizit gemessenen Belohnungsprofile von drei Biermarken.

Belohnungsprofile Biermarken

Abb. 51: Belohnungsprofile von Bier-Marken.

Wir sehen, dass alle Marken die Grundbelohnung Genuss bedienen. Das überrascht nicht, hat das Fallbeispiel Balisto doch gezeigt, dass eine Marke vor allem anderen zuerst die Belohnung der Kategorie bedienen muss. Bier muss vor allem anderen gut schmecken. Das ist der Gebrauchswert.

Wie unterscheiden sich die Biermarken nun voneinander, welche symbolischen Belohnungen werden zum Gebrauchswert dazu addiert? Marke „Blau" lädt hoch auf den Grundbelohnungen Erregung und Abenteuer und gering bei Sicherheit, Disziplin und Autonomie. Marke „Grün" belohnt vor allem mit Autonomie, Disziplin und Sicherheit. Marke „Gelb" ist weniger profiliert, belohnt vor allem mit Sicherheit. Welche Marke stecken hinter diesen Belohnungsprofilen?

- Blau: Beck's
- Grün: Jever
- Gelb: Warsteiner

Dieses kleine Beispiel zeigt, wie sich die Marken in den Grundbelohnungen differenzieren. Wichtig dabei ist, dass es nicht darum geht, Marken nur auf einer dieser Belohnungen zu verorten. Das wäre zu eindimensional und würde der Komplexität von Marken nicht gerecht werden. Marken haben vielmehr ein Belohnungsprofil, wie das Beispiel gezeigt hat. Das Gesamtmuster der Belohnung bestimmt die Anziehungskraft einer Marke.

Wir dürfen die einzelnen der sechs Belohnungswerte nicht zu oberflächlich betrachten. In jedem dieser sechs Werte schlummert eine schier unendliche Zahl von Konnotationen. Nehmen wir Abenteuer als Beispiel. Wir haben unzählige direkte und indirekte Erfahrungen mit Abenteuer gemacht: Aufbrechen in fremde Gefilde etwa, das Kennenlernen neuer Menschen, die Freiheit oder auch die Inspiration, die wir auf einer Abenteuerreise empfinden, der Mut, den es für ein Abenteuer braucht und vieles mehr.

Fragt man Beck's-Trinker nach dem Grund für ihre Markenwahl, wird Geschmack der Grund sein. Das verwundert nicht, denn wer würde schon ein Bier trinken, weil er Abenteuer will. Das klingt absurd. Diese Belohnungswerte wirken implizit. Sie können deshalb nicht sinnvoll erfragt werden. Zur Messung dieser Markenprofile sind implizite Verfahren notwendig.

Die im Gehirn angelegten Belohnungswerte ermöglichen eine relevante Differenzierung von Marken. Starke Marken bieten ein differenzierendes Belohnungsmuster.

Stabile und situative Belohnungswerte

Seit langer Zeit wird im Marketing darüber diskutiert, ob stabile Präferenzen oder sich ständig wandelnde Stimmungen und Verfassungen unser Kaufverhalten stärker prägen. Wer hat nun recht? Die Erkenntnislage der Neuropsychologie ist hier bereits seit langem sehr klar: Beide Sichtweisen haben recht: es gibt sowohl stabile Präferenzen als auch instabile, schwankende Stimmungen. In der Psychologie existiert diese Diskussion deshalb schon lange nicht mehr! Nicht umsonst lautet die Grundformel der Psychologie:

Die Grundformel der Psychologie

Verhalten = Person x Situation

Abb. 52: Die Grundformel der Psychologie: Das Verhalten wird bestimmt durch das Zusammenspiel von situativen Gegebenheiten und den Eigenschaften der Person.

Das (Kauf-)Verhalten ist also eine Funktion der Persönlichkeit und der Situation, in der sie sich befindet. Auch der noch so leistungsorientierte Mensch will mal Erholung vom täglichen Wirtschaftskrieg und reguliert diese situativen Schieflagen dann abends am Flughafen mit einem Burger von McDonald's und schickt gleichzeitig eine SMS nach Hause („Bin gelandet").
In der Psychologie werden die stabilen Persönlichkeitsmerkmale als Trait (Persönlichkeit) bezeichnet und die Stimmungen als State (Zustand).

Übung: *Überlegen Sie, ob Ihre Marke Ausdruck der Persönlichkeit ist, oder in ganz bestimmten Situationen genutzt wird.*

Wir werden im Folgenden diese beiden Belohnungsarten genauer betrachten, denn damit können wir nicht nur die Diskussion hinter uns lassen, ob es nun stabile oder nur multioptionale Kunden gibt, sondern vor allem neuropsychologisch relevante Erkenntnisse über die Wirkweise starker Marken gewinnen.

> *Kaufverhalten ist immer eine Interaktion aus Persönlichkeit und Situation (z.B. Stimmungen etc.).*

16. Trait-Marken – Belohnung der Persönlichkeit

Was Sie in diesem Kapitel erwartet: Eine wichtige Funktion von Marken ist es, unsere Persönlichkeit (engl. Trait) zu markieren. Mit solchen Trait-Marken wie Apple, Hugo Boss, Persil oder Mercedes regulieren wir unsere Persönlichkeit und unser Selbstkonzept. Was steckt genau dahinter, wie genau funktioniert diese Regulation?

Trait-Marken signalisieren Zugehörigkeit

Wir alle haben implizit eine Vorstellung davon, wer wir sind und welche Eigenschaften wir besitzen. Zu welchen Gruppen gehören wir und zu welchen auf gar keinen Fall? Sind wir für die Bayern oder für Schalke? Motorradfahrer oder Cabrio-Fahrer? Was ist uns wichtig? Was wollen wir, dass andere über uns denken? Die Antworten auf diese Fragen bestimmen unser Selbstkonzept, also wie wir uns selbst sehen. Für unser Selbstkonzept ist vor allem wichtig, zu welchen Gruppen, zu welcher Gemeinschaft wir gehören. Zu den Erfolgreichen, den Sanften, den Postmodernen, den Konsumverweigerern, den Ernsten, den Intellektuellen usw.

Die Zugehörigkeit zu einem Stamm ist eine Belohnung in sich, denn unser Selbstkonzept hängt davon ab, mit wem wir uns umgeben. Das soll doch bitte passen. Wir wollen oder wollen nicht mit Menschen in ein Restaurant gehen, deren Handys Klingeltöne abspielen. Wir wollen oder wollen nicht zum Stamm der Samstagmittag-Autoputzer gehören. Wir wollen oder wollen nicht zu den 3er-BMW-Fahrern gehören. Kreative zum Beispiel sind oft nur schwer davon abzuhalten, das Apple-Logo auf Autos und Taschen zu kleben. Genau diese Zugehörigkeit zu markieren, ist eine wichtige Persönlichkeits- bzw. Trait-Funktion von Marken.

Der Psychologe Gerd Gigerenzer, Direktor am Max-Planck-Institut für Bildungsforschung in Berlin, formuliert diesen spezifisch menschlichen Gemeinschaftsinstinkt so:

> *„Identifiziere dich mit einer symbolischen Gruppe, kooperiere und verteidige ihre Mitglieder.“*

Wenn unser Blutdruck steigt, während wir das Spiel unserer Heimmannschaft verfolgen, egal ob Schalke oder St. Pauli, wir aber beim Spiel anderer Mannschaften kühl und unbeteiligt bleiben, selbst wenn diese besser spielen, dann folgen wir unserem Stammesinstinkt.

Diese Abgrenzungs-Zugehörigkeits-Funktion von Marken ist schon lange bekannt. Das Modell von Bischof ermöglicht es uns aber, einen Schritt weiter zu gehen, nämlich den Belohnungsmix zu betrachten, der jeden von uns einzigartig macht: unsere stabilen Belohnungswerte.

Trait-Marken bedienen Persönlichkeit

Unsere Neurologie und unsere Kultur geben die Leitplanken vor, welche Belohnungswerte prinzipiell vorhanden sind; diese haben wir alle gemeinsam. Aber jeder von uns hat natürlich ein ganz individuelles Persönlichkeitsprofil. Nehmen wir die beiden Personen in der folgenden Abbildung. Was belohnt sie im Kern?

Abb. 53: Die Persönlichkeit und damit das Verhalten wird bestimmt durch die Ausprägungen (die Wichtigkeit) der verschiedenen Belohnungswerte.

Für Keith Richards ist der Belohnungsaspekt Erregung sicherlich die treibenden Kraft. Drogenexzesse, Partnerwechsel, Musik, Konzerte usw. – das alles ist Erregung pur. Königin Silvia von Schweden ist so ziemlich das genaue Gegenteil. Natürlich hat sie bestimmt auch gerne Spaß, aber das ist nicht der Kern ihrer Persönlichkeit. Unsere Persönlichkeit wird von den gleichen Belohnungswerten bestimmt, aber jeder hat unterschiedliche Ausprägungen.

Übung: *Dazu eine kleine Übung: Schauen Sie sich die folgenden Begriffe an und wählen Sie zügig und spontan – also ohne lange nachzudenken – drei Begriffe aus, am besten schreiben Sie diese drei Begriffe auf einen Zettel.*

Was belohnt Sie?

Kreativität Status Leistung Offenheit
Leichtigkeit
Selbstbestimmtheit Kampfgeist Mut
Familie
Macht
Abenteuer
Ordnung
Freiheit Tradition Kontrolle
Disziplin
Geborgenheit Neugierde Fürsorge
Risiko

Welche Begriffe haben Sie gewählt? Inwieweit beschreiben diese Begriffe, was Ihnen wichtig ist? Legen Sie diese Begriffe anderen Personen vor. Es wird Sie vielleicht erstaunen, wie gut die Begriffe Aspekte der Persönlichkeit fassen. Kreative etwa wählen viel häufiger Begriffe wie Inspiration oder Entdeckung, während Geschäftsführer sich eher von Begriffen wie Selbstbestimmtheit und Leistung angezogen fühlen.

Die Belohnungswerte bestimmen unsere Persönlichkeit und funktionieren wie Filter für unsere Wahrnehmung. Sie entdecken sofort, was uns wichtig ist – darauf sind sie spezialisiert. Deshalb fallen jungen Vätern plötzlich die Kindergärten in der Stadt auf und wenn wir gerade eine langjährige Beziehung beendet haben, sehen wir überall nur noch verliebte Paare. Marken und Produkte ziehen uns an, wenn sie die passenden Belohnungen bieten. Solche Marken fallen uns einfach eher auf als andere. Mit anderen Worten:

Belohnung führt zu Aufmerksamkeit. Wir werden noch sehen, dass das eine sehr profunde Erkenntnis ist, die einige Grundregeln im Marketing auf den Kopf stellt.

Die für unsere Persönlichkeit wichtigen impliziten Belohnungen dienen als Filter für Konsum.

Die Belohnung von Toyota

Eine klassische Trait-Kategorie ist das Auto, weil es, wie schon lange bekannt ist, in besonderer Weise unsere Persönlichkeit markiert. Nehmen wir Toyota. Welche impliziten Belohnungswerte bedient Toyota? Vielfach wird geschrieben, Toyota sei eine „rationale“ Marke, deren Markenkern vor allem in der Qualität und Zuverlässigkeit bestehe. Das ist sicherlich nicht falsch, geht aber nicht tief genug. Was ist die Belohnung der Marke Toyota? Toyota steht für „Vernünftig sein“, nicht auf das Markengetue hereinzufallen, einen zuverlässigen Wagen einem schicken Wagen vorzuziehen. Der folgende Spot kodiert diese Belohnung zielgenau und vor allem implizit.

Abb. 54: Der Spot für den Corolla transportiert die Belohnung „Vernünftig sein“ implizit über die Episode: der Protagonist ist vernünftig und widersteht der Versuchung.

Vordergründig ist die Aussage dieses Spots: „Der Corolla hat keine Pannen und ist zuverlässig". Richtig, aber was ist die implizite Belohnung, die hier kommuniziert wird? Der Zugang liegt hier in der erzählten Geschichte, dem episodischen Code. Zum Verständnis hilft es, die Geschichte ganz genau zu beschreiben.

Zwei Freunde fahren in einem Auto auf einer Landstraße. Sie sehen eine attraktive und aufreizend gekleidete Frau, die sich über die geöffnete Motorhaube beugt. Die beiden Männer schauen sich kurz erwartungsvoll an. Sie nähern sich dem Auto und dann, kurz bevor sie anhalten, drückt der Fahrer aufs Gas und fährt vorbei. Der Beifahrer schaut entsetzt und der Fahrer entgegnet mit einem souveränen Grinsen „Das war eine Falle, ein Corolla hat keine Panne".

Was steckt in dieser Geschichte implizit an Belohnungswerten? Der Toyota-Fahrer widersteht der Verführung, er widersteht dem Schein. Er ist vernünftig. Toyota bedient genau diesen Belohnungswert.

Kommunikation muss zum Markenkern passen

Wie ist vor diesem Hintergrund die neue Kampagne für den Corolla-Nachfolger Auris zu beurteilen, die mit dem Slogan „Alle Augen auf Auris" wirbt?

Abb. 55: Die Einführungskampagne für den Auris transportiert alles andere als Vernunft. Das Motto lautet „Alle Augen auf Auris".

Die Belohnung in dieser Kampagne ist Auffallen und Erregung, aber nicht Vernunft. Das passt nicht zum Belohnungswert des Vernünftigseins, des Nicht-Auffallens durch protzige Marken. Dagegen passt das Auto, das die „Süddeutsche Zeitung" treffend als „Freuden der schlichten Vernunft" beschrieb, zur Marke.

Das ist ein klassisches Beispiel dafür, wie versucht wird, durch Kommunikation etwas zu schaffen, was weder in der Marke noch im Produkt angelegt ist. Es ist der Versuch, den Konkurrenten zu kopieren, – in diesem Fall den VW Golf – um dessen Kunden zu ergattern und dabei die eigenen Belohnungswerte zu untergraben. Neukundengewinnung steht im Vordergrund. Der Bestandskunden scheint man sich sehr sicher zu sein. Dass auch sie durch Kommunikation in ihrer Wahl immer wieder bestärkt werden müssen, wird gerne übersehen. Obwohl schon lange bekannt ist, dass gerade Automobilwerbung nach dem Kauf stärker beachtet wird als davor. Wie muss es auf einen Toyota-Fahrer wirken, wenn er nun eine Marke fährt, die im „Mittelpunkt stehen" suggeriert, wollte er doch vor allem als vernünftig angesehen werden? Wenn der Auris erfolgreich wird, dann nicht wegen, sondern trotz dieser Werbekampagne.

Dass Produkte scheitern, deren Belohnungen nicht zur Marke passen, hat VW schmerzlich mit den enttäuschenden Verkaufszahlen des hochpreisigen Modells Phaeton erfahren. Der Phaeton ist sicherlich ein tolles Auto, aber eben ein Volkswagen. Und die in der Marke Volkswagen enthaltenen Belohnungen passen nicht zu einem Premium-Auto, das mit Status und Exklusivität belohnt. Der Hintergrund der Marke Volkswagen strahlt hier zu stark in eine andere Richtung. In diesem Fall kollidiert also die Belohnung der Produktmarke mit derjenigen der Dachmarke. Die Belohnung der Dachmarke setzt Grenzen, die nicht beliebig überschritten oder gedehnt werden können.

Produkt, Marke und Kommunikation müssen hinsichtlich der impliziten Belohnungswerte konsistent sein.

Produkte kommunizieren unsere Persönlichkeit

Der Musiksender MTV produziert eine Sendung namens „RoomRaider“. Dabei werden drei Kandidaten spontan aus ihren Häusern „entführt“ und eine vierte Person muss anschließend deren Zimmer erkunden, um zu entscheiden, mit welchem der Entführten sie ein Rendezvous möchte. Nonsens sollte man meinen. Denn wie soll ein Mensch allein aufgrund eines Blickes in das Wohnzimmer einer Person in der Lage sein, zu entscheiden, ob er diese näher kennenlernen möchte? Oder sagt die Art und Weise, wie wir wohnen, etwas über uns selbst und unsere Belohnungswerte und damit über unsere Persönlichkeit aus, das andere spontan entschlüsseln können?

Tatsächlich konnte der Psychologe Samuel Gosling zeigen, dass der Eindruck, den man nur durch das Zimmer und die darin enthaltenen Dinge wie Teppich, Bett, Kleider etc. über die Persönlichkeit eines Menschen gewinnt, erstaunlich treffsicher ist.

Abb. 56: Diese Bilder wurden für den Versuch des Forschers Gosling benutzt.

So konnten Versuchspersonen die Persönlichkeit einer anderen, ihnen unbekannten Person, nur anhand des Zimmers und dessen persönlichem Inventar in drei von fünf Dimensionen besser einschätzen als deren beste Freunde. Dieses Ergebnis mag zunächst erstaunen. Aber unser Wohnzimmer bzw. der Wohnstil und die Produkte, mit denen wir uns umgeben, verraten sehr viel über uns. Sie sind Ausdruck unserer Persönlichkeit. Diese Dinge wurden uns nicht aufgedrängt, wir suchten sie auch nicht zufällig oder beliebig aus, sondern sie fielen uns einfach eher auf, weil sie zu unserer Persönlichkeit passen und uns die richtige Fiktion und Belohnung anbieten.

Und da die Bedeutung der Produkte und Marken für uns alle die gleiche ist, können wir die Persönlichkeit von Menschen sehr gut daran ablesen, welche Produkte und Marken sie für sich auswählen. Wir alle kennen das: Wenn wir eine fremde Wohnung betreten, zeigt intuitiv schon der erste Blick, was für ein Mensch hier lebt. Ein Blick ins Bücherregal kann uns über Interessen informieren, ein Blick ins Bad weitere Aufschlüsse geben.

Übung: *Überlegen Sie, welche Aussagen Ihr Wohnzimmer, Ihre Einrichtung, Ihr Bücherregal implizit über Sie machen.*

Zwei Dinge sind hier wichtig:

1. Das Ensemble – das Gesamtmuster – aus Produkten und Marken mit denen wir uns umgeben, spiegelt implizit unsere Persönlichkeit wider.

2. Der Autopilot in uns allen hat keine Mühe, aufgrund dieser subtilen Signale in Windeseile einen Gesamteindruck zu gewinnen und erstaunlich gute Rückschlüsse über die Persönlichkeit von Menschen zu ziehen. Der Autopilot weiß implizit, für was der gezeigte Wohnstil und die Produkte stehen, er weiß, was sie bedeuten.

Produktensembles – das Gesamtmuster der Belohnung zählt

Die Forschung zeigt in Bezug auf typische Trait-Marken wie zum Beispiel Kleidung und Einrichtungsgegenstände, dass Menschen auf das Gesamtmuster, auf das Produktmuster achten: Welcher Plasmafernseher passt zur Couch, zum Schrank und zum Teppich? Welcher Toaster passt zur neuen Kücheneinrichtung? Dem einen ist wichtig, dass die Dinge in seiner Wohnung dezent sind. Alles, was bunt und formverliebt auftritt, lehnt er ab. Was er kauft, soll kein starkes Eigenleben entfalten und keinen unnötigen Raum einfordern. So sind nun einmal seine überdauernden, stabilen Belohnungswerte, so ist seine Persönlichkeit. Ein anderer verhält sich völlig anders, ihn belohnt gerade das Bunte und Verspielte, er holt sich gerne die Zahnbürste in Form einer Seejungfrau und den exotischen Früchtejoghurt mit den bunten Bildern auf dem Aludeckel. Wir haben schon gesehen, dass der Autopilot immer das Gesamtmuster der Signale beurteilt. Hier sehen wir, dass sich dieses Prinzip auch bei Produktensembles in unserem Zuhause wiederfindet.

Produktensembles eröffnen neue Chancen

Der Blickwinkel des Ensembles eröffnet, ähnlich wie der Blickwinkel der Rituale und der Imprints, ganz neue Ansätze. So haben zum Beispiel die exklusiven Möbelmarken Living Divani, Boffi und Porro in New York einen gemeinsamen Showroom eröffnet, da ihre Produkte und Marken als Ensemble stimmig sind. So kann sich der Kunde direkt das passende Ensemble zusammenstellen.

Wenn wir ein neues Produkt in den Markt einführen, kann der Ensemble-Gedanke dabei helfen, das Potenzial zu schätzen. Die Frage lautet: Zu welchem Ensemble passt das neue Produkt? Dabei helfen uns implizite Messverfahren bei der Beantwortung dieser spannenden Frage.

So zeigen wir etwa verschiedene, typische Produkte, angeordnet in einem Muster. Die Aufgabe der Probanden ist es, das neue Produkt spontan zuzuordnen. Dabei interessieren uns folgende Fragen: In welches Ensemble passt das neue Produkt besonders gut? Wo erfolgt die Zuordnung besonders schnell, also intuitiv? Je nachdem, zu welchem Ensemble das Produkt passt, können Preisniveau und Absatzzahlen geschätzt werden. Denn wir kaufen nicht einzelne Produkte, wir stellen mit Trait-Marken ein Ensemble zusammen.

> *Marken dienen über ihre impliziten Belohnungswerte der Inszenierung der eigenen Persönlichkeit. Das ist nur durch unser gemeinsames Verständnis der Marken und ihrer impliziten Bedeutungen möglich.*

17. State-Marken bedienen Stimmungen und Rituale

Was Sie in diesem Kapitel erwartet: Sagt ein Schokoriegel etwas über unsere Persönlichkeit aus? Wohl kaum. Neben den Trait-Marken gibt es Marken und Produkte, die nicht Ausdruck der Persönlichkeit sind, sondern situative, kurzfristige Schieflagen regulieren. Wir sprechen dann wie State-Marken funktionieren. In diesem Kapitel zeigen wir, wie State-Marken unsere Stimmungen regulieren.

State-Marken bieten Belohnungen im Alltag

State-Marken bieten eine kleine Belohnung im Alltag. Ein Kaffee am Morgen macht wach, das Eis erfrischt, die Schokolade beruhigt, die Nüsse besänftigen, die SMS schafft Nähe, die Dusche am Abend ist ein Neustart usw. Der Konsum von Marken ist also auch Ausdruck unserer Stimmung und dient der Regulation dieser Stimmungen. State-Marken verstärken Stimmungen oder gleichen sie aus. Eine ähnliche Funktion kann auch Musik für uns haben. Manchmal sind wir gut aufgelegt und legen eine Rock-CD ein, verstärken also die momentane Stimmung. Manchmal sind wir eher traurig, und gleichen das mit einem positiven Musikstück aus, das uns „nach oben" bringt. Menschen haben im Laufe eines Tages eine Vielzahl von Stimmungen. Diese sind uns nicht immer bewusst, beeinflussen aber trotzdem unser Kaufverhalten.

Weil es so viele verschiedene Stimmungen des Alltags gibt, überrascht es nicht, dass uns eine Fülle von State-Marken begegnet, wenn wir in die Regale schauen. Objektiv betrachtet bräuchten wir zum Beispiel nicht so viele Schokoriegel-Sorten. Aber die meisten dieser Marken bieten jeweils andere situative Belohnungen:

- Bounty: Tagtraum
- Snickers: Durchbeißen
- Merci: Danke sagen
- Kitkat: Pause machen
- etc.

State-Marken sind in Rituale integriert

Darüber hinaus haben starke State-Marken noch einen anderen Positionierungsraum: ihre Belohnungsfunktion bei unseren täglichen Ritualen und Routinen. Nehmen wir als Beispiel Merci. Merci nutzt eine Positionierung, die für State-Marken sehr hilfreich sein kann. Merci besetzt einen ganz konkreten Anlass: Danke sagen.
Die Marke selbst wird so zum Stereotyp, zur Routine, sie wird zum Ritual. Das erhöht die Loyalität der Kunden. Rituale und Routinen sind das Spielfeld der State-Marken. Dort können sie sich einen Platz im Alltag sichern und sich abgrenzen. Knoppers ist das kleine Frühstück um halb zehn. Mit Kitkat machen wir eine Pause. Mit Herbal Essences gönnen wir uns einen exotischen Kurzurlaub unter der Dusche.

Übung: *Wann essen Sie welche Schokolade und warum?*

Schauen wir uns die folgenden beiden Toaster an. Der eine Toaster ist leicht, aus Plastik, und zeichnet sich durch ein eindringliches Piepsgeräusch aus. Der andere ist langsam und schwer zu bedienen. Beide bieten also ganz unterschiedliche Belohnungen an.

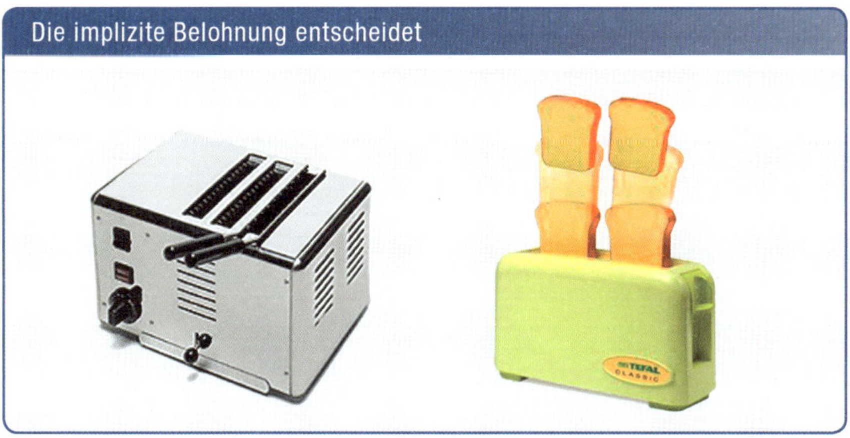

Abb. 57: Beide Toaster erfüllen ihre Aufgabe, aber die Belohnungen der beiden Geräte sind sehr unterschiedlich.

Der eine aktiviert und der andere „entschleunigt“. Beide bedienen also völlig unterschiedliche Stimmungen und sind deshalb in ganz verschiedenen „Belohnungskategorien“ positioniert: Der eine in der Macht-mich-Wach-Kategorie und der andere in der Entschleunigungs-Kategorie. Das führt dann auch dazu, dass beide Toaster in ein und demselben Haushalt vorhanden sein können. Der eine belohnt sonntags durch Entschleunigung, der andere an Arbeitstagen durch Aktivierung. Je nachdem, welche Belohnung besser zu unseren Ritualen und Routinen passt. Wir sehen, wie differenziert die Positionierungsmöglichkeiten aus dem Blickwinkel der Stimmungen und Rituale sind. Ein und dasselbe Produkt – ein Toaster – kann ganz unterschiedliche Belohnungen versprechen.

State-Marken belohnen durch implizite Stimmungsregulation.

18. Fluency – Belohnung ohne starke Marke

Was Sie in diesem Kapitel erwartet: Neben den Trait- und den State-Marken gibt es noch eine weitere, dritte Kategorie von Marken und Produkten: die funktionalen Marken und Produkte. Das sind Produkte, die weder unsere Persönlichkeit, noch eine Stimmung regulieren. Insgesamt sind das Marken, die keine Aufladung bzw. keinen Frame haben, deren Belohnung zu gering oder verwässert ist. Starke Marken findet man hier selten, denn bei diesen Produkten erzielen die Anbieter alle in etwa die gleichen Preise.

Funktionale Marken – Produkte ohne Fiktionswert

Funktionale Marken liefern – anders als Trait- und State-Marken – nur den Gebrauchswert des Produkts, sie bieten Funktion statt Fiktion. Etwa ein Staubsauger, der nur sauber macht, aber nicht wie die Marke Vorwerk die Belohnung „Managerin der Familie" dazu addiert. Deshalb sind die Kunden nicht bereit, ein Preis-Premium zu bezahlen.

Typisch für diese Marken ist, dass ihre Verkäufe linear mit dem Werbedruck steigen, immer neue Innovationen gebraucht werden, um die neue Werbung zu rechtfertigen („Jetzt neu!") und dass nach Absetzen der Werbung nur wenige der neuen Kunden behalten werden können. Kunden sind hier also nicht loyal, weil die Marke keine Belohnung anbietet. Abverkauf ist dementsprechend teuer – die Marken erzeugen keinen nachhaltigen Sog-Effekt („Pull"), sie haben keine Anziehungskraft und sind deshalb auf das kontinuierliche Bewerben („Push") angewiesen und das kostet Geld. Trotzdem gibt es nicht wenige Marken, die hier erfolgreich sind. Dafür gibt es einen Grund und der liegt im Gehirn.

Schnelle Verpackungen sind sympathischer

Der wichtigste Hebel hier ist die so genannte „visuelle Flüssigkeit" (Visual Fluency). Was bedeutet das? Um diesen Effekt zu erklären, müssen wir verstehen, dass die Verarbeitung von Verpackungen am Regal für das Gehirn Aufwand bedeutet, auch wenn wir diesen Aufwand nicht bewusst wahrnehmen. Und wie wir schon gesehen haben, ist unser Gehirn auf Effizienz getrimmt – je weniger Aufwand desto besser.

Selbst wenn wir eine Verpackung nur implizit wiedererkennen, etwa weil wir ihr zuvor in einer Werbung begegnet sind, verringert sich der Aufwand, diese Verpackung zu verarbeiten, einfach weil sie implizit bekannt ist. Die Verpackung „fließt" schneller durchs Gehirn. Das Ergebnis ist, dass die Verarbeitung dieser Verpackung schneller, flüssiger und letztlich einfacher geschieht. Der Psychologe Piotr Winkielman von der Universität Denver sagt zu diesem Effekt: „When seeing is easy on the mind". Dieser Effekt ist auch der Grund, warum wir den Durchschnitt gegenüber den Extremen bevorzugen – unser Gehirn kennt das Typische, das Normale, das Übliche und verarbeitet es deshalb schneller, was zu einer positiven Bewertung führt.

Diese Vorgänge laufen implizit ab. Was wir allenfalls bewusst erleben, ist ein diffuses und auf jeden Fall wenig prägnantes positives Gefühl. Dieses Gefühl wird nun, wiederum implizit, auf das Produkt übertragen, denn wir wissen ja nicht, warum oder woher wir uns bei genau dieser Verpackung besser fühlen. Und wir werden plötzlich durch das Produkt angezogen.

Übung: *Schauen Sie sich die folgenden Buchstabenkombinationen an und entscheiden Sie* ***spontan,*** *welche Ihnen besser gefällt. Fertig?*

DK

FV

Was gefällt Ihnen besser: DK? Oder FV? Gemäß einer Studie der Psychologin Sian Beilock wählen die meisten Menschen DK. Falls Sie auch DK gewählt haben, dann schreiben Sie wahrscheinlich regelmäßig mit einer Tastatur. Die Buchstaben D und K zu tippen fällt uns leicht, während uns bei FV der eigene Finger oftmals beim Tippen in die Quere kommt. Unser Gehirn bevorzugt DK, weil der Vorgang einfacher, schneller und flüssiger abläuft als bei FV Diese Präferenz für DK kommt deshalb auch nur bei Menschen vor, die oft tippen.

Warum die Verpackung in der Werbung gezeigt werden muss

Zuweilen wird argumentiert, dass nur noch Marken und Emotionen zählen und das Produkt nicht mehr gezeigt werden muss. Das ist vor allem bei funktionalen Marken falsch. Die Verpackung (Packshot) ist das verbindende Glied zwischen der Werbung und dem Regal. Wenn Kunden also am Regal stehen und kurz davor einen Werbespot gesehen haben, löst das (implizite) Wiedererkennen des Packshots eine ganze Kette an (impliziten) Prozessen im Kopf der Kunden aus.
Funktionale Marken können diesen Fluency-Effekt nutzen und optimieren. Hier hilft Kontrast (anders aussehen als der Wettbewerb), aber vor allem muss das Produkt selbst klar in Szene gesetzt werden, damit es am Regal (implizit) wiedererkannt wird und flüssiger durch das Gehirn des Kunden „wandert". Um aber die Kunden besser zu binden und weniger abhängig von den Werbeschaltungen zu sein, muss Belohnung addiert werden.

Bei Marken ohne Fiktionswerte führt die implizite Verarbeitungsleichtigkeit (Fluency) zu einer Belohnung und damit zum Kauf.

Belohnung macht loyal

Belohnung ist auch die Grundlage für die Loyalität von Kunden, also dafür, warum Kunden loyal werden. In einer aktuellen neurowissenschaftlichen Studie der Universitäten Standford und Münster wurde untersucht, was sehr loyale Kunden („A-Kunden") von wenig loyalen Kunden („C-Kunden") unterscheidet. Dabei zeigt sich: Bei sehr loyalen Kunden aktiviert die Marke das Belohnungssystem im Gehirn (Striatum, OFK), bei wenig loyalen Kunden bleibt diese Aktivierung aus. Wenn wir vor der Entscheidung zwischen zwei Marken stehen, und uns die eine Marke (implizit) mehr Belohnung verspricht, werden wir diese Marke kaufen. Und damit steigt die Wahrscheinlichkeit, dass wir uns beim nächsten Mal für diese Marke entscheiden, wenn sie unsere Belohnungswerte gut reguliert hat.

19. Belohnung führt zu Pull-Effekt

Was Sie in diesem Kapitel erwartet: Marken belohnen uns. Wie aber finden wir nun die für uns geeignete Marke? Eine reflektiert-bewusste Suche wäre aufwändig. Niemand sitzt vor dem Fernseher und studiert die Werbung, um aus den impliziten Signalen zu ermitteln, welche Marke am besten Belohnungswerte wie Status, Entlastung oder Entschleunigung regulieren kann. Das alles läuft völlig implizit ab. Aber wie funktioniert das? Wie finden Kunden diejenige Produkte und Marken, welche ihnen die richtigen und wichtigen Belohnungen versprechen?

Belohnung führt zu Pull

Eine gängige Meinung im Marketing ist, dass unsere Produkte Aufmerksamkeit erregen müssen, um Interesse und einen Kaufwunsch zu erzeugen. Dahinter steht die Annahme, Marken in das Leben der Kunden pushen zu können. Ein einfaches Beispiel zeigt, wie falsch diese Sichtweise ist: Biertrinker schauen drei Mal mehr auf Bierplakate als Weintrinker. Klar, möchte man meinen, warum sollen Weintrinker auch auf ein Bierplakat schauen. Völlig richtig, denn das Plakat hält für Weintrinker keine Belohnung bereit. Auf den zweiten Blick wirkt dieser Befund aber geradezu irritierend. Denn die Weintrinker müssen irgendwie wissen, dass es ein Bierplakat ist und ihnen somit keine Belohnung anbietet, *bevor* sie hinschauen. Denn es geht ja nicht um die Dauer der Betrachtung, sondern darum, ob das Plakat überhaupt angeschaut wird. Dieser Befund macht den Pull-Effekt deutlich:

1. Die Belohnungen finden nicht uns, sondern wir finden sie
2. Belohnung führt zu Aufmerksamkeit, nicht umgekehrt

> *Die impliziten Belohnungen dienen als Filter und führen zu einem Pull-Effekt. Starke Marken lösen Pull (Anziehungskraft) aus.*

Sehen wir uns das genauer an.

Es gibt zwei Aufmerksamkeiten im Gehirn

Wir reden in der Praxis meist von „der“ Aufmerksamkeit der Kunden, die es zu erhaschen gilt, etwa wenn das Produkt in der Werbung besonders groß dargestellt wird. Im Gehirn gibt es aber zwei Arten von Aufmerksamkeit, nämlich

- eine fokussierte, enge, explizite Aufmerksamkeit, mit der Kapazität von 40 Bits mit Sitz im Piloten sowie
- eine so genannt periphere, implizite Aufmerksamkeit, mit der Kapazität von 11 Millionen Bits mit Sitz im Autopiloten.

Die folgende Tabelle beschreibt die Eigenschaften der beiden Aufmerksamkeiten:

Wie arbeiten die Systeme?

Fokusierte Aufmerksamkeit (Pilot)	**Implizite Aufmerksamkeit (Autopilot)**
Figur (explizit)	Hintergrund (implizit)
wenige Informationen werden seriell (Schritt für Schritt) verarbeitet	viele Informationen werden parallel, gleichzeitig beachtet
wenig effizient	hoch effizient
Kapazitat: 40 Bits	Kapazität: 11 Millionen Bits
suchen eindeutiger, expliziter Informationen	Wahrnehmung vielschichtiger, impliziter Bedeutung
bewusst reflektiert	Bewusstsein tritt in den Hintergrund
verarbeitet vor allem sprachliche Information	verarbeitet alle Arten von Information in allen Sinneskanälen

Abb. 58: Die Tabelle zeigt die Eigenschaften der beiden Aufmerksamkeiten im Gehirn.

Schauen wir uns an, wie die implizite, periphere Wahrnehmung funktioniert. Die zentrale Erkenntnis der neuropsychologischen Forschung dazu ist: Wir nehmen deutlich mehr wahr, als uns bewusst wird. Unser Autopilot ist in der Lage, auch Dinge zu verarbeiten, die nicht im Fokus unserer expliziten Aufmerksamkeit stehen. Wie sonst ist das Cocktailparty-Phänomen zu erklären, nämlich dass wir auf einer lauten Party mitten in einem Gespräch unseren Kopf wenden, weil jemand unseren Namen gerufen hat. Wie sonst kann ein vom Gegner bedrängter Fußballer einen zielgenauen

Pass quer über das Feld spielen, ohne den Kopf zu heben? Mit der expliziten, fokussierten Aufmerksamkeit geht das nicht. Diese hat nur einen Radius von fünf Grad. Unser expliziter Scheinwerfer verarbeitet nur diesen kleinen Bereich. Implizit wird aber ein Ausschnitt von insgesamt 120 Grad verarbeitet – jeweils 60 Grad nach links und rechts.

Periphere Wahrnehmung wirkt!

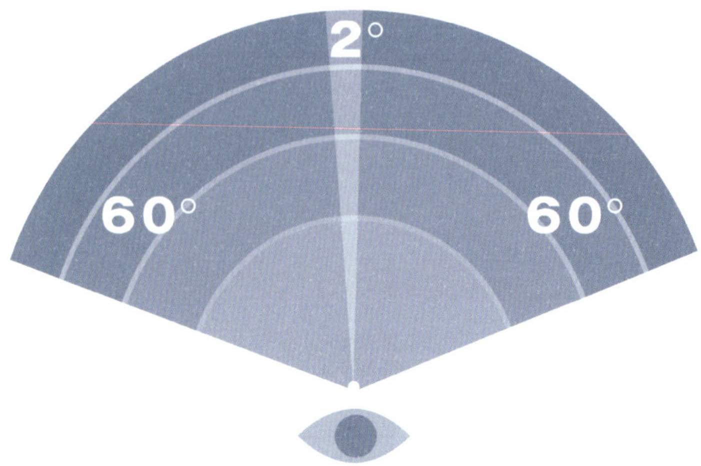

Abb. 59: Das implizite System verarbeitet alle Informationen innerhalb von 60 Grad nach beiden Seiten, auch wenn die explizite Aufmerksamkeit des Piloten dort nicht fokussiert.

Und genau das erklärt den Effekt der Biertrinker: Die Plakate werden mit der impliziten Wahrnehmung wahrgenommen, ihre Bedeutung dekodiert und als Belohnung bewertet. Das führt dann dazu, dass die Biertrinker hinschauen – ein Pull-Effekt tritt ein, die Biertrinker werden vom Plakat angezogen, sie schauen auf das Plakat. Das gleiche passiert bei den Weintrinkern, aber die schauen nicht hin, weil das Bierplakat für sie nicht belohnend ist.

AIDA gehört auf den Schrotthaufen

Die Idee, dass wir nur Erfolg haben, wenn wir die explizite Aufmerksamkeit der Kunden erhaschen, zieht sich durch das gesamte Marketing, Tendenz steigend. Aussagen wie „War for Eyeballs" oder „Attention Economy" sind Ausdruck dieser Denkweise. Dahinter steht als Grundidee letztlich die AIDA-Formel aus dem Jahre 1898: Danach können wir nur verkaufen (Action), wenn wir zunächst die Aufmerksamkeit der Kunden (Attention) erregen, was dann zu Interesse und dem Kaufwunsch (Desire) führt.

Das AIDA-Konzept ist nicht mehr aufrecht zu erhalten. Wie so oft gilt auch hier: Explizit nach der AIDA-Formel befragt, winken viele Experten mit der Begründung „veraltet" ab. Die Praxis aber zeigt, dass nahezu alle gängigen Werbetests und sehr viele Diskussionen auf dieser Idee basieren. Kein Test, bei dem nicht der „Impact" oder die „Durchsetzungskraft" des Werbemittels erhoben wird. Es ist die Push-Idee, die hinter der AIDA-Formel steckt – möglichst viel Impact erzeugen, dann kann die Botschaft wirken.

Im Gehirn gilt aber das Pull-Prinzip: Belohnung führt zu Aufmerksamkeit, nicht umgekehrt. Hinter der AIDA-Formel steckt außerdem der Gedanke, dass wir Kunden verändern können, sie überzeugen können, Bedürfnisse wecken können, wenn wir nur ihre Aufmerksamkeit erhaschen. Das ist aber falsch. Wir konnen Kunden nicht verandern. Wir werden reingelassen oder nicht. Der Türöffner ist das Belohnungssystem und wir müssen die richtigen Belohnungen kommunizieren.

Marken erzeugen PULL!

Alte Sicht: PUSH-Marketing in der Praxis	**Neue Sicht: PULL-Marketing (Implizites Marketing)**
„Das fällt doch nicht auf!“	Hat das Werbemittel genügend Kontrast auf der Signal- und auf der Bedeutungsebene?
„Wir brauchen ein aufmerksamkeitsstarkes Bild!“	Verspricht das Bild eine relevante Belohnung?
„Das Produkt muss in den Vordergrund!“	Wird der Belohnungswert des Produkts gezeigt?
„Das sieht doch keiner – wir müssen Produkt/Marken-Logo/Headline/etc. impact-stärker machen/zeigen!“	Welche Bedeutung vermitteln die Elemente?
„Aufmerksamkeit ist das Nadelöhr des 21. Jahrhunderts“	Es gibt kein Kapazitätslimit im Gehirn
Messung von PUSH (Impact, Durchsetzungskraft usw.)	Messung von PULL (Belohnungswert, Bedeutung)
Kunden können verändert und überzeugt werden	Kunden lassen uns rein oder nicht – je nach der Belohnung, die wir Ihnen anbieten

Abb. 60: Die Tabelle stellt die alte und neue Sichtweise im Marketing gegenüber.

Die Annahme, dass wir Marken in die Köpfe der Kunden pushen können ist falsch. Der Türöffner sind die impliziten Belohnungen. Sie lösen einen Pull-Effekt aus.

Grundsätze des Impliziten Marketings – Teil 3

- Bedeutung alleine reicht nicht. Die Anziehungskraft liegt in ihrem Belohnungswert begründet. Je höher die implizite Belohnung einer Marke, desto größer die Anziehungskraft.

- Der implizite Referenzrahmen (Frame) der Marke gibt die möglichen Belohnungen vor.

- Marken addieren zum Gebrauchswert einen Fiktionswert. Dieser Fiktionswert ist eine symbolische Belohnung, ohne die in unserer hochentwickelten Konsumkultur kein Erfolg möglich ist.

- Die im Gehirn angelegten sechs Belohnungswerte (Sicherheit, Genuss, Erregung, Abenteuer, Autonomie und Disziplin) ermöglichen eine relevante Differenzierung von Marken. Starke Marken bieten ein differenzierendes Belohnungsmuster.

- Es gibt stabile (Trait) und situative (State) Belohnungswerte. Die Belohnungswerte dienen als Filter für unsere Konsumentscheidungen. Sie bestimmen was wir kaufen.

- Implizites Marketing ist Pull-Marketing – es wird eine Sogwirkung erzeugt. Die Annahme, dass wir Marken in die Köpfe der Kunden pushen können, ist dagegen falsch. Türöffner sind Belohnungen, sie erzeugen Anziehungskraft, einen Pull-Effekt.

TEIL IV. Wie man die Implementierungslücke schließt

Bevor wir uns jetzt mit der Implementierung beschäftigen – dem „Wie" der Markenführung – ein kurzer Rückblick. Wo stehen wir?
Die neuropsychologische Forschung bietet im Kern drei grundlegende Blickwinkel für das Marketing an, die für mehr Licht in der Markenführung sorgen:

1. Starke Marken wirken indirekt als Hintergrund, sie wirken implizit und üben einen Framing-Effekt auf Produkte aus

2. Für Kaufverhalten ist das implizite System – der Autopilot – verantwortlich

3. Die Anziehungskraft der Marken entsteht durch ihre implizite Bedeutung und Belohnung

Wir haben also bislang auf Basis der Neuropsychologie eine neue Ebene von Marken entschlüsselt und für die Markenführung aufbereitet: die implizite Wirkebene von Marken.

Was die Neuropsychologie addiert: die implizite Wirkebene von Marken

Die existierenden Markenmodelle fokussieren auf die explizite Wirkebene von Marken – der kognitiv-rationalen (z.B. Bekanntheit, Preis-Leistung) sowie der affektiven (z.B. Vertrauen, Sympathie) Ebene. Warum starke Marken diese mächtige Anziehungskraft auf uns ausüben, haben wir in den beiden vorhergehenden Teilen dieses Buches gezeigt: Das Geheimnis starker Marken liegt in ihrer Bedeutung und der Belohnung, die sie uns versprechen. Die implizite Markenebene unterscheidet ebenfalls eine kognitive und eine affektive Seite von Marken: die Bedeutung (kognitiv) und die Belohnung (affektiv) von Marken. Sie sind der Grund – das „Warum" – für die Anziehungskraft starker Marken.

Abb. 61: Die Neuropsychologie addiert die implizite Markenebene und damit das „Wie" und das „Warum" für die Markenführung.

Das bedeutet nicht, dass die expliziten Eigenschaften von Marken nicht wichtig sind. Die Aspekte Qualität, Bekanntheit, Preis-Leistungs-Verhältnis, Einzigartigkeit (Uniqueness), Vertrauen, Sympathie, Identifikation, Kaufabsicht, Weiterempfehlung und Loyalität sind richtig und wichtig – aber sie reichen nicht aus, um das Geheimnis starker Marken zu erklären und klare Ansätze für die Umsetzung der Marktstrategie und -positionierung abzuleiten.

Wir wollen uns in diesem Teil des Buches nun mit dem „Wie", nämlich mit den Prinzipien der impliziten Markenführung in der Implementierung von Marken in Kontaktpunkten (Verpackung, Werbung, Webseiten, Filialen usw.) beschäftigen. Hier liegt eine der größten Herausforderungen im Aufbau starker Marken. Das von uns entwickelte *Brand Code Management* ist ein Ansatz zur Steuerung der impliziten Markenebene. Er basiert auf den vorgestellten neuropsychologischen Erkenntnissen und integriert in einem Modell die Positionierung, Umsetzung und Evaluation und sichert somit eine effiziente Markenführung.

Der bekannte Marketingprofessor Franz-Rudolf Esch schreibt zur Relevanz der Implementierung in der Markenführung:

„Die Umsetzung der Markenpositionierung durch Kommunikation ist der zentrale Engpass beim Aufbau starker Marken. Zwischen Konzept und Umsetzung klafft meist eine Implementierungslücke.“ (F-R.Esch, 2004)

Schauen wir uns an, wie die implizite Markenebene zur Schließung der Implementierungslücke beitragen kann und wie das Brand Code Management in der Praxis funktioniert.

20. Markenstrategie – der implizite Blick auf die Positionierung

Was Sie in diesem Kapitel erwartet: Der erste Schritt hin zur Umsetzung ist die Frage, wie wir eine Marke positionieren sollen. In diesem Kapitel nutzen wir die bislang beschriebenen Konzepte und Ansätze des Impliziten Marketings, um Positionierungsstrategien aufzuzeigen, welche sich effizient umsetzen lassen.

Positionierung beginnt mit dem Frame

Die erste Frage im Brand Code Management ist: „In welchem Business sind wir, was ist die Source of Business?“ An dieser Stelle wird meist die Produktkategorie genannt (z.B. „Fast Food“, „Kaffee“, „Uhren“) und davon leiten sich dann ganz einfach die zentralen Erfolgstreiber der Marke ab. Nur leider endet dieser Weg meist darin, die expliziten Hygienefaktoren wie Qualität, Service, Preis-Leistung usw. zu bemühen. Wir sind im Versicherungs-Business also müssen wir Vertrauen, Sicherheit und guten Service bieten. Es lohnt sich den etablierten Referenzrahmen, den Frame der Marke, infrage zu stellen und nach anderen Frames Ausschau zu halten. Coca-Cola etwa befindet sich in der Kategorie Softdrink. Der Frame macht auch die Konkurrenten deutlich: zum Beispiel Pepsi. Wie kann nun Coca-Cola einen neuen Frame finden?

Auf der Suche nach Frames für eine Marke helfen folgende Fragen:

1. Was würden die Kunden tun, wenn mein Produkt gerade nicht vorhanden ist?

2. Was würden die Kunden tun, wenn die ganze Produktkategorie nicht vorhanden wäre?

Die Antwort auf die erste Frage ist für Coca-Cola einfach: Sie würden Pepsi kaufen. Die zweite Frage aber ist nicht so einfach zu beantworten. Würden die Kunden Saft trinken? Oder einen Energy-Drink? Oder ein isotonisches Getränk? Oder gar Eiskaffee? Diese Frage bringt uns sehr direkt zur Ebene der impliziten Bedeutung: Was ist das Produkt und wofür steht es und wozu setzen die Kunden es ein? Durch diesen Suchraum werden die implizite Bedeutungskategorie und die entsprechenden Wettbewerber in dem jeweiligen Frame sichtbar. Wenn Coke also ein Durstlöscher ist, dann konkurriert die Marke nicht nur mit Pepsi, sondern auch mit Gatorade, aber nicht mit Saft. Ist Coke ein Energiespender, dann konkurriert die Marke mit Kaffee und Energy-Drinks und Buttermilch.

Für Marken mit vielen verschiedenen Produkten ist nicht eine Erweiterung, sondern eine Fokussierung des Frames wichtig: die implizite Bedeutung hinter allen Produkten. Bei Nivea zum Beispiel ist diese Bedeutung „Pflege". Dieser Frame verbindet alle Produkte der Marke. Ist Nivea die richtige Marke für einen Eyeliner? Ja, aber nur dann, wenn beim Eyeliner der Aspekt der Pflege wichtig wird. Sonst nicht. Also auch die Fokussierung, d.h. was allen Produkten gemein ist, kann den impliziten Frame sichtbar machen.

Der erste Schritt in der Positionierung ist, den Frame der Marke zu definieren. Dabei hilft die Frage: Was würden Kunden tun oder kaufen, wenn es die Marke/die Produktkategorie nicht geben würde.

Das Produkt ist die Basis für die Positionierung

Werbung kann viel bewegen, aber nichts ohne eine gute Basis. Diese Basis ist das Produkt selbst. Im Produkt ist festgelegt, an welche Frames das Produkt anschlussfähig ist.

Wenn die Produktentwicklung nicht die richtigen Eigenschaften liefert, hilft auch die beste Kampagne langfristig nicht. So lange die C&A-Geschäfte grau und bieder wirken, hilft auch die hippste Werbekampagne nicht weiter.

Wenn ein Getränk besonders energetisierend sein soll, dann muss das Produkt Eigenschaften haben, die in unserer Kultur als energetisierend gelten. Oder nehmen wir das Blackberry-Handy. Die E-Mail-Funktion gibt es auch bei anderen Handys, aber das Handy hat noch andere Eigenschaften. Die kantige Form, das Halfter, in dem man das Handy trägt und die Bedienung mit dem Daumen an der oberen rechten Seite erzeugen eine Handhaltung und -bewegung, die exakt einem Revolver entspricht. Erst durch diese weiteren Eigenschaften wird der Blackberry zur „Waffe der Manager".

Kulturwissenschaftliche Analysen helfen dabei, die Bedeutungen und Belohnungen der einzelnen Produktbestandteile zu verstehen. Für die Produktentwicklung sind dies mächtige Einblicke, denn so können Eigenschaften ganz gezielt in ein Produkt integriert werden und die Basis für die angestrebte Positionierung anlegen. Wir haben gesehen, dass die klein gehackten Nüsse bei Hanuta einen anderen Frame und damit andere Belohnungen erschließen als die ganzen Nüsse in einer Tafel Ritter-Sport Schokolade.

Übung: *Zerlegen Sie Ihr Produkt und seine Leistungen in seine einzelnen Bestandteile. Jede Eigenschaft zählt: Ist es rund oder kantig? Glänzt es oder ist es matt? Hat es viele oder wenige Einzelteile? Ist es groß oder klein? Welche Inhaltsstoffe hat es? Ist es schnell oder langsam? Nachdem Sie Ihre Produkteigenschaften in ihre Einzelteile zerlegt haben, denken Sie darüber nach, was diese Eigenschaften bedeuten, d.h. wofür diese Eigenschaften bei Ihren Kunden symbolisch stehen.*

Der Frame muss bedient werden: Point of Parity

Wir beschäftigen uns oft und gerne mit der Frage, wie wir unsere Marke vom Wettbewerb differenzieren. Das ist aber erst der zweite Schritt. Vor der Differenzierung kommt ein anderer Schritt: Der Referenzrahmen, in dem wir uns bewegen, muss bedient werden. Balisto ist in erster Linie ein Schokoriegel und Schokoriegel müssen schmecken. Erst dann kann auch der Gesundheitsaspekt kommuniziert werden. „Natur, die knusprig schmeckt“ funktioniert deshalb als Positionierung nicht. Die Positionierung „Schokolade mit gesunden, natürlichen Inhaltsstoffen“ machte die Marke hingegen zum Marktführer. Die sehr erfolgreiche Sandwichkette „Subway“ positionierte sich erst auf Geschmack, um dann den Aspekt der Gesundheit als Differenzierung zu McDonald’s & Co. dazu zu addieren – ermöglicht durch ein passendes Produkt (Sandwich).

Kevin Keller, Marketingprofessor am Dartmouth College, und seine Kollegen schreiben dazu: „Manager beachten zwei Aspekte der Positionierung oft zu wenig: den Referenzrahmen innerhalb dessen ihre Marke arbeitet, und die Eigenschaften, welche Marken mit ihren Wettbewerbern teilen.“ Diese beiden Aspekte sind die „Points of Parity” – also das, was wir mit den Wettbewerbern teilen, einfach weil wir in demselben Frame sind und ähnliche Produkte anbieten.

Übung: *Welche Eigenschaften des Produkts definieren die Produktkategorie Ihrer Marke? Welches Merkmal, welche Eigenschaft könnten Sie ändern, ohne die Bedeutung nachhaltig zu verändern und welche Änderung würde zu einem Wechsel der Bedeutung führen? Was haben alle Wettbewerber ihrer Produktkategorie gemeinsam?*

Die Untersuchung der Universität Hamburg zu den Schreibgeräten hat gezeigt: Drei Aspekte (Kappe, Dicke, Druckmechanik) machen ein Schreibgerät zum hochwertigen Füllfederhalter. Ist der geeignete Frame erst einmal gefunden, müssen wir diese konstituierenden Eigenschaften und Signale auf jeden Fall besetzen.
Werden diese Eigenschaften allerdings missachtet, wird das Produkt einer anderen Kategorie zugeordnet.

Taschentuch oder Frischhaltetuch? Fallbeispiel Tempo

Das Beispiel der Tempo-Taschentücher-Box zeigt, wie wichtig dieser Aspekt ist. Als das Unternehmen die Taschentücher-Box zunächst in den Markt einführte, war es ein Flop. Die Abbildung zeigt die Originalverpackung.

Abb. 62: Die grundlegenden Eigenschaften einer Kategorie müssen bedient werden.

Warum ist diese Box gescheitert? Weil die Form der Verpackung, die längliche Form der Box, die Bedeutung „Frischhalte-Tücher" transportierte. Im Störer auf der Verpackung wurde zwar sehr explizit deutlich gemacht, dass es sich hier um Tempo Taschentücher handelt. Aber das Gesamtmuster hat implizit eine andere Bedeutung transportiert. Die Sprache als Code war hier zu schwach. Das zeigte sich schon daran, dass die Mitarbeiter im Handel die Tempo-Boxen zu den Frischhaltetüchern stellten, obwohl sehr klar war, dass es sich um Taschentücher handelte. Erst als man die Box umdrehte und die für Tempo gelernte Produktform nutzte, funktionierte das Produkt.

Noch vor der Differenzierung muss der Frame bedient werden.

Differenzierung: Der Point of Difference

Erst wenn der Referenzrahmen klar ist, kann die Differenzierung in Angriff genommen werden. Der erste Suchraum sind die expliziten Differenzierungen, also die Frage, was mein physisches Produkt an Eigenschaften besitzt, was die anderen nicht haben. Welche besonderen Eigenschaften habe ich? Meistens sind Differenzierungen auf dieser Ebene nicht nachhaltig differenzierend und nur schwer zu kommunizieren. Wir haben gesehen, wie wichtig der Kontrast ist – nur besser sein reicht nicht aus. Sich über Bessersein nachhaltig zu differenzieren ist heute schwer bis unmöglich. Sich dagegen über Anderssein zu differenzieren, bietet vielfältige Chancen.

Eine Differenzierung vom Wettbewerb ist also dann am mächtigsten, wenn die Marke einen anderen Frame (z.B. Tischschmuck statt Wasser) oder aber eine andere implizite Belohnung anbietet. Für die Differenzierung auf der impliziten Markenebene stellen die impliziten Belohnungswerte eine fundierte und reichhaltige Quelle dar. Die entscheidende Frage lautet: Welche implizite Belohnung verspricht meine Marke? Bei Dove ist das „Erleichterung", bei Charmin „Intimität", bei Toyota „Vernunft", der Verführung widerstehen. Neben den impliziten Belohnungswerten sind Rituale, Routinen und die Rollen der Produkte darin, spannende und relevante Suchräume für differenzierende Belohnungen. Wie die Belohnungswerte dazu genutzt werden können, Marken voneinander zu differenzieren, hat das Beispiel der Biermarken schon gezeigt.

Bei der Suche nach der Differenzierung hilft es, erst einmal nur auf die eigene Marke und das eigene Produkt zu fokussieren und sich erst später mit dem Wettbewerb zu beschäftigen. Warum? Die Beschäftigung mit dem Wettbewerber führt häufig dazu, dass die eigene Marke in den Hintergrund gerät und man beginnt, dem Wettbewerber hinterherzulaufen. Ein sehr erfolgreicher Unternehmer erzählte in einem unserer Seminare folgendes:

> *„Ich habe mein Geschäft begonnen, da wusste ich noch nicht einmal, dass ich Konkurrenz habe. Dann habe ich mich mit dem Wettbewerb beschäftigt. Damit habe ich dann aber auch schnell wieder aufgehört, denn dadurch wurde ich wie die!"*

Wie man Marken auf der impliziten Markenebene positioniert

Fassen wir zusammen, was für die Positionierung auf der impliziten Markenebene wichtig ist:

- Den Frame definieren: Festlegen, in welchem Frame sich die Marke befindet (Welcher Bedeutungskategorie gehören wir an? Welche Bedeutung ist in den Produkteigenschaften angelegt?)
- Den Frame bedienen: Sicherstellen, dass dieser Frame bedient wird (Erfüllen wir die zentralen Eigenschaften dieses Frames?)
- Die Belohnung analysieren: Entschlüsselung, welche Belohnungen bedient werden können (Welche Belohnungen sind in den Produkteigenschaften angelegt?)
- Die Wettbewerber dekodieren: Entschlüsselung der impliziten Bedeutung und Belohnung der Wettbewerber
- Die Belohnung definieren: Identifikation des differenzierenden, impliziten Belohnungsmusters (Welches Belohnungsmuster differenziert meine Marke?)

Der nächste Schritt ist dann die Übersetzung der Positionierung in die Markensignale.

Eine nachhaltige Differenzierung muss auf der impliziten Markenebene erfolgen.

21. Implementierung – Signale sind die Brücke zwischen Positionierung und Kunde

Was Sie in diesem Kapitel erwartet: Nachdem wir nun die Marke positioniert haben, gilt es die Positionierung in konkrete Maßnahmen und Signale umzusetzen. Genau an dieser Stelle entsteht oft ein Bruch und damit eine Lücke zwischen Positionierung und Implementierung. Wie also können wir mit Hilfe des Impliziten Marketings und dem Brand Code Management die teure Implementierungslücke schließen?

Warum Briefings oft austauschbar sind

Die Gedanken zur Positionierung werden zum Schluss in einem so genannten „Briefing" für die Umsetzung verdichtet. Die Positionierungen der Marken werden bislang meist nur auf Basis der expliziten Markenebene vorgenommen. Vor dem Hintergrund, dass dies auch genau diejenigen Aspekte sind, die in den gängigen Markenmodellen erfragt werden, ist das nicht überraschend. Diese Dynamik führt aber zu Austauschbarkeit der Marken. So steht dann in einem typischen Briefing:

- „Unsere Marke steht für gute Qualität, ein gutes Preis-Leistungs-Verhältnis und hohe Kundenorientierung."
- „Wir stehen für Attraktivität, Innovation und Kompetenz."
- „Unser Markenimage ist Sympathie, Vertrauen, Modernität und Internationalität."

Das sind typische Antworten auf die Frage, wofür die Marke steht und was infolgedessen kommuniziert werden soll. Und sicherlich sind diese Eigenschaften hilfreich und für den Verbraucher wichtig, aber sind diese Eigenschaften differenzierend? Nein. Aus der Missachtung der impliziten Markenebene entsteht aber noch ein anderes Problem: Die expliziten Positionierungen bieten keine klare Ableitungen für die konkrete Umsetzung im Markenführungsprozess.

Genau an dieser Stelle liegt einer der Hauptgründe für die Implementierungslücke. Derzeit werden Briefings mit Markeneigenschaften wie „modern“, „sympathisch“ oder „international“ formuliert, aber diese Begriffe geben keine Leitplanken für die Umsetzung. Alleine ein typischer Begriff wie „Attraktivität“ kann in so unterschiedlicher Art und Weise umgesetzt werden, dass der Willkür Tür und Tor offen stehen und Effizienzverluste die Folge sind. Die Frage nach der impliziten Bedeutung und Belohnung, die transportiert werden soll, macht dann schnell klar, welche Umsetzung richtig ist oder nicht.

Viele Agenturen beklagen die Austauschbarkeit der Kundenbriefings. Ein wichtiger Grund dafür ist, dass die Begriffe viel zu offen und implementierungsfern sind, weil sie das „Wie“ offen lassen – also nicht deutlich machen, wie genau Sympathie, Attraktivität oder Modernität gezeigt werden soll. Das Ergebnis sind häufig lange (und teure) Diskussionen statt zielorientierte Gespräche über die konkrete Umsetzung eines umsetzungsnahen, relevanten und differenzierenden Briefings.

Übung:

Stress-Test

Der Kreis links steht für Ihre Marke, der Kreis rechts für den Wettbewerb. Nehmen Sie Ihr letztes Briefing oder das Dokument, in dem Ihre Marke definiert ist. Gehen Sie die Begriffe nacheinander durch und tragen Sie lediglich diejenigen Begriffe in den Kreis Ihrer Marke ein, die wirklich nur Ihre Marke ausmachen.

An dieser Stelle hilft ein Marken-Stress-Test:

- *Kann der Wettbewerber diese Eigenschaften kommunizieren, ohne dass Sie ihn verklagen können?*
- *Würde ein Kunde des Wettbewerbers sagen, dass die von ihm gewählte Marke diese Eigenschaft nicht besitzt?*

Nur wenn Sie beide Fragen mit Ja beantworten können, können diese Eigenschaften eindeutig Ihrer Marke zugeordnet werden. Probieren Sie es für Ihre Marke aus! Aus unserer Erfahrung landen 90 Prozent der Eigenschaften in der Schnittmenge.

> *Die expliziten Imagedimensionen wie „Sympathie" oder „modern" geben keine Leitplanken für die konkrete Umsetzung. Das „Wie" bleibt offen.*

Aber wie kann nun die implizite Markenpositionierung dabei helfen, klare Ableitungen für die Umsetzung zu finden?

Implizite Wirkfelder sind effiziente Leitplanken für die Umsetzung

Das fehlende Bindeglied zwischen Positionierung und Umsetzung war bisher die implizite Ebene der Signale. Die Markensignale sind über unsere Kultur mit Bedeutungen und damit auch mit Belohnungen aufgeladen. Wir sehen die Farbe Schwarz und unser Autopilot dekodiert sofort Status und Macht. Die Umsetzung in Signale ist nur dann nicht willkürlich, wenn die Positionierung und das Briefing die impliziten Wirkfelder der Belohnung und der Bedeutung enthalten.

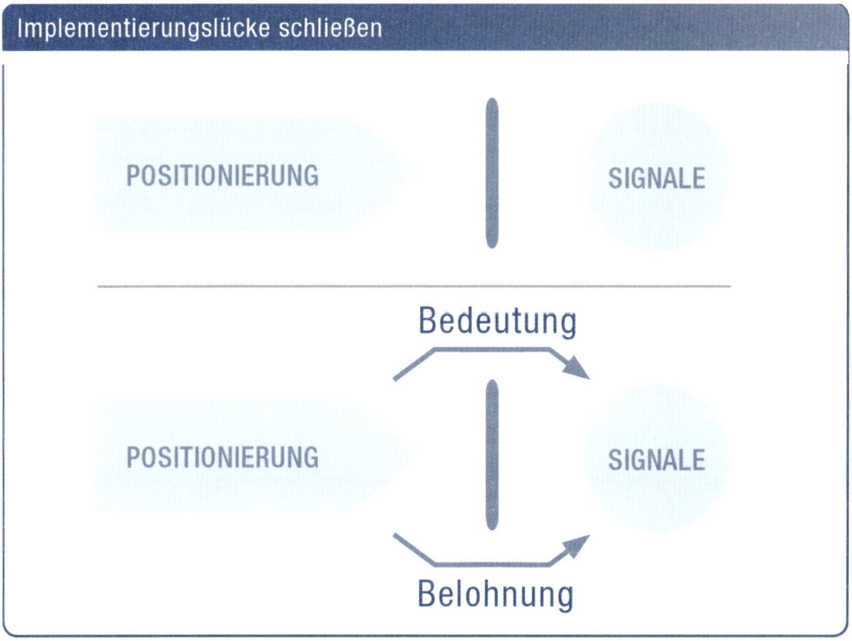

Abb. 63: Positionierungen können nur dann gezielt in Markensignale übersetzt werden, wenn die impliziten Markentreiber Bedeutung und Belohnung berücksichtigt werden.

Stellen wir uns vor, wir positionieren eine Bank implizit auf der Belohnung „Askese". Welche Signale wären richtig und welche nicht? Wird das Kundenmagazin einfarbig oder bunt? Ist Fernsehen das richtige Medium? Wie viele Geldautomaten soll es geben und wie sollen die Filialen aussehen? Vor dem Hintergrund der impliziten Belohnung sind diese Fragen klar zu beantworten: Die Geldautomaten dürfen nicht an jeder Ecke zu finden sein, denn das zahlt nicht in Askese und Selbstdisziplinierung ein. Fernsehwerbung erst recht nicht. Auch der Wasserspender und das mehrfarbige Kundenmagazin sind unpassend. Völlig unabhängig, ob die Kunden bzw. der Pilot der Kunden, sich einen Wasserspender, ein farbiges Kundenmagazin oder mehr Geldautomaten wünscht. Und natürlich ist ein Wasserspender nett und das bunte Magazin hochwertiger. Aber es zahlt nicht in die implizite Belohnung der Askese ein. Die Bank muss vielmehr zurückhaltend auftreten, nicht überall mit Filialen und Geldautomaten verfügbar sein, in ihrer Farb- und Formsprache „schwarz auf weiß" kommunizieren. Von einer Positionierung auf Basis expliziter Markenwerte wie Vertrauen, Fairness und Freundlichkeit könnten diese Ableitungen nicht so systematisch getroffen werden.

Welche Signale wirklich wichtig und richtig sind

Ohne den impliziten Blickwinkel ist aber auch schwer zu sagen, welche Botschaft jetzt richtig und wichtig ist und welche das Gesamtmuster zerstört. Schauen wir uns das am Beispiel einer Corolla-Anzeige an. Wir haben bereits festgestellt, dass die Belohnung der Marke Toyota „Vernunft" ist und haben gesehen, dass der Spot für den Corolla, bei dem der Fahrer der Verführung durch die (gefälschte) schöne Frau widersteht, diese Belohnung sehr gut umsetzt. Was transportiert jetzt diese Anzeige?

Was transportiert diese Anzeige?

Abb. 64: Eine Anzeige der Marke Toyota für den Corolla.

Um das Gesamtmuster zu verstehen, zerlegen wir die Anzeige in die vier Signalarten (Sprache, Geschichte, Symbole, Sinne) und analysieren jedes einzelne Signal und seine Bedeutung. Bei dieser Anzeige wird schnell deutlich, dass hier die Belohnung „Vernunft" nicht transportiert wird, sie ist in keinem der Signale markiert. Schon über die sprachlichen Signale werden zwei dem Aspekt der Vernunft zuwiderlaufende Belohnungen angesprochen: zum einen Freundschaft und zum anderen Aufregung. Aufregend kann es eigentlich nur für den Fahrer des heranfahrenden Wagens sein, denn für die Fahrerin des anderen Wagens ist die Situation eher ärgerlich als aufregend gut. Zusammen mit der Headline bekommen „Freundschaft" und „Nichts ist unmöglich" eine eher erotische Konnotation. Das genaue Gegenteil von „Verführung widerstehen". Die Anzeige zeigt einen deutlichen Bruch zwischen der Vernunft und Verführung.

Jedes Signal zählt!

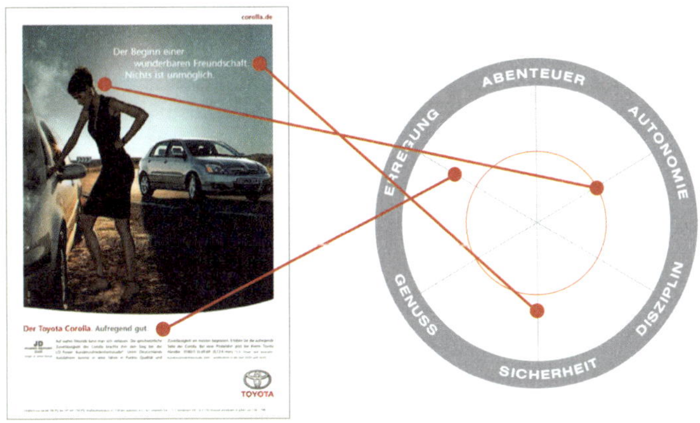

Abb. 65: Die verschiedenen Signale der Anzeigen transportieren kein stringentes Muster.

Die Belohnung ergibt sich aus der Schnittmenge der Bedeutungen der einzelnen Signale. Wenn das Gesamtmuster der Signale keine in sich stimmige Bedeutung ergibt, kann keine Belohnung entstehen.

Übung: *Zerlegen Sie Ihre Werbemittel in die vier Signalarten und überlegen Sie, welche impliziten Bedeutungen jedes einzelne Signal hat, wie diese Bedeutungen zusammenpassen und welche Belohnung sich daraus ergibt.*

Belohnung in Signale umsetzen: Fallbeispiel Charmin

Bei Charmin ist, wie wir gesehen haben, das explizite Bedürfnis Weichheit und Stärke. Die implizite Belohnung ist „Initimität" und der Frame die kindlichen Erfahrungen, die Imprints beim Toilettenpapier. Was bedeutet das nun für die Kommunikation, für die Übersetzung in Signale? Es gibt keine Willkür, die Belohnung und Imprints geben klare Leitplanken. Sehen wir uns die Signale der Kampagne an.

Abb. 66: Die Kampagne der Marke Charmin

Für die Umsetzung wurde das Format eines Comics gewählt. Ist das nun richtig oder nicht? Diese Frage wird meist durch Konsumentenbefragungen geklärt, indem man die Kunden nach ihrem Gefallen fragt. Das Gefallen spielt aber keine Rolle. Darum geht es nicht.

Die Frage ist: Transportieren die Signale die implizite Bedeutung und Belohnung, die wir mit der Marke verbinden wollen? Und darüber können die Konsumenten nicht explizit Auskunft geben, schon gar nicht ihr Pilot, da die kulturellen Bedeutungen der einzelnen Signale implizit verarbeitet werden und implizit wirken. Was also bedeutet das Format Comic? Wofür stehen Comics? Für Kindheit. Als Kinder schauen wir uns Comics an. Comics stehen auch für eine Fantasiewelt, in der vieles erlaubt ist und passiert, was in der Realität verboten ist. Durch das Format wird es akzeptabel, dass sich der Bär fast lustvoll den Hintern am Baum reibt. In einem Realitätsformat oder gar mit Menschen ist das undenkbar. Der Comic schließt also zum einen an die Imprints an und kann darüber hinaus Aspekte zeigen, über die der Pilot nicht sprechen will, von dem der Autopilot aber weiß, dass sie wichtig sind. Durch die Positionierung der Marke auf der impliziten Markenebene können Umsetzungen (Werbung, Webseiten, Filialen usw.) systematisch analysiert und begründet werden.

Eine Positionierung auf der impliziten Markenebene gibt klare Umsetzungsrichtlinien und ermöglicht eine zielgenaue und effiziente Diskussion der Alternativen. Die Willkür entfällt.

Das Zusammenspiel von Positionierung und Implementierung: Fallbeispiel Vodafone

Wie spielen jetzt die Positionierung einer Marke und die Umsetzung in Signale zusammen? Die folgende Abbildung zeigt das Belohnungsmuster von Vodafone in Bezug auf die sechs Grundbelohnungen, die wir bereits kennengelernt haben. Basis dieser Grafik ist die implizite Messung eines jeden dieser Belohnungswerte mit einem Reaktionszeitverfahren (mehr dazu im nächsten Kapitel). Zum Vergleich ist noch ein anderer Anbieter dargestellt. Wir können sehen, dass sich Vodafone in den Grundbelohnungen „Genuss" und „Erregung" vom Wettbewerb differenziert.

Das Belohnungsprofil der Marke Vodafone

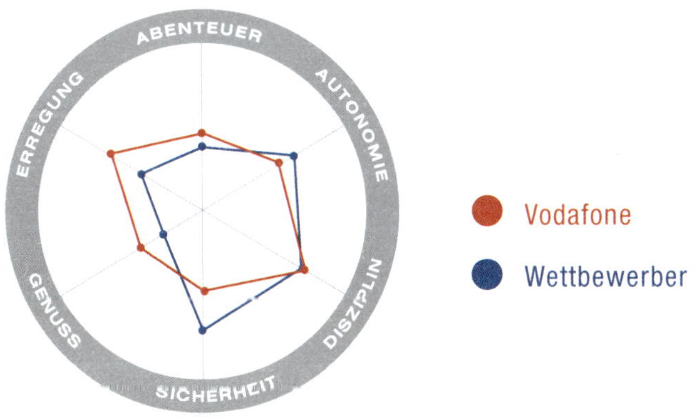

Abb. 67: Das Belohnungsprofil der Marke Vodafone im Vergleich mit einem Wettbewerber.

Stellen wir uns nun eine typische Situation im Marketingalltag vor: Die bestehende Kampagne läuft schon eine Weile und eine neue Kampagne muss oder soll entwickelt werden. Wie sollen wir vorgehen? Das Belohnungsmuster zeigt für Vodafone zwei Strategien auf: zum einen die differenzierende Belohnung des Wettbewerbers attackieren, also die Belohnung „Sicherheit" ansprechen, oder die bestehende Differenzierung (Point of Difference) stärken, also die Belohnungen „Erregung" und „Genuss" weiter betonen.

Wie setzen wir diese Strategien jetzt in Kampagnen um? Wir sehen im Folgenden die beiden Spots „Nähe schenken" und „Eintagsfliege".

Abb. 68 Zwei Spots der Marke Vodafone.

Aber wie können wir nun die implizite Wirkung der Spots überprüfen? Was tun diese Spots? Welche Bedeutung und Belohnung wird transportiert? Schauen wir uns erst das Belohnungsmuster der Spots an:

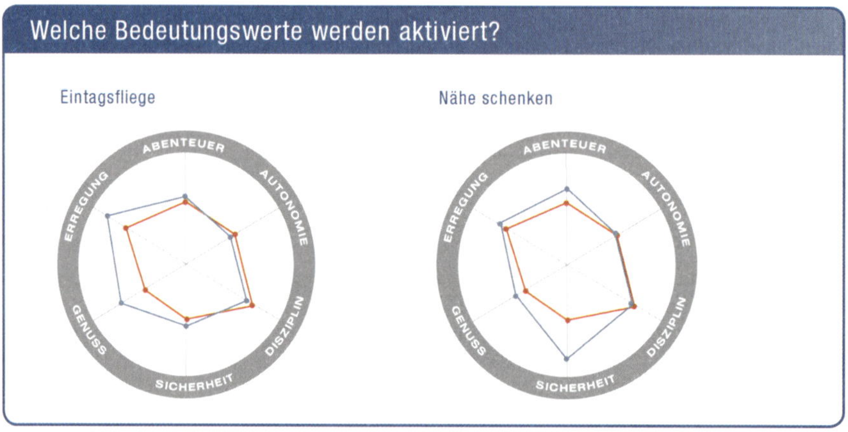

Abb. 69: Die Grafiken zeigen die Wirkung der Spots (in Blau) auf das Belohnungsprofil von Vodafone (rot).

Der Spot „Eintagsfliege“ zahlt in „Genuss“ und „Erregung“ ein und stärkt damit das bestehende, differenzierende Markenmuster. Der Spot „Nähe schenken“ dagegen stärkt vor allem den Aspekt „Sicherheit“. Je nach Strategie kann nun ganz gezielt derjenige Spot ausgewählt werden, der das gewünschte Belohnungsmuster transportiert. Es geht hier nicht um Gefallen, Sympathie oder Verständnis und deren Mittelwerte in Befragungen, sondern um die Bedeutung und die Belohnung, die mit einer Werbekampagne transportiert werden. Spotwirkung und Positionierung bleiben auf der gleichen Ebene – der impliziten Ebene. Das ist wichtig, denn genau an dieser Stelle erfolgt normalerweise der Bruch: Die Strategien beziehen sich nicht selten auf die implizite Wirkung der Marke (Autopilot) und die Umsetzung in Signale (z.B. Werbung) wird dann mit dem Piloten, dem expliziten Blickwinkel betrachtet. Dieser Bruch existiert hier nicht mehr und sichert so eine zielgenaue Umsetzung der Strategie.

Positionierung und Wirkungsmessung liegen beim Brand Code Management beide auf der impliziten Markenebene. Brüche entfallen.

Das „Warum“ der Wirkung ist entscheidend

Wichtig aber ist noch die Frage nach dem „Warum“ der Wirkung. Warum etwa der Spot „Eintagsfliege“ auf Genuss und Erregung einzahlt. Das „Warum“ zu kennen ist entscheidend, um bei der nächsten Kampagne nicht nur zu wissen, welche Bedeutung transportiert werden soll, sondern auch welche Signale dafür geeignet sind. Dazu müssen wir uns die implizite Wirkung der Signale, die in den Signalen kodierten Bedeutungen, genauer ansehen. Die implizite Wirkung der Signale und ihres Gesamtmusters wird im Brand Code Management durch eine kulturwissenschaftliche Signalanalyse (Code-Analyse) entschlüsselt. Die Basis der Code-Analyse sind Verfahren, die unter anderem auch in der Forensik eingesetzt werden, um die implizite Bedeutung von Zeugenaussagen zu analysieren. Dadurch identifizieren wir diejenigen Elemente, die für die gemessene Wirkung verantwortlich sind. Durch die konkrete Analyseebene der Signale können Agentur und Entscheider – über das Gefallen und Meinungen der Kunden hinaus – die Umsetzung steuern und effizient darüber diskutieren.

Für die Code-Analyse werden die Signale eines Markenkontaktpunkts – zum Beispiel ein Spot, eine Anzeige, aber auch die Signale am POS – in die bereits vorgestellten vier Signalarten unterteilt. Die folgende Ausführung zeigt stark verkürzt, was die einzelnen Signale des Spots „Nähe schenken" bedeuten, wofür sie stehen:

- *Sprache:* Der Protagonist wünscht „Eine wunderbare Zeit" und einen „grandiosen Tag". Geschrieben steht „Für alle, die gerne unbegrenzt Nähe schenken" und „Mit der SuperFlat 30 Millionen Vodafone-Kunden erreichen". Alle diese sprachlichen Signale zahlen auf die Grundbelohnung Sicherheit ein. Die Verbindung zu 30 Millionen Kunden entspricht sehr genau der psychologischen Triebfeder dieser Belohnung: die Nähe zur eigenen Herde.

- *Geschichte:* Auch die Episode „Nähe schenken" zahlt in die Grundbelohnung Sicherheit ein. Das unkonventionelle Verhalten des Protagonisten aber transportiert auch Belohnungsaspekte wie Mut und Abenteuer. Es ist mutig, sich in einen Supermarkt zu stellen und allen über Mikrofon einen schönen Tag zu wünschen.

- *Symbole:* Der Protagonist selbst wirkt natürlich, die Handlungsplätze sind aus dem Alltag gegriffen und dem Betrachter vertraut, was die Gesamtwirkung unterstützt.

- *Sensorik:* Die Stimme des Protagonisten klingt weich und sanft. Sie zahlt – wie auch die Musik – in die Belohnung „Sicherheit" ein.

Aber auch die Signale selbst und ihre implizite Wirkung sind messbar. In der folgenden Grafik ist das Profil der Musik – nur der Musik – aus dem Spot „Nähe schenken" gezeigt. Wir sehen, dass dieses Signal für die Wirkung sehr entscheidend ist, denn es bestimmt die Belohnung „Sicherheit".

Was transportiert die Musik?

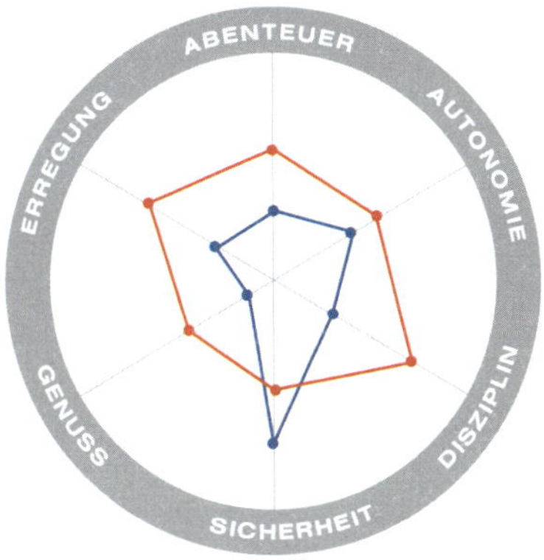

Abb. 70: Die Grafik zeigt, welche Belohnungswerte nur durch die Musik (Blau) bedient werden.

Die implizite Markenebene liefert eine konsistente Plattform von der Strategie bis zur Umsetzung und schließt damit die Implementierungslücke.

Trait und State – wichtiger Suchraum für die Markenführung

Wir haben gesehen, dass es zwei Arten von Belohnungen gibt: die stabile Belohnungen für unsere Persönlichkeit (Trait) und situativen Belohnungen (State). Wie hilft diese Einteilung nun bei der Implementierung?

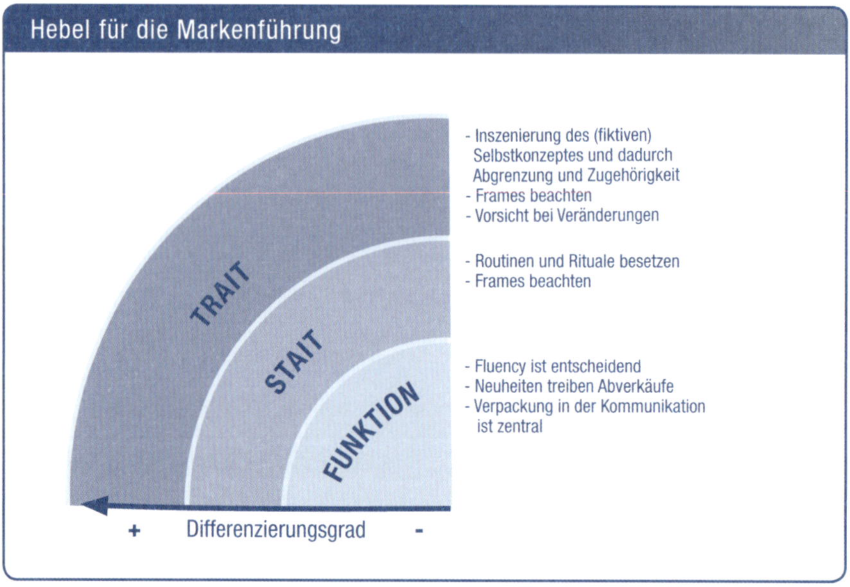

Abb. 71: Zu wissen, welche Art von Marke zu führen ist, hilft bei der Implementierung und Umsetzung.

Trait-Marken

Mit Trait-Marken markieren Kunden ihre Persönlichkeit. Bei diesen Marken ist der Pull-Effekt, die Anziehungskraft, deshalb maximal. Für die Markenführung bedeutet das höchste Vorsicht mit Veränderungen. Als Porsche bei einem Relaunch des 911ers Scheinwerfer einbaute, die das Unternehmen auch beim Einsteigermodell Boxter verwendete, war die Empörung unter den 911er-Fahrern groß. Warum? Sie haben viel Geld für Abgrenzung und ihre Selbstinszenierung bezahlt und sind deshalb sehr sensibel. Die Bedeutung dieser Produktveränderung für die 911er-Fahrer war „Abwertung". Es war also eine Bestrafung. Ein eingefleischter Fan von Joop wird sicherlich sehr irritiert sein, seine Marke auf einem Wühltisch wiederzufinden. Das reduziert die Belohnung oder wird zur Bestrafung.

Bei der Implementierung von Trait-Marken ist der Gedanke des Ensembles wichtig. Das Produkt muss in das Ensemble passen. In diesem Sinne gilt es herauszufinden, mit welchen anderen Produkten und Marken die Marke kombiniert werden kann bzw. muss. Mit welchen Stoffen etwa oder mit welchem Stil.

Übung: *Überlegen Sie, welche anderen Marken zusammen mit Ihrer Marke ein stimmiges Ensemble ergeben. Zu welchen anderen Marken würden die Kunden Ihre Marke zuordnen?*

Das hat auch Konsequenzen für die Segmentierung. Denn nicht jeder nutzt für seine Selbstinszenierung die gleichen Produktkategorien. Für die einen ist Waschmittel ein Trait-Produkt, für die anderen Schuhe und für wieder andere ist das Handy oder der Computer ein Trait-Produkt. Eine wichtige Frage ist also, wie viele meiner Kunden meine Marke als Trait-Marke verwenden. Diese Frage beantworten wir mit Hilfe impliziter Messverfahren (Reaktionszeitverfahren).

State-Marken

Für die Inszenierung von State-Marken sind die entsprechenden situativen Belohnungen entscheidend. Welche Belohnungen sind im Tagesablauf vorhanden, an die unsere Marke anschließen kann? An welche Rituale und Routinen und die damit verbundenen Belohnungen ist die Marke anschlussfähig? Für die Inszenierung sind diese Suchräume sehr hilfreich. Nehmen wir den Knusperjoghurt von Müller als Beispiel.

Abb. 72: Ein Spot der Marke Müller Milch Knusperjoghurt

Der erste Schritt ist das Produkt. Der Joghurt ist eher ein Quark. Er ist sehr cremig und enthält vergleichsweise viel Fett, ist dadurch aber auch sättigend. Zudem gibt es in einer knickbaren Ecke viele Varianten unterschiedlicher Zusätze (z.B. Fruchtzubereitung, Müsli). Diese kippt man dann in den Joghurt – oder auch nicht. Was könnten nun Situationen sein, in denen dieses Produkt passt?“ Wann wünscht man sich im Alltag eine kleine sättigende Mahlzeit, die Abwechslung bietet und Spaß macht? Das Produkt passt dann am besten, wenn wir von den Anforderungen der Erwachsenenwelt eine Auszeit möchten. Zum Beispiel in einer Pause. In der Werbung wird genau dies kommuniziert. Es werden immer Erwachsene gezeigt, die alleine sind und auf eine kindliche Art und Weise mit dem Joghurt und dem Zusatz in der Ecke spielen, bevor sie dann essen. Das Produkt ist also implizit auf die Belohnung „Auszeit“ positioniert.

Funktion-Marken

Für Marken, die bisher noch keinen impliziten Belohnungswert bieten, d.h. vor allem den Gebrauchswert liefern, ist die bereits beschriebene Flüssigkeit (Fluency) der zentrale Hebel. Diese Marken haben nun zwei Optionen, um die teure Abhängigkeit von der Werbeschaltung zu reduzieren: Sie können zur Trait-Marke oder zur State-Marke werden. Das muss aber sehr langsam vollzogen werden, denn sonst entsteht eine Luftblase, die schnell wieder platzt. Eine plötzliche Aufladung dieser Marken ist ein zu großer Sprung. Die impliziten Belohnungswerte müssen langsam angebaut werden.

> *Die Belohnungsart der Marke (Trait, State und Funktion) zeigt die effizientesten Hebel für die Umsetzung auf.*

22. Die implizite Wirkung bestimmt den Erfolg

Was Sie in diesem Kapitel erwartet: Wir haben schon an vielen Stellen des Buches gesehen, dass Menschen einen nur sehr beschränkten Zugriff auf die impliziten Vorgänge im Autopiloten haben. Wie können wir den Erfolg auf der impliziten Markeneben dann aber absichern? Um eine Marke systematisch zu steuern, ist es Voraussetzung, ihre implizite Wirkung messen zu können. Welche Messverfahren gibt es, um die Wirkung von Marken im Autopiloten abzubilden?

Im Dialog mit dem Rechtfertiger

In einem berühmten Experiment positionierten der bekannte Sozialpsychologe Timothy Wilson und seine Kollegen völlig unterschiedliche Socken rechts oder links in einem Regal. Unabhängig von der Qualität griffen die Versuchspersonen immer nach den Socken auf der rechten Seite. Als man sie danach fragte, warum ihre Wahl auf diese und nicht die anderen Socken gefallen sei, lautete die Antwort nicht: „Weil sie rechts lagen!" Vielmehr hatten die Befragten die abenteuerlichsten Erklärungen für ihre Wahl: Diese Socken seien modischer, ihre Sohle fester, die Qualität besser, der Stoff weicher usw.

Die wahren Gründe, die impliziten Gründe für unser Verhalten sind uns meist nicht bewusst. Trotzdem geben wir immer gute Gründe an, wenn wir gefragt werden. Bei einem Essen ergab sich kürzlich zwischen einem der Autoren und einem Freund folgendes Gespräch. Als Kontext ist wichtig zu wissen, dass der Freund ein sehr erfolgreicher Anwalt ist und mit seiner Lebensgefährtin gerade ein neues Haus bezogen hat. Der Dialog wurde eröffnet, indem ein Anwesender den Freund fragte: „Hast du schon deinen neuen Grill ausprobiert?" Daraus entspann sich folgendes Gespräch:

Freund:	Ja, ich bin sehr zufrieden!
Autor:	Neuer Grill?
Freund:	Ja! Super Teil. Den habe ich mir gegönnt. *Schaut seine Lebensgefährtin mit einem dankbaren Blick an und senkt dabei sein Kinn, wirkt fast etwas kindlich verschämt*

Autor: Was ist so super daran?
Freund: Der ist komplett aus VA-Stahl. Eine echte Maschine. Super Qualität. Der kann Kohle und Gas. Und er hat ein Fach, in das man Gewürze rein tun kann, wenn man mit Gas grillt, denn sonst geht ja das Kohle-Aroma verloren.
Autor: Was hat der denn gekostet?
Freund: 4.000 Euro.
Autor: 4.000 Euro?!
Freund: Der hält aber auch ein Leben lang.
Autor (gezielt provokant):
Ein guter Grill aus Edelstahl kostet etwa 300 Euro und hält fünf Jahre. Für das Geld kannst du dir viele neue Grills kaufen und die werden ja auch immer besser und günstiger?!
Lebensgefährtin: Man muss aber ehrlich sagen, dass damit bisher alles gelungen ist, egal was wir gemacht haben. Auch die Gemüsespieße waren lecker.
Freund: Nicht dass ich die Gemüsespieße gemacht hätte, um das klar zu stellen.
Autor: Was ist euch denn bei eurem alten Grill mal nicht gelungen?
Freund: Nach einer kurzen Pause: Mit dem Neuen gelingt es eben besonders gut.
...

Betrachtet man das, was gesagt wird, kommt man auf die üblichen Verdächtigen: Qualität, eine besondere Produkteigenschaft (VA-Stahl) und ein schönes Feature (Gewürzfach). Aber kann das diese Investition begründen? Nein. Denn der Kauf war nicht leichtfertig; die 4.000 Euro waren eine signifikante Investition, auch für einen Anwalt. Das hatte der dankbare und leicht verschämte Blick zur Lebensgefährtin verraten. Implizit ist der Grill kein Grill, sondern ein „Anker", der „ein Leben lang" hält. Das neue Haus, die Familienplanung, hier bin ich, hier bleibe ich, hier ist mein Haus, hier werfe ich meinen Anker. Und der muss natürlich aus dem besten VA-Stahl sein! Und es ist eine „Maschine", für die Mann stark sein muss, will man sie unter Kontrolle bekommen. Es ist sein Revier im Haus, sein Rückzugsort, hier grillt der „Profi".

Übung: *Nehmen Sie explizite Aussagen Ihrer Kunden und überlegen Sie, was diese implizit bedeuten könnten.*

Laut dem Neurowissenschaftler Michael Gazzaniga werden die Antworten des Freundes im Gehirn vom so genannten Interpretierer bzw. dem Rechtfertiger gegeben, einem Teil des Piloten in unserem Kopf. Diese Netzwerke versuchen ohne Unterlass, Sinn aus unseren Handlungen bzw. den Handlungen des Autopiloten zu generieren. Der Rechtfertiger nennt Preis und Preis-Leistung als Hauptgrund für einen Anbieterwechsel, beteuert, wie wichtig Umweltfreundlichkeit bei Spülmittel ist und betont, wie wenig wir uns von Werbung beeinflussen lassen. Die wahren Gründe sind aber implizite Vorgänge im Belohnungssystem. Der Rechtfertiger hat die Aufgabe, unser Selbstkonzept zu schützen. Wer will sich schon selbst darüber bewusst werden, dass wir einen Vorschlag ablehnen, weil wir die Person, die den Vorschlag gemacht hat, nicht mögen. Dass der Rechtfertiger am Werk ist, erkennen wir, wenn die Aussagen widersprüchlich sind oder unlogisch erscheinen. Das ist kein Indiz für die Verwirrtheit der Kunden, sondern dafür, dass hier implizite Prozesse ablaufen, die nicht bewusst werden sollen.

Wir dürfen den expliziten Aussagen von Kunden nicht trauen, wenn wir die wirkliche Anziehungskraft und Wirkung von Produkten und Marken verstehen wollen.

Man muss hinter die Aussagen der Kunden schauen: wichtig ist, was sie implizit bedeuten. Die expliziten Meinungsäußerungen führen in eine Sackgasse.

Wie man die implizite Wirkung im Autopiloten misst

Die Herausforderung ist natürlich hoch: Wie sollen wir die Marke, die Produktinnovation, die Kampagne testen, wenn wir uns nicht auf die Aussagen und Erklärungen der Kunden verlassen können? Wie kann unterschieden werden, ob das jetzt nun ein wahrer Grund ist oder nur eine Rechtfertigung? Der erste Schritt liegt in der Unterscheidung zwischen dem, was die Kunden sagen (explizit) und dem, was die Kunden mit dem Gesagten wirklich meinen (Bedeutung & Belohnung).

Für diese Herausforderung gibt es zwei Lösungswege, zwei Wege zum Impliziten:

1. Verhaltensmessung: Implizite Messverfahren, über die das Implizite wie Kontrast, Frames, Stereotypen, Imprints und Belohnungen quantitativ erhoben werden können.

2. Kulturpsychologische Analyse: Das Dekodieren der impliziten Bedeutung und Belohnung der Produkte, der Marke und der Markensignale mit Verfahren der Psychologie und der Kulturwissenschaften.

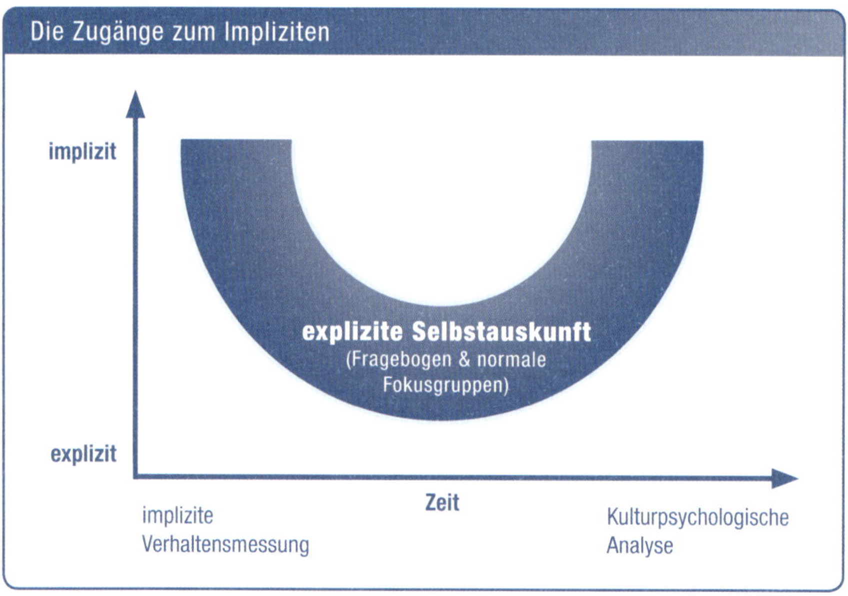

Abb. 73: Das Implizite kann auf zwei Arten entschlüsselt werden: durch Verhaltensmessung auf Basis von Reaktionszeiten und mit Hilfe von kulturpsychologischen Analysen.

Die Abbildung zeigt die beiden Wege zum Impliziten. Unten im U liegen die herkömmlichen, expliziten Befragungen, die nur einen sehr geringen Zugang zum Autopiloten haben. Die oberen Enden der U-Kurve sind die Zugänge zur impliziten Wirkung. Betrachten wir diese beiden Wege genauer.

Verhaltensmessung – die impliziten Messverfahren

Auf der linken Seite der U-Kurve stehen die impliziten Messverfahren der Psychologie und Psychophysik, allen voran die so genannten Reaktionszeit-Tests. Marketing soll das Verhalten der Menschen ändern, sie zum Kauf anregen. Was liegt da näher als Verhalten zu messen statt Meinungen zu sammeln. Genau das tun die impliziten Verfahren – sie messen Verhalten und damit den Autopiloten, denn das implizite System ist für das Handeln gemacht.

Einen impliziten Test haben wir bereits am Beispiel des Frauen-Karriere-Tests genauer kennen gelernt: den Impliziten Assoziationstest (IAT). Es stehen heute implizite Verfahren für alle marketingrelevanten Wirkungsdimensionen zur Verfügung – von der Messung impliziter Einstellungen, Präferenzen und Verhaltensabsichten über das Erheben impliziter Markenimages bis hin zu impliziten Verfahren der Top-of-Mind-Messung und impliziten Erinnerungstests. Im Zuge unserer Forschungstätigkeit im internationalen Forschungsprojekt „Implicit Brain Function" der Universitäten Harvard, Tokyo und dem California Institute of Technology haben wir bei decode die weltweit erste Software-Plattform für die Umsetzung impliziter Messverfahren im Marketing entwickelt und in vielen Praxisprojekten eingesetzt. Im Verlauf des Buches haben wir immer wieder Beispiele für den Einsatz dieser Toolbox kennengelernt.

Letztlich ist das entscheidende Prinzip der impliziten Messung, nicht explizit und direkt nach dem zu fragen, was wir wissen wollen, sondern indirekt zu fragen bzw. zu messen.

> *Implizite Verfahren eigenen sich ideal für die Marketingforschung in der Praxis und werden bereits vielfältig eingesetzt. Sie sind die ideale Ergänzung zu den herkömmlichen Verfahren. Wenn es um das „Wie" und „Warum" geht, können nur diese Verfahren helfen.*

Fallbeispiel: Implizites Markenimage Deutsche Bank

Wir haben zu Beginn dieses Buches gezeigt, dass der Pilot und der Autopilot zwei getrennte Systeme in unserem Gehirn sind und auf unterschiedliche neuronale Strukturen und Netzwerke zurückgreifen. Beide Systeme können deshalb jeweils andere Dinge über eine Marke lernen. Dazu kommt, dass der Autopilot ein Vielfaches (11 Millionen Bits) dessen verarbeitet, was der Pilot wahrnimmt und verarbeitet (40 Bits). Die Konsequenz: explizite und implizite Einstellungen und Assoziationen zu einer Marke klaffen oft auseinander. Eine Meta-Analyse über 126 Studien zeigt, dass explizite und implizite Einstellungen nur sehr gering übereinstimmen (Korrelation von r = .24). Abweichungen zwischen impliziten und expliziten Markenpräferenzen und -assoziationen entstehen, weil Probanden ihre „wahren" Einstellungen nicht preisgeben wollen, weil sie ihnen peinlich sind, weil sie keinen bewussten Zugriff auf sie haben oder weil der Autopilot im Kopf beispielsweise über die Werbung andere Dinge über eine Marke gelernt hat als der Pilot.

So finden wir häufig, dass explizite Markenimages wenig differenzieren, implizite Markenimages aber deutliche und signifikante Unterschiede herausstellen.

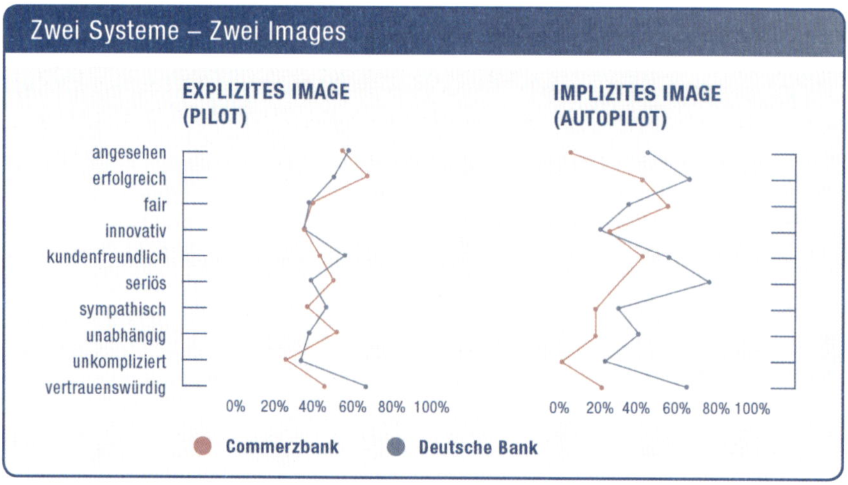

Abb. 74: Die impliziten Markenimages der beiden Banken weichen wesentlich stärker ab. Zudem hat die Deutsche Bank implizit ein besseres Image als explizit.

In einer Studie haben wir etwa das explizite und implizite Image der Deutschen Bank sowie der Commerzbank erhoben (s. Abbildung). Dabei zeigt sich, dass die expliziten Imageprofile der beiden Marken doppelt so hoch korrelierten (r = .64), sich also deutlich ähnlicher waren, als die impliziten Profile (r = .30). Die impliziten Imagemessungen zeigt also eine deutlich stärkere Differenzierung zwischen den Marken, und legt die wahren Unterschiede zwischen ihnen besser offen. Vergleicht man das explizite und implizite Imageprofil der Deutschen Bank zeigt sich ein negativer Zusammenhang (Korrelation r = -.78). Was heißt das? Das bedeutet, dass das implizite Markenimage der Deutschen Bank im Vergleich zum expliziten Markenimage genau umgekehrt beurteilt wird. Während die Marke explizit vergleichsweise negativ beurteilt wird, wohl auch aufgrund der PR-Skandale um Josef Ackermann, hat die Marke Deutsche Bank implizit keinen Schaden genommen und gilt als deutlich erfolgreicher, angesehener, seriöser und sogar vertrauensvoller als die Commerzbank.

Nur die implizite Imagemessung zeigt, was die Kunden wirklich über eine Marke denken.

Fallbeispiel Virgin Train: Implizit Top, explizit Flop

Ein anderes implizites Messverfahren (die so genannte Process Dissociation Procedure) wird in einer im Fachjournal „International Journal of Market Research“ veröffentlichten Studie eingesetzt. Dabei wurde die TV-Kampagne „Falling in Love Again“ (Virgin Trains), die in mehreren Gruppendiskussionen schlecht abgeschnitten hatte, mit Hilfe impliziter Verfahren getestet. Es wurde implizit untersucht, welche Aussagen der Spots im Autopiloten ankamen und gespeichert wurden.

Abb. 75: Spot der Railway-Marke von Virgin

Es zeigte sich ein sehr deutlicher Effekt: Bei einer ganzen Reihe von Aussagen zur Marke war die implizite Wirkung um mehr als 20 Prozent höher als die explizite Wirkung. Von diesen Aussagen waren nur drei negativ – der Spot wirkte also auf der impliziten Ebene, im Autopiloten, stärker und deutlich positiver. Zudem zeigte sich, dass bei den positiven Aussagen die meisten nicht explizit im Spot genannt, sondern nur implizit – also über implizite, nicht-sprachliche Signale – kommuniziert wurden. So wurde zum Beispiel nicht erwähnt, dass Virgin Train ein modernes Unternehmen ist, aber es wurden mehrere Szenen mit den neuen Zugmodellen gezeigt. Das führte dazu, dass die Probanden durch diese Signale implizit die Bedeutung „modern" lernten und mit der Marke verknüpften, obwohl diese Aussage mit keinem Wort explizit erwähnt war. Diese Untersuchung zeigt eindrucksvoll, wie effizient Bedeutungen über die impliziten Signale transportiert werden können.

Die Autoren schreiben in ihrer Schlussfolgerung: „Die Daten zeigen sehr deutlich, dass die negativen Kommentare der Gruppendiskussionen in keiner Weise widerspiegeln, was durch den Spot implizit gelernt wird. Es wird vielmehr klar, dass der Spot erfolgreich eine positive Botschaft über die Marke transportiert". Trotz der sehr negativen Ergebnisse in den expliziten Tests (Fokusgruppen) entschied sich das Unternehmen, den Spot zu schalten. Mit großem Erfolg.

Implizite Erinnerungsspuren messen

Die Erinnerung an Marken und Werbung ist mit das wichtigste Erfolgsmaß in der Markenführung (Awareness, Bekanntheit, Recall, Recognition usw.). Wir haben schon gesehen, dass es neben dem expliziten auch ein implizites Gedächtnis im Autopiloten gibt, das zumal viel mächtiger ist. Der Wissenschaftler Prof. Georg Felser schreibt dazu: „*Verlassen Sie sich nicht nur auf direkte Erinnerungstests (Recall und Recognition), sondern betrachten Sie auch indirekte Maße. Unser alltägliches Verhalten trägt mehr Spuren von früheren Werbekontakten, als wir bei direktem Nachfragen benennen können.*“

Wie aber kommt man an dieses Gedächtnis heran? In der Psychologie existieren Dutzende von impliziten Erinnerungstests. Dabei zeigt sich immer wieder: Wir lernen deutlich mehr und haben erheblich mehr Wissen über Marken, als wir explizit abrufen können. Implizit erinnern wir bis zu vier Mal so viel zu einer Marke als explizit. Die herkömmlichen expliziten Verfahren der Erinnerungsmessung (Recall, Recognition) unterschätzen also das tatsächliche Markenwissen massiv. Gemeinsam mit Wissenschaftlern der Universität Lübeck haben wir bei decode eine Methode entwickelt, um diese impliziten Wirkungen sichtbar zu machen. Dabei reisen die Probanden in einem Fahrsimulator durch virtuelle Städte, während Werbeplakate und Radiospots eingespielt werden. Nach der Fahrt messen wir die implizite und explizite Erinnerung an die eingespielte Werbung.

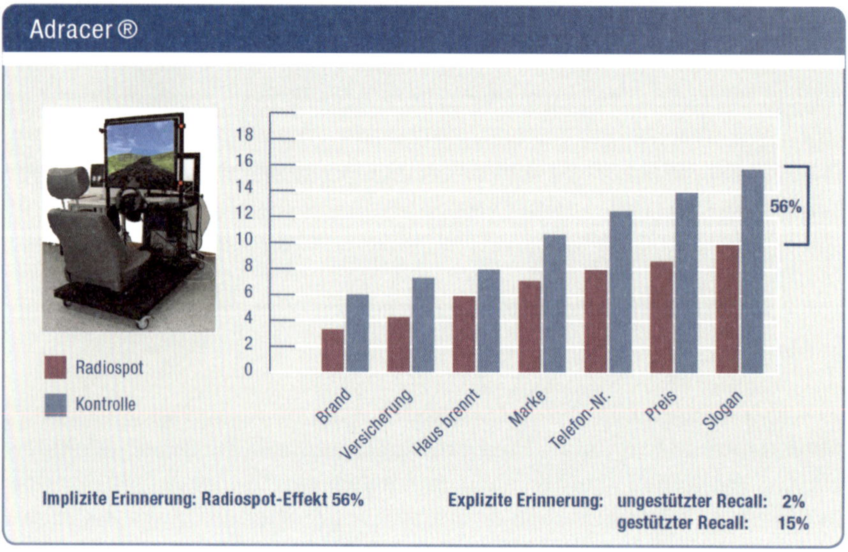

Abb. 76: Das implizite Verfahren AdRacer misst die implizite Wirkung von Markenkontakten.

Die impliziten Erinnerungsspuren werden implizit gemessen, indem zunächst die Werbemittel mit so genanntem weißem Rauschen (einem Störsignal) überdeckt werden. Dieses Störsignal wird dann Schritt für Schritt verringert. Dabei zeigt sich, dass Marken und Inhalte, die auf der virtuellen Fahrt eingeblendet wurden, schneller erkannt werden als Marken, die nicht gezeigt wurden. Und das unabhängig davon, ob das Auge das Werbemittel fixiert hat oder nicht. Während die explizite Erinnerung an die Marken im Durchschnitt bei weniger als 10 Prozent liegt, beträgt der implizite Erinnerungseffekt im Schnitt 56 Prozent – die Probanden lernen also deutlich mehr über die Marken und die beworbenen Inhalte, als sie explizit abrufen können!

Markenkontakte hinterlassen wesentlich mehr Wirkungen als die herkömmlichen expliziten Erfolgsmaße nahe legen.

Die rechte Seite der U-Kurve: Kulturpsychologische Analyse

Kommen wir nun zur anderen Seite der U-Kurve. Um eine Marke systematisch steuern zu können, ist es Voraussetzung, ihre implizite Wirkung messen zu können. Das „Warum“ der Wirkung liefert uns die kulturwissenschaftliche Analyse. Ziel ist die Entschlüsselung der impliziten Bedeutung und Belohnung. Leider können wir die Kunden nicht direkt danach fragen. Wie können wir dann vorgehen? Es gibt insgesamt zwei Ansätze: die Psychologie und die Kulturwissenschaften. Einige Ergebnisse dieser Analysen haben wir bereits im Verlauf des Buches kennengelernt. An dieser Stelle seien nochmals die Ansätze und Suchräume aufgelistet, die wir im Alltag nutzen:

- *Produkt-Archäologie*
  Mit so genannten Imprint-Analysen werden die kulturellen Bedeutungen der Produkte offen gelegt

- *Code-Analyse*
  Mit Hilfe kulturwissenschaftlicher Verfahren wie zum Beispiel der objektiven Hermeneutik wird die implizite Bedeutung aller Markensignale – von der Sprache bis hin zum Typografie – sichtbar gemacht.

- *Produkt-Anthropologie*
  Mit Anthropologischen Ansätzen wird der Nutzungskontext eines Produkts oder einer Marke entschlüsselt

- *Psychologie*
  Mit tiefenpsychologischen Verfahren werden die impliziten Bedeutungen und Belohnungen als Basis für die Quantifizierung analysiert

Diese Verfahren haben eines gemeinsam: Es geht nicht darum Meinungen zu sammeln oder das Gefallen abzufragen, sondern darum, die implizite Markenebene – das „Wie“ und „Warum“ zu dekodieren.

> *Kulturpsychologische Verfahren legen die impliziten Prozesse, Bedeutungen und Belohnungen offen, die dann mit impliziten Messverfahren quantifiziert werden.*

23. Die Marke von Innen – das Implizite im Unternehmen

Was Sie in diesem Kapitel erwartet: Bislang haben wir die Wirkung von Marken beim Empfänger, den Kunden, beleuchtet. In diesem Kapitel richten wir den Blick auf den Absender – das Unternehmen. Denn nicht nur Kunden sind Menschen, sondern auch die Entscheider und Mitarbeiter eines Unternehmens. Marken werden von Menschen gemacht. Das Implizite wirkt deshalb auch im Unternehmen. Dies zu erkennen, ist von großer Bedeutung für das Management von Marken. In diesem Kapitel zeigen wir, welche Kräfte das Implizite in Unternehmen entfaltet, und was das für die Markenführung bedeutet, welche Gefahren, aber auch welche Chancen sich aus diesem Blickwinkel ergeben.

Der Autopilot im Unternehmen

Unternehmen werden von Menschen geprägt – teilweise auch von Personen, die schon lange nicht mehr im Unternehmen sind. So spürt man in manchen Unternehmen noch immer den Geist des Gründers. Auch auf der Ebene des Unternehmens gibt es eine Art kollektiven Autopilot: die Unternehmenskultur. Es ist nicht beliebig, wie sich ein Unternehmen und seine Mitarbeiter verhalten, was sie tun, was sie nicht tun, auf was sie achten und durch welche Brille sie den Markt wahrnehmen. Markenführung wird heute als von der Unternehmenskultur unabhängig gesehen: Wir identifizieren die Wünsche des Kunden und setzen diese dann um. Aber wir müssen das Implizite im Unternehmen selbst, die Unternehmenskultur, berücksichtigen, wenn wir unsere Markenversprechen einhalten wollen. Nur bei einer Übereinstimmung der Markenstrategie mit der Unternehmenskultur können wir Belohnungen und Bedeutungen glaubhaft und nachhaltig mit der Marke verknüpfen und im konkreten Alltag in den Markenkontaktpunkten auch umsetzen. Sei die Strategie noch so richtig, die Unternehmenskultur nicht zu berücksichtigen, führt zu Inkonsistenzen und dazu, dass den Konsumenten Bedeutungen und Belohnungen versprochen werden, die das Unternehmen nicht leben kann. Eine Kampagne ist schnell gemacht, aber die Unternehmenskultur ändert sich nur langsam.

In der Management-Literatur sind diese Ansätze schon lange in Gebrauch. Dort spricht man vom Strategy-Culture-Fit, also der Abstimmung der Strategie mit der Unternehmenskultur. Diese Sichtweise ist die Reaktion darauf, dass 70 Prozent aller Business-Process-Reengeneering-Projekte scheitern, wie übrigens auch alle Veränderungsmaßnahmen überwiegend fehlschlagen, wenn der kollektive Autopilot nicht berücksichtigt wird. Das ist bei Unternehmen also nicht anders als bei unseren Gewohnheiten im Alltag (Simplify-your-Life-Seminar, Diäten, gute Vorsätze, mit dem Rauchen aufhören usw.).

Markenführung muss mit der bestehenden Kultur im Unternehmen kompatibel sein. Die Übereinstimmung einer Marke mit der Unternehmenskultur bietet einen neuen Blickwinkel auf die Markenführung und ermöglicht Klarheit darüber, wohin die Marke kann und wohin nicht. Die Marke ist also Schnittstelle zwischen Unternehmen und Kunden, sie ist nicht unabhängig von der Unternehmenskultur.

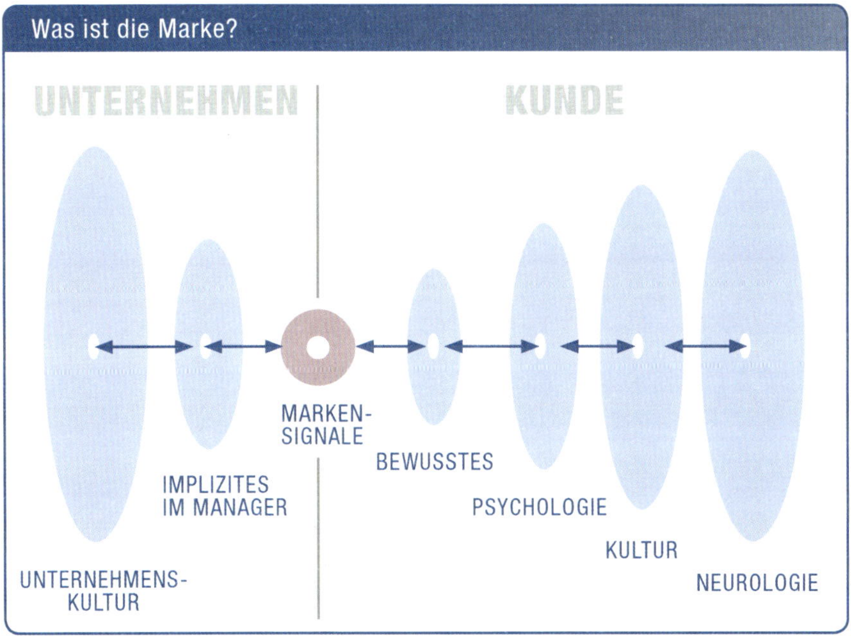

Abb. 77: Die Marke wird über ihre Markensignale zur Schnittstelle zwischen Unternehmen und Kunden

Das Implizite sucht sich immer einen Weg

Ein Beispiel, wie sich das Implizite in Unternehmen äußert und wie man das analysieren kann, zeigt eine im „Harvard Business Manager“ (Mai 2007) veröffentlichte Analyse von Hauptversammlungen großer deutscher Unternehmen. Dabei wurden zwischen 2003 und 2006 über 35 Veranstaltungen von Dax-Unternehmen untersucht. Als Methode wurde eine Inszenierungsanalyse aus den Theaterwissenschaften benutzt. Die Auftritte der Vorstände wurden wie ein Theaterstück analysiert. Dabei wurde vor allem auf die impliziten Signale wie Bühnenaufbau, Bühnenbild, Licht, räumliche Position des Vorstandsvorsitzenden und persönlicher Ausdruck (Körpersprache, Stimme, Gestik) geachtet.

Das Ergebnis: „Die meisten der untersuchten Unternehmen erzeugten immer wieder unfreiwillig Widersprüche zwischen gewünschter und tatsächlicher Wirkung.“ Dabei werden solche Events und Auftritte von Kommunikationsprofis und Agenturen organisiert. Aber die wahren Werte eines Unternehmens oder eines Vorstandsvorsitzenden offenbaren sich trotzdem, wie die Studie zeigt. Bei der Hauptversammlung eines großen Energieversorgers dominierte das Management die Szene. Die Vorstandsmitglieder thronten auf einem erhöhten Podest, das zum Publikum hin senkrecht abfiel. Eine Inszenierung der Macht und Autorität. Das ist nicht grundsätzlich schlecht – passt aber nicht zur Selbstdarstellung der Manager als „Partner der Aktionäre“. Das Beispiel des Energieversorgers ist keine Ausnahme: Viele der untersuchten Dax-Firmen schirmten sich durch den Aufbau der Bühne ab – allen anderslautenden Slogans und Versprechen zum Trotz. Der ehemalige Telekom-Chef Kai-Uwe Ricke las auf der Hauptversammlung 2005 vor, das Unternehmen hätte auch noch den letzten Telekom-Mitarbeiter „auf konsequente Kundenorientierung getrimmt“. Sein Blick klebte dabei am Manuskript, und den Aktionären gegenüber wahrte er ein Pokerface. Von Kundenorientierung keine Spur.

Marke ist Schnittstelle zwischen Unternehmen und Kunden

Das Beispiel der Aktionärsversammlungen zeigt vor allem einen wichtigen Punkt: Das Implizite äußert sich immer, ob wir wollen oder nicht. Die wahren und gelebten Werte eines Unternehmens zeigen sich in allen Kontaktpunkten und bestimmen dadurch mit, was Kunden mit einer Marke erleben. Es gibt auch einen Autopilot im Unternehmen. Dabei gilt es zwei Aspekte zu unterschieden: Erstens das Implizite im Manager einer Marke und zweitens die Unternehmenskultur, also welche Werte und Normen im Unternehmen gelebt werden. Es hilft, diese impliziten Kräfte zu kennen. Warum? Denken wir nochmals an die Studie zu den Aktionärsversammlungen, die bei den meisten untersuchten Unternehmen unfreiwillige Widersprüche zwischen gewünschter und tatsächlicher Wirkung entdeckt hat. Mit anderen Worten heißt das: Bei den meisten Unternehmen existieren unfreiwillige Widersprüche zwischen der expliziten und der impliziten Wirkung.

Die weit verbreitete Ansicht, dass die Marke auf Unternehmensseite liegt und das Markenimage auf der Seite des Kunden, ist deshalb nicht vollständig. Vielmehr ist die Marke aus der Sicht des Impliziten Marketings die Schnittstelle zwischen Unternehmen und Kunde. Denn die Marke äußert sich in allen Kontaktpunkten – und wird damit auch insbesondere durch das Verhalten der Mitarbeiter bis hin zum Vorstandsvorsitzenden geprägt. Wer sich also strategisch für den Aufbau einer Marke interessiert, muss den Blick gleichfalls nach innen auf die Unternehmenskultur und -prozesse richten.

In der Markenführung muss der Blick auch nach innen gerichtet werden, denn die Marke ist die Schnittstelle zwischen dem Unternehmen und den Kunden.

Dekodierung der Unternehmenskultur

Auch das Unternehmen als Zusammenschluss von vielen Menschen besitzt eine Art kollektiven Autopiloten. In der Geschichte des Unternehmens sind Imprints entstanden, haben sich Trampelpfade entwickelt – es hat sich gezeigt, was erwünscht ist (belohnt wird) und was unerwünscht ist (bestraft wird). Die Unternehmenskultur beinhaltet die Werte und Normen, die das

Verhalten der einzelnen Mitarbeiter und die Strategie des Unternehmens bestimmen. Zur Entschlüsselung der Unternehmenskultur sind folgende Suchräume hilfreich:

- *Historie:* Wo kommt das Unternehmen her? Welche Kompetenzen haben das Unternehmen geprägt? Was hat es erfolgreich gemacht?
- *Rituale und Routinen:* Wie sehen die Prozesse aus? Welche Messinstrumente werden eingesetzt und warum? Wie häufig finden Meetings statt?
- *Symbole:* Wie sehen die Gebäude aus? Wie ist die Inneneinrichtung?
- *Struktur:* Wie ist das Unternehmen strukturiert? Streng hierarchisch oder mit flachen Hierarchien?
- *Macht:* Auf wen wird gehört, auf wen nicht? Wer darf besonders viel reden, wer muss zuhören?
- *Mythen:* Was erzählt man sich auf den Fluren? Was wird den Neulingen erzählt?
- *Helden:* Welche Vorbilder gab es in der Vergangenheit? Wer oder was wird als positives Beispiel herangezogen? Wer wird verehrt?
- *Signale:* Wie kommuniziert das Unternehmen mit Kunden und Partnern?
- *Belohnungen:* Was wird im Unternehmen belohnt? Was wird bestraft? Wie wird mit Fehlern umgegangen?

All diese Aspekte sind Ausdruck der impliziten Unternehmenskultur. Sie wirken im Hintergrund und bestimmen unser Verhalten gegenüber Kollegen und Kunden.

Übung: *Welche Geschichten kursieren in Ihrem Unternehmen und was sagt das über Ihr Unternehmen aus? Was wird in Ihrem Unternehmen wirklich belohnt und was bestraft?*

Markenkulturen schaffen statt Marke nach Innen verkaufen

Einige der führenden Unternehmen sind die bislang skizzierten Schritte schon gegangen. So haben manche Unternehmen so genannte „Brand Republics" (Markenrepublik) gegründet, ein Konzept, in dem die Mitarbeiter einer Marke eine eigene Kultur aufbauen und pflegen, die mit den Kernwerten der Marke übereinstimmt. Dabei kann es vorkommen, dass die

Werte einer internen Markenkultur nicht mit den Werten des Unternehmens selbst übereinstimmen, zum Beispiel wenn ein global agierender, mächtiger Konzern eine Marke für sanfte Pflege verkauft. Nicht selten werden deshalb ganze Abteilungen auch physisch vom Hauptsitz des Unternehmens abgekoppelt, weil sich nur dann wirklich eigenständige (Marken-) Kulturen und damit handlungsrelevantes implizites Wissen entwickeln können.

Warum nicht die Unternehmenskultur durch eine interne Kampagne verändern – nach dem Motto „Selling the Brand Inside“? Genau das wird häufig unter der Schlagwort interne Kommunikation versucht. Die Idee dahinter ist, dass wir die Mitarbeiter durch eine Kampagne ändern können. Das können wir nicht. Wir können Verhalten durch Überzeugung und Argumentation von außen nicht verändern – das ist bei Mitarbeitern nicht anders als bei Kunden. Um Verhaltensänderungen zu erreichen, müssen also auch hier entsprechende Belohnungen geschaffen werden.

Auch im Unternehmen zählen Bedeutung und Belohnung. Die Marke muss an die internen Gegebenheiten anschlussfähig sein.

24. Das Implizite im Manager

Was Sie in diesem Kapitel erwartet: Neben der Unternehmenskultur spielt das Implizite im Manager eine herausragende Bedeutung für das Markenmanagement. Dabei ergeben sich aufgrund der neuropsychologischen Forschung, etwa zu der Art und Weise, wie Experten entscheiden, faszinierende Erkenntnisse und neue Chancen für die Praxis. In diesem Kapitel zeigen wir, wie wertvoll die Intuition des Marketingexperten ist, aber auch welche Herausforderungen sich aus der geringen Kapazität unseres Piloten für die Markenführung ergeben.

Neuropsychologie entschlüsselt Intuition von Experten

Intuition hat in der Geschäftswelt keinen guten Ruf. Nicht zuletzt wegen der vielfach esoterischen Literatur zu diesem Thema. Die Wissenschaft hat das Phänomen der Intuition aber inzwischen weitgehend entmystifiziert. Die moderne Expertenforschung etwa zeigt eindeutig den Wert von Intuition, gerade bei komplexen Entscheidungsprozessen. Bevor wir in die Details einsteigen eine Vorbemerkung. Es geht uns nicht darum, strategisches und analytisches Vorgehen zu verteufeln. Es geht uns viel mehr darum, den Blickwinkel auf ein enorm mächtiges und hilfreiches Wissen zu richten, das in unsere Entscheidungen hineinspielt, ob wir das beabsichtigen oder nicht. Es ist hilfreich im Management von Marken, wenn wir uns darüber zumindest bewusst sind.

Experten entscheiden implizit

Eine ganze Forschungsrichtung hat sich zur Aufgabe gemacht, die Entscheidungen von guten Ärzten, Feuerwehrmännern oder Sportlern zu entschlüsseln und so dieses Wissen nutzbar zu machen. Die Idee ist plausibel: das Wissen aus den Köpfen der Experten „herausholen" und in Software- und Datenbanksysteme einspeisen. Das Wissen wird damit objektivierbar und vor allem kann es zum Beispiel durch Fortbildungen weitergegeben werden. Leider funktionieren diese Expertensysteme nicht.

Einen Eindruck davon gibt das Beispiel eines französischen Käseproduzenten. Dieser investierte einige Millionen Euro in die Entwicklung eines Expertensystems, mit dem sich die Reife von Camembert feststellen ließ. Es wurden die neusten Techniken eingesetzt, um den Typ von Information zu identifizieren, der von Experten bei diesem Urteil genutzt wird. Die Experten wurden natürlich auch befragt. Sie selbst gaben an, dass der Druck auf die Oberfläche das kritische Reifesignal sei. Die Schlussfolgerung war, dass die wesentlichen Informationen also die Oberflächenspannung des Käses sowie der benötigte Druck zum Eindrücken sind. Dementsprechend wurde ein automatisches System zur Messung dieser Oberflächenspannung entwickelt. Doch das versagte völlig.

Weiterführende Untersuchungen ergaben, dass die tatsächliche, von Experten verwendete Information, spezifische Gerüche waren, die beim Eindrücken der Käserinde auftraten. Davon hatten die Experten aber nichts berichtet. Sie waren sich über diese Signale nicht bewusst, die wirklichen Kriterien waren implizit. Dieses Beispiel zeigt zwei der am häufigsten benannten Eigenschaften impliziten Expertenwissens: die Schwierigkeit, es zu benennen, und sein Bezug zum Handeln. Die Experten waren in der Lage über ihre Expertise auf explizites Wissen zuzugreifen und verbale Berichte über dieses Wissen zu geben. Allerdings entsprach das nicht dem Wissen, nach dem sie tatsächlich handelten, d.h. das tatsächlich genutzte Wissen war den Experten nicht explizit verfügbar, obwohl es jahrelang erfolgreich genutzt worden war.

Auch erfolgreiche Marketingentscheider kommen über den allgemeinen Ratschlag, man müsse eine Marke konsistent führen und dem Kunden Mehrwert bieten, oft nicht hinaus. Die wahren, die impliziten Erfolgstreiber sind den Experten meist selbst nicht bewusst. Wie oft haben wir schon Best-Practice-Fallbeispiele erklärt bekommen, aber man hatte immer das Gefühl, dass die genannten Erfolgsfaktoren nicht die wahren Erfolgstreiber sind.

Experten haben keinen Zugriff auf die wirklichen Gründe für ihre Entscheidungen, denn Intuition der Experten basiert auf impliziter Mustererkennung.

Experten müssen nicht nachdenken

Wer lange bedenkt, der wählt nicht immer das Beste.

Johann Wolfgang von Goethe

Ein Musikjournalist hat in einem Interview den ehemaligen Bassist der Rolling Stones, Bill Wyman, gefragt, wie das Zusammenspiel auf der Bühne funktioniert. Seine Antwort war „Ich denke dabei an alles Mögliche: an den nächsten Urlaub, oder was ich morgen noch erledigen muss oder an ähnliche Alltäglichkeiten." Der Interviewer fragte etwas konsterniert, ob ihn solche Gedanken nicht sehr von seinem Spiel ablenken würden, worauf Wyman antwortete: „Meine Zusammenarbeit mit Charlie Watts war so perfekt, dass ich niemals einen Beat verpasst habe."

Müssen Experten nicht nachdenken? Dieser Frage sind die Forscher des Max-Planck Institutes für Bildungsforschung in Berlin nachgegangen. Sie zeigten Handballexperten Spielszenen und fragten, welche Handlung des Spielers am besten wäre (also zum Tor führt). Es zeigte sich, dass die Qualität der Aussagen der Handballexperten nur dann sehr hoch war, wenn sie spontan antworteten. Je mehr sie nachdachten, desto schlechter wurde die Antwort.

Wir alle kennen das von Diskussionen über Marken, Kampagnen und Ideen am grünen Tisch. Gruppenprozessen hängt der Mythos an, durch die verschiedenen Teilnehmer besseren Output zu generieren. Das Ergebnis sind aber meist Unsicherheit, Kompromisse und eine geringere Qualität der Ergebnisse. Es kann besser sein, jedes Teammitglied für sich alleine entscheiden zu lassen und dann die Ergebnisse zusammenzutragen. So hat jeder Experte für sich ein Bauchgefühl entwickelt, das dann diskutiert werden kann. Wir alle kennen die Weisheit, dass wir uns besser fühlen, wenn wir über unsere Probleme reden. Dahinter steckt folgende neurologische Grundlage: Die Emotionszentren schalten sich ab, wenn wir über Gefühle explizit reden. Der Pilot übernimmt die Führung und das Gefühl wird unterbrochen; leider aber damit auch die Intuition.

Übung: *Beobachten Sie sich selbst: Welche Entscheidungen treffen Sie im Alltag intuitiv und bei welchen denken Sie intensiv nach? Was führt in der Regel zum besseren Ergebnis?*

Der Schlüssel für die Leistungsfähigkeit der Experten liegt im impliziten System. Nicht nur dass die Experten ohne nachzudenken intuitiv das Richtige tun, es scheint sogar so zu sein, als dürften sie nicht nachdenken. Die mit diesem Thema befassten Forscher, darunter die renommiertesten Deutschen Psychologen wie der Direktor des Max-Planck-Instituts für Bildungsforschung, Gerd Gigerenzer, kommen zu dem Schluss: Expertenwissen ist in allererster Linie implizites Wissen, es basiert auf Intuition und nicht auf Nachdenken. Deshalb ist es so effizient. Nachdenken führt zu Fokussierung und damit zur eingeschränkten Entscheidungsbasis, denn auch Manager haben nur eine Kapazität von 40 Bits in ihrem Piloten und können deshalb nur maximal fünf Aspekte eines Problems bewusst bedenken.

Implizites Expertenwissen führt häufig zu sehr guten Ergebnissen. Interne Diskussionen können die Intuition zerstören.

10.000 Stunden bis zum Markenexperten

Aber ab wann ist jemand ein Experte? Man hat ausgerechnet, dass ein Experte – zum Beispiel im Sport, in der Musik oder in der Medizin – etwa 10.000 Stunden Training braucht, bis er eine gute Intuition, also implizites Wissen, besitzt. Das sind etwa zwei Jahre täglichen Trainings. Der Erfinder Thomas Edison fasste es so zusammen: „99 Prozent Transpiration und 1 Prozent Inspiration". In Bezug auf eine Marke kann man sagen, dass etwa zwei Jahre notwendig sind, um die Marke mit intuitiver Intelligenz führen zu können. Im Durchschnitt wechseln jedoch im Marketing die Entscheider alle 18 bis 24 Monate das Unternehmen oder die Marke. Damit wird die Marke genau dann in neue Hände gegeben, wenn das wertvolle implizite Wissen erfolgreich eingesetzt werden könnte.

Eine wichtige Voraussetzung für das effiziente Funktionieren intuitiver Entscheidungen sind also 10.000 Stunden Musterlernen. Ohne dieses Lernen, ohne die intensive und langfristige Auseinandersetzung mit einem Thema, handeln wir nicht intuitiv, sondern meist naiv.

Darin liegt auch der Vorteil unternehmergeführter Marken wie Sixt oder Red Bull. Bei solchen Marken besteht häufig ein extrem wertvolles, implizites Wissen, und Entscheidungen, beispielsweise über die jeweilige Markenstrategie, können deshalb sehr effizient und erfolgreich getroffen werden. Man kommt nicht umhin zu vermuten, dass die enge Korrelation zwischen den Erfolgsphasen von Apple und der Anwesenheit von Unternehmensgründer Steve Jobs mit ähnlichen Effekten zu erklären ist.

Die Intuition ist nur dann ein guter Ratgeber, wenn mindestens 10.000 Stunden implizites Musterlernen absolviert wurden.

Experten sind Musterexperten

Was tun Experten? Was passiert in den 10.000 Stunden oder den zwei Jahren bis zum Experten-Status? Die Antwort lautet: implizites Musterlernen. Experten erkennen in der Gesamtheit aller Aspekte einer Situation spontan die richtige Lösung, sie erkennen das Gesamtmuster und lassen sich nicht durch Details ablenken. Der bekannte Expertenforscher Gary Klein versteht Intuition als die Fähigkeit, Muster zu erkennen und zu vergleichen, und Phantasie als die mentale Simulation unterschiedlicher Szenarien.

Wie kann man sich diese Erkenntnisse zu Nutze machen? Im Bereich der Kreativität und der Innovation gilt es, sich systematisch und strategisch „Musterwissen" dazu zu holen bzw. sich relevanten Mustern auszusetzen. Ein Beispiel für Letzteres sind die „Wohnzimmer-Konferenzen" der Werbeagentur Jung von Matt. Hier wurde ein Wohnzimmer der „typischen deutschen" Familie installiert, so dass sich Kreative in dieser Umgebung treffen und sich durch die Muster beeinflussen lassen können.

Das Standardwohnzimmer

Abb. 78: Die Agentur Jung von Matt nutzt diese Räume, um sich so besser in die Lebenswelt der Kunden einfühlen zu können. Dabei wirkt das Zimmer als impliziter Hintergrund. Architektur verändert implizit die Art wie wir denken und handeln.

Ein Beispiel für die erstere Strategie, sich systematisch Musterexpertise hinzuzuholen, ist der schon diskutierte Innovationsansatz der Mailänder Designschule. Hier werden beispielsweise Architekten zu einer Gruppe dazu geholt, die ein neues Design für Küchengeräte erstellt.

Intuition von Experten basiert auf impliziter Musterkennung.

Wann Intuition gefährlich wird

Sich auf die Intuition zu verlassen, ist sehr häufig effizient, birgt aber auch Gefahren. Eine sehr gut untersuchte Problematik bei intuitiven Entscheidungen sind die so genannten Verzerrungen (Biases), die sich bei Experten einstellen. Der Vorteil der Intuition, dass man sich sehr sicher ist, kehrt sich dann in das Gegenteil um. Es ist wichtig, sich dieser typischen Verzerrungen bewusst zu sein und seine intuitiven Entscheidungen immer wieder auf den Prüfstand zu stellen. Ein Hebel ist, nicht immer recht haben zu müssen und offen für andere Lösungsansätze zu bleiben. Ein anderer Hebel liegt darin, den Autopiloten systematisch zu stoppen und sich zu überlegen, ob das Gegenteil dessen, was die eigene Intuition gerade suggeriert, vielleicht besser wäre.

Welche Verzerrungen sind besonders typisch? Schauen wir uns eine kleine Auswahl an, die wir auch in der Marketingpraxis nicht selten antreffen:

- *Endowment-Effekt* (Effekt des Besitzes): Wie wir gesehen haben liegt ein Grund für Innovationsflops in der verzerrten Wahrnehmung von Kunden: Sie schätzen das Bestehende als besonders wertvoll ein. Derselbe Effekt gilt aber auch auf Seiten der Manager, die ihre Innovationen als besonders wertvoll erachten, weil sie sie „besitzen" und mit viel Aufwand entwickelt haben. Das führt zum Problem, dass die Kunden den Status quo über die Maßen wertschätzen, und dass die Manager auf der anderen Seite ihre Innovationen und deren Akzeptanz beim Kunden überschätzen.

- *Follow-the-leader:* Menschen haben die starke Tendenz, Autoritäten zu folgen. Menschen passen etwa bei Gesprächen unbewusst ihre Stimme und Sprechweise an die ihrer Gesprächspartner an, wenn es sich bei diesen um Personen mit hohem Prestige handelt. Nicht selten passen sich Unternehmen in ihren Markenstrategien dem Marktführer an – etwa wenn bei Benchmark-Analysen geprüft wird, ob man so gut ist wie der Marktführer. Nicht selten führt das aber zur Austauschbarkeit und dem Verlust des eigenen Markenkerns.

- *Follow-the-others:* Fernsehkomödien werden durch Lachkonserven (aufgezeichnetes Lachen) als lustiger erlebt , auch wenn man weiß, dass das Lachen nicht von einem echten Publikum sondern „aus der Konserve" kommt (besonders bei schlechten Witzen). Warum? Menschen schauen sich bei Unsicherheit an, was andere glauben oder tun und ahmen dann deren Verhalten nach. Als Aldi damit begann, Fluggutscheine zu verkaufen, folgten die anderen Handelsketten unmittelbar mit Hotelgutscheinen usw. Ohne zu hinterfragen, ob das jeweilige Angebot zur Marke passt. Nachahmung ist immer ein Fehler.

- *Das Neue ist besser als das Alte:* Gerade im Marketing tendieren wir dazu, das Neue, den Trend, zu überschätzen. Manchmal tut man besser daran, am Bestehenden festzuhalten, als dem jeweils neuesten Trend nachzurennen.

Die Liste ließe sich weiter fortsetzen. Der entscheidende Aspekt ist: Implizites Wissen ist mächtig, wenn man es richtig zu nutzen weiß und seine Grenzen kennt.

Intuition birgt auch immer die Gefahr von systematischen Verzerrungen.

Bounded Awareness: Der Pilot und seine Grenzen

Bislang haben wir uns auf den Autopiloten konzentriert, wo ja das implizite Wissen abgespeichert ist und sich als Intuition äußert. Der Harvard-Professor Max Bazerman hat kürzlich im „Harvard Business Review" die Konsequenzen des begrenzten Piloten für das Management beschrieben. Er spricht von der „Bounded Awareness", also dem begrenzten Bewusstsein (Piloten) von Managern und zeigt anhand von vielen Beispielen, wie sich diese Beschränktheit oft fatal auswirkt. So hat das Management des Pharma-Konzerns Pfizer lange die Risiken des Medikaments Vioxx übersehen. Die Anzeichen waren da, aber der Pilot mit seiner eingeschränkten Kapazität konzentrierte sich auf Erfolg und Gewinn. Das Ergebnis waren über 1.000 Klagen und über 25.000 Fälle von Schlaganfällen und Herzattacken aufgrund der Nebenwirkungen des Medikaments.

Bazerman schreibt dazu: „Viele Manager sind sich nicht bewusst über die spezifische Art und Weise, wie eng begrenzt ihr Bewusstsein ist". Auch für die Manager gilt die 4+/-1-Regel: viel zu wenig Kapazität für die Komplexität der heutigen Entscheidungen. Diese Kapazitätsgrenzen nicht zu erkennen, kann fatale Folgen haben, wie das Beispiel Vioxx zeigt. Der Pilot konnte die gute Schmerzlinderung des Präparats und die Profite verarbeiten, aber es war kein Platz mehr für die Verarbeitung der Risiken und Nebenwirkungen.

Stellen wir uns vor, wir sitzen in der Schule und unser Professor schreibt die Zahlenreihe 2-4-6 an die Tafel. Unsere Aufgabe: Wir sollen die Regel herausfinden, die hinter dieser Reihe steckt. Dabei dürfen wir so viele weitere Reihen nennen, wie wir wollen, und der Professor teilt uns jeweils mit, ob die Zahlenreihe der Regel folgt oder nicht. Wir haben aber nur eine einzige Chance, die Regel zu nennen. Liegen wir falsch, scheiden wir aus.

Sofort haben wir die Hypothese, dass die Regel lautet: „Zahlen, die um den Faktor zwei ansteigen". Um die Hypothese zu testen, nennen wir eine weitere Reihe wie „122-124-126" und der Professor sagt: „Ja". Nun sind wir uns sicher und nennen unsere Regel. Woraufhin der Professor uns mitteilt, dass diese Regel falsch sei. Die richtige Regel wäre gewesen: „Beliebige, aufsteigende Zahlen". Der Punkt dieser kleinen Übung ist: Wir kommen nur auf die richtige Lösung, wenn wir Zahlenreihen testen, die nicht unser Ursprungshypothese entsprechen. Das fällt uns aber sehr schwer, weil sich unser Pilot auf die spontan vermutete Regel „Zahlen, die um den Faktor zwei ansteigen" fokussiert, und alle anderen Möglichkeiten ausblendet.

Wie können wir also mit unseren Grenzen im Piloten besser umgehen? Eine Möglichkeit besteht darin, geschulte Experten für die Dekodierung des eigenen impliziten Wissens einzuladen. So veranstalten wir bei decode häufig Workshops mit Unternehmen und Agenturen, bei denen wir auf Basis vergangener Werbekampagnen, Produktdesigns oder Briefings die impliziten Codes, Annahmen und Filterprozesse der Beteiligten dekodieren und offen legen. Da wir nicht nicht kommunizieren können, sagen zum Beispiel vergangene Markensignale (z.B. Werbung, Designs) sehr viel über die impliziten Annahmen und die aktuell genutzten Frames aus. Dasselbe gilt für die Wettbewerber. Auch hier kann eine Dekodierung der Signale offen legen, welche Strategien und Ziele der Wettbewerber wirklich verfolgt.

Bazerman nennt die folgenden weiteren Maßnahmen, um mit den Grenzen des Piloten umzugehen:

- *Strategie 1:* Stellen Sie sich folgende Fragen: Was wäre, wenn unsere Strategie falsch ist? Wie würden wir es bemerken?
- *Strategie 2:* Werden Sie skeptisch, wenn es keine Widersprüche gibt, zum Beispiel wenn alle Daten in dieselbe Richtung zeigen. Das kann bedeuten, dass alle im Team denselben, begrenzten Filter einsetzen
- *Strategie 3:* Finden Sie heraus, welcher Fehler besonders fatal wäre und untersuchen Sie dieses Themengebiet besonders genau
- *Strategie 4:* Zwingen Sie sich, das gesamte Muster „abzuklopfen", auch wenn das mit dem Piloten nur schwer machbar ist. Stellen Sie sicher, dass Sie nicht ein Problem oder Thema überfokussieren
- *Strategie 5:* Gehen Sie davon aus, dass die nötigen Informationen in Ihrem Unternehmen vorhanden sind. Procter & Gamble nutzt sein gesamtes, weltweites Unternehmensnetzwerk, um Innovationen und Lösungen zu finden. So fand sich die Lösung für das Bedrucken von Chips mit Comicfiguren in einer kleinen Druckerei in Italien.
- *Strategie 6:* Entwickeln (oder bezahlen) Sie eine Außenperspektive – nehmen Sie radikal andere Blickwinkel ein, auch wenn Sie diese nicht implementieren können

Die letzte von Bazerman genannte Strategie bringt sehr schön auf den Punkt, was das Ziel dieses Buches ist, dessen Ende wir uns nun nähern. Auch wenn vieles vielleicht radikal klingt oder stark irritiert: Das Implizite Marketing zeigt einen neuen Blickwinkel für das Management von Marken. Und kann helfen, so hoffen wir, die eigene Marke mit einer anderen Brille zu betrachten und mehr Licht in die Blackbox zu werfen. Damit wäre schon viel erreicht.

Zum Schluss noch der Hinweis, dass wir für Sie eine Webseite zum Buch eingerichtet haben, mit vielen spannenden und weiterführenden Experimenten und Informationen:

www.decode-online.de/markenbuch/

Für alle, die sich über dieses Buch hinaus für das Implizite Marketing und die zugrunde liegenden neuropsychologischen Erkenntnisse interessieren, haben wir einen elektronischen Service entwickelt. Mehr dazu finden Sie über diesen Link:

www.decode-online.de/research-update/

Grundsätze des Impliziten Marketings – Teil 4

- Markenführung hat zwei Ebenen: die bereits bekannte und etablierte explizite Ebene (das „Was") der Markenführung und die neue, entscheidende implizite Ebene der Markenführung (das „Wie" und „Warum").

- Der erste Schritt der impliziten Markenführung ist die Definition des Referenzrahmens (Frame).

- Noch vor der Differenzierung muss zuerst der Frame bedient werden.

- Die expliziten Markenebenen sind wenig differenzierend und geben keine Leitplanken für die Umsetzung. Eine Positionierung auf der impliziten Markenebene bietet eine nachhaltige Differenzierung und ermöglicht klare Ableitungen für die Implementierung.

- Die implizite Markenebene liefert eine konsistente Plattform von der Strategie bis zur Umsetzung und schließt die Implementierungslücke.

- Marke ist die Schnittstelle zwischen Unternehmen und Kunde. Auch im Unternehmen gibt es einen kollektiven Autopiloten: die Unternehmenskultur. Diese muss bei der Positionierung der Marke mitgedacht werden, da sonst das Leistungsversprechen der Marke nicht eingehalten wird. Das Implizite im Unternehmen sucht sich immer einen Weg.

- Die Intuition von Experten führt meist zu guten Entscheidungen. Intuition ist nichts anderes als erlebtes implizites Wissen. Experten haben aber auf ihr implizites Wissen keinen Zugriff.

- Intuition setzt 1.000 Stunden implizites Musterlernen voraus. Nur dann führt Intuition zum Erfolg.

Danksagung

Allen Menschen zu danken, die zu diesem Buch beigetragen haben, würde ein eigenes Buch füllen. Da sind zunächst unsere Kunden und Partner, deren Offenheit und Interesse wir die Weiterentwicklung und praktische Umsetzung des Impliziten Marketings verdanken. Ohne diese konkreten Projekte blieben die in diesem Buch beschriebenen Konzepte und Tools eine akademische Übung. Dabei lernen wir bei jedem Projekt mindestens so viel wie unsere Kunden. Vielen Dank dafür! Sehr dankbar sind wir auch den vielen Teilnehmern in unseren Seminaren, Workshops und Vorträgen. Durch diesen kontinuierlichen Austausch und die sehr unterschiedlichen Sichtweisen auf unser Thema profitieren wir enorm – und hoffentlich auch unsere Beschreibung in diesem Buch.

Speziell danken möchten wir den folgenden Personen, ohne die dieses Buch nicht in dieser Form entstanden wäre:

- Rolf Gilgen (BBDO Düsseldorf GmbH), der sich trotz des Alltagsgeschäfts als Geschäftsführer Strategie von BBDO Düsseldorf die Zeit genommen hat, ein Vorwort für dieses Buch zu schreiben.
- Dr. Martin Scarabis (Universität Münster) für einen wirklich tollen Austausch über die wissenschaftlichen Grundlagen des Impliziten Marketings. Seiner herausragenden Kompetenz und seinem Überblick über das sehr weite Feld der Impliziten Wissenschaften verdanken wir sehr viele Einsichten und wissenschaftliche Fakten.
- Michael André (Grey Worldwide) für den tollen Text zur Bedeutung der Produktkategorie in der Kommunikation – und den kontinuierlichen und sehr fruchtbaren Austausch in konkreten Praxisprojekten.
- Prof. Shinsuke Shimojo (California Institute of Technology), dank dem wir weiterhin an der echten Grundlagenforschung teilnehmen und die wissenschaftlichen Grundlagen des Impliziten Marketings ausbauen können. Die Arbeit im „Implicit Brain Function"-Projekt macht sehr viel Spaß und hilft, unsere Konzepte und Tools einer strengen wissenschaftlichen Prüfung zu unterziehen.
- Inge Miczka für die tollen Grafiken – und das Eintauchen in unseren Text in einem frühen Stadium.

- Cornelia Bruns, ohne deren sehr motivierende Begeisterung für das Implizite Marketing wir heute nicht so erfolgreich im Markt stehen würden. Danke auch für das Korrekturlesen!
- Sven Heinsen, dank dessen Methodenkompetenz sich unsere Implizite Toolbox so schnell weiter entwickelt hat.
- Henning Hansen für die Programmierung der Tests zu diesem Buch
- Ulrike Wachter-Eberle für das Lektorat und das positive sowie konstruktive Feedback zum Text.

Zu guter Letzt möchten wir unseren Freunden und vor allem unseren Familien danken. Es ist nicht selbstverständlich, mit welcher Überzeugung und positiver Energie sie hinter diesem Projekt standen – wohlwissend, auf was wir uns da wieder eingelassen haben. Vielen Dank!

Hamburg, im August 2007
Christian Scheier, Dirk Held

Literaturverzeichnis

Weiterführende Literatur: Bücher

Bauer, J. (2007). *Das Gedächtnis des Körpers. Wie Beziehungen und Lebensstile unsere Gene steuern.* Frankfurt am Main: Eichhorn AG.
Das Buch des Mediziners Joachim Bauer fasst die relevanten Erkenntnisse zur Frage zusammen, wie die Umwelt auf unsere Gene und damit unser Gehirn einwirkt.

Bazerman, M.H. (2006). *Judgment in Managerial Decision Making.* John Wiley & Sons, Inc.
Der Harvard-Professor Bazerman beschreibt in diesem sehr wichtigen Buch, welche Auswirkungen das Implizite auf das Entscheidungsverhalten von Managern hat.

Cialdini, R.B. (2006). *Die Psychologie des Überzeugens.* Bern: Verlag Hans Huber.
Der Bestseller des Amerikanischen Sozialpsychologen und Beraters Cialdini zeigt, wie sich der Autopilot im Alltag und in vielen Experimenten bemerkbar macht.

Earls, M. (2007). Herd? – *How to Change Mass Behaviour by Harnessing Our True Nature.* West Sussex: John Wiley & Sons Ltd.
Der ehemalige Planner Mark Earls hat einen Preis für einen Artikel erhalten, in dem er die individualistische Sicht des Marketings angreift und die soziale Natur des Menschen herausstreicht. Aus dem Artikel ist nun dieses Buch geworden – das an einigen Stellen etwas weit vom Thema abschweift aber insgesamt gut lesbar ist.

Florack, A., Scarabis, M., Primosch, E. (2007). *Psychologie der Markenführung.* München: Vahlen.
Dieses eher wissenschaftlich orientierte Buch zeigt fundiert, welche wichtige Rolle die Psychologie und ihre Erkenntnisse in der Markenführung spielt.

Förster, J. (2007). *Kleine Einführung in das Schubladendenken. Über Nutzen und Nachteil des Vorurteils.* München: Deutsche Verlags-Anstalt.
Sehr fundiertes, dabei anregend und locker geschriebenes Buch von einem der führenden Vorurteilsforscher.

Gigerenzer, G. (2007). *Bauchentscheidungen. Die Intelligenz des Unbewussten und die Macht der Intuition.* München: C. Bertelsmann Verlag.
Gigerenzer beschreibt auf anregende Art und Weise, was die Wissenschaft über intuitive Vorgänge bei Experten und in uns allen erfahren hat.

Karmasin, H. (2001). *Die geheime Botschaft unserer Speisen. Was das Essen über uns aussagt.* Bergisch Gladbach: Verlagsgruppe Lübbe GmbH & Co. KG.
Umfassende und sehr spannende Bedeutungsanalyse unserer Küche und Speisen von der österreichischen Konsumpsychologin Helene Karmasin.

Kast, B. (2007). *Wie der Bauch dem Kopf beim Denken hilft.* Frankfurt: S. Fischer Verlag.
Gut recherchiertes und locker geschriebenes Buch zu den neuen Erkenntnissen der Intuitionsforschung. Eignet sich gut als Einstieg.

Klein, G. (2003). *Natürliche Entscheidungsprozesse. Über die „Quellen der Macht", die unsere Entscheidungen lenken.* Paderborn: Junfermann Verlag.
Einer der führenden Experten- und Entscheidungsforscher berichtet über seine Reise in die impliziten Entscheidungsprozesse bei Feuerwehrmännern, Wirtschaftsexperten oder Krankenschwestern. Spannend für alle, die sich für die Frage interessieren, wie Experten wirklich entscheiden.

Naisbitt, J. (2007). *Mind Set! Wie wir die Zukunft entschlüsseln.* München: Carl Hanser Verlag.
Das neue Buch des „Trend-Gurus" Naisbitt, Autor des Bestsellers „Megatrends". Besonders interessant sind seine erstaunlich kritischen Bemerkungen zum Trend-Hype.

Nisbett, R.E. (2003). *The Geography of Thought. How Asians and Westerners Think Differently…and Why.* Free Press.
Der renommierte Psychologie Nisbett fasst in diesem Buch die Erkenntnisse darüber zusammen, wie die Kultur unsere Wahrnehmung und unser Denken beeinflusst.

Pfeffer, J. & Sutton, R. I. (2001). *Wie aus Wissen Taten werden. So schließen die besten Unternehmen die Umsetzungslücke.* Frankfurt/Main: Campus Verlag GmbH.
„Was wirklich zählt ist die Umsetzung des Wissens, und daran mangelt es oft" – die Autoren zeigen in diesem fundierten und lesenswerten Buch, wie der Autopilot im Unternehmen den eigenen Zielen oft im Weg steht, und was man dagegen tun kann.

Rapaille, C. (2006). *The Culture Code.* New York: Broadway Books.
Eine der schillernsten Figuren der Amerikanischen Marketingforschung berichtet in diesem Buch von seinen Erkenntnissen über das kulturelle Unbewusste.

Rolls, E. T. (2006). *Emotions Explained.* Oxford: Oxford University Press.
Edmund T. Rolls ist einer der führenden Neurowissenschaftler, sein Spezialgebiet ist das Belohnungssystem im Gehirn, speziell der orbitofrontale Kortex. Das Buch richtet sich an wissenschaftlich Interessierte und gibt einen fundierten und umfassenden Überblick über das, was uns antreibt: das Streben nach Belohnungen.

Scheier, C. & Held, D. (2006). *Wie Werbung wirkt.* Erkenntnisse des Neuromarketing. Planegg: Haufe Verlag.
In diesem Buch zeigen wir, wie man die Erkenntnisse der Neuropsychologie für die Umsetzung der Markenstrategie in Werbung nutzt.

Ullrich, W. (2006). *Haben Wollen.* New York: Broadway Books.
Ullrichs Buch ist ohne Einschränkungen empfehlenswert, enthält eine Fülle relevanter Erkenntnisse zur Frage, warum wir konsumieren, wie wir konsumieren.

Witenbrink, B. & Schwarz, N. (2007). *Implicit Measures of Attitude.* New York: Guilford Publications Inc.
Sehr fundierter, wissenschaftlich orientierter Überblick zu einer wichtigen Kategorie impliziter Messverfahren: den Einstellungs-Verfahren.

Im Buch zitierte Fachartikel

Arana, F.S., Parkinson, A., Hinton, E., Holland, A.J., Owen A.M, Roberts, A.C. (2003). Dissociable Contributions of the Human Amygdala and Orbitofrontal Cortex to Incentive Motivation and Goal Selection. *Journal of Neuroscience,* 23 (29), S. 9632-9638.
Zeigt die zentrale Rolle des orbito-frontalen Kortex in der Entscheidungsfindung.

Berridge, K.C. & Robinson, T.E. (2003). Parsing reward. *Trends in Neurosciences,* 26(9), 507-513, 2003.
Guter Überblick zu den neurobiologischen und psychologischen Belohnungssystemen.

Deppe, M., Schwindt, W., Krämer, J., Kugel, H., Plassmann, H., Kenning, P., Ringelstein, E.B. (2005). Evidence for a Neural Correlate of a Framing Effekt: Bias-specific Acitvity in the Ventromedial Prefrontal Cortex During Credibility Judgments. *Brain Research Bulletin,* 67, S. 413-421.
Belegt den Framing-Effekt für Medien-Marken auf neuronaler Ebene.

Degonda, N., Mondadori, C.R.A., Bosshardt, S., Schmidt, C.F., Boesiger, P., Nitsch, R., Hock, C., Henke Westerholt, K. (2005). Implicit Associative Learning Engages the Hippocampus and Interactions with Explicit Associative Learning. *Neuron,* Vol. 46, S. 505-520.
Dieser Artikel legt das Substrat des kulturellen, impliziten Lernens und Imprints offen – implizite Lernvorgänge im Hippocampus und ihr Einfluss auf das bewusste Lernen.

Gosling, S. D., Ko, S. J., Mannarelli, T., & Morris, M. E. (2002). A Room with a cue: Judgments of personality based on offices and bedrooms. *Journal of Personality and Social Psychology,* 82, 379-398.
Unser Autopilot dekodiert ohne Mühe die Persönlichkeit von Menschen, nur aufgrund ihrer Wohnungseinrichtung.

Gutches, A.H., Welsh, R.C., Boduroglu, A., Park, D. (2006). Cultural differences in neural function associated with object processing. Cognitive, Affective, & Behavioral Neuroscience. 6 (2), 102-109.
Im Unterschied zu asiatischen werden bei amerikanischen Probanden die Objektareale stärker aktiviert, wenn sie Bilder betrachten, sie achten also eher auf den Vordergrund, die Figur.

Kahneman, D. (2002). Maps of bounded rationality. Nobelpreisrede. Web-Link: http://nobelprize.org/nobel_prizes/economics/laureates/2002/kahneman-lecture.html
Die Nobelpreisrede von Daniel Kahneman, auf die wir uns im ersten Teil dieses Buches beziehen. Über den Web-Link kann auch auf ein Video dieses spannenden Vortrags zugegriffen werden.

Knutson, B., Rick, S., Wimmer, E., Prelec, D., Loewenstein, G. (2007). Neuroal Predictors of Purchases. Neuron, 53, 147-156.
Beim Betrachten von Produkten und Marken wird das Belohnungssystem aktiviert, wenn hingegen der Preis eingeblendet wird, steigen die Aktivierungen im Schmerzzentrum.

Lieberman, M. D. (2007). Social cognitive neuroscience: A review of core processes. *Annual Review of Psychology*, 58, 259-89
Fundierter Überblick zu den neuronalen Grundlagen des Autopiloten und des Piloten.

Mast, F.W., Zaltman, G. (2005). A behavioral window on the mind of the market: An application of the response time paradigm. *Brain Research Bulletin*, 67, 422–427
Argumentiert für den Einsatz impliziter Messverfahren, speziell der Reaktionszeitverfahren, in der Marketingforschung.

Olsson, A., Nearing, K.I., Phelps, E.A. (2007). Learning fears by observing others: the neural systems of social fear transmission. *Social Cognitive and Affective Neuroscience Advance Access*, 2: 3–11
Zeigt, dass Menschen Gefühle über symbolisches Lernen und ohne direkte, eigene Erfahrung lernen können.

Rajagopal, R., Walker, R., Hoyer, W., "The 'Unhealthy = Tasty' Intuition and Its Effects on Taste Inferences, Enjoyment, and Choice of Food Products," *Journal of Marketing*, 70 (4).
Nutzt ein implizites Messverfahren um zu zeigen, dass Menschen eine implizite Regel "ungesund=lecker" haben und dass sich diese Regel in ihrem Verhalten ausdrückt.

Stichwortverzeichnis